CLAUDIA KERN
PETER OSTERIED
BJÖRN SÜLTER

DIE BABYLON 5 CHRONIK

BAND 2 - STAFFEL 2

SCHATTEN AM HORIZONT

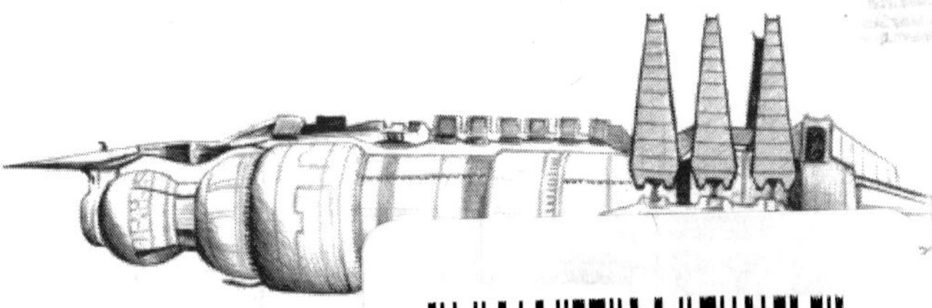

in Farbe und Bunt

Originalausgabe | © 2023
in Farbe und Bunt Verlag
Am Bokholt 9 | 24251 Osdorf

www.ifub-verlag.de
www.ifubshop.com

Herausgeber: Björn Sülter
Lektorat & Korrektorat: Telma Vahey
Cover-Gestaltung: EM Cedes
Satz & Innenseitengestaltung: EM Cedes
Innenseiten- & Coverillustration: Stefanie Kurt

Print-Ausgabe gedruckt von:
Booksfactory (Polen)

ISBN (Print): 978-3-95936-383-9
ISBN (Ebook): 978-3-95936-384-6
ISBN (Hörbuch): 978-3-95936-385-3

HINWEISE

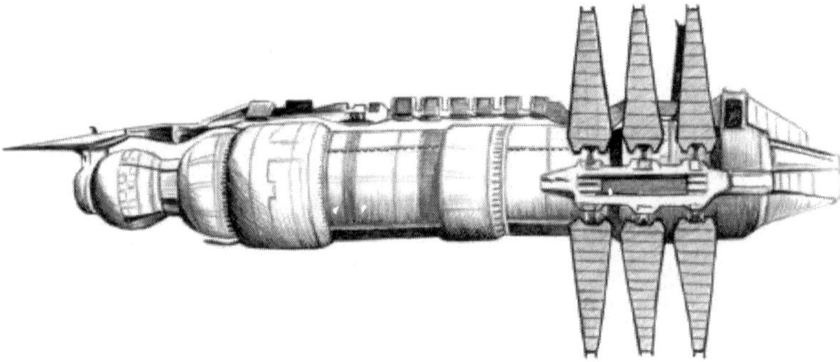

INHALT

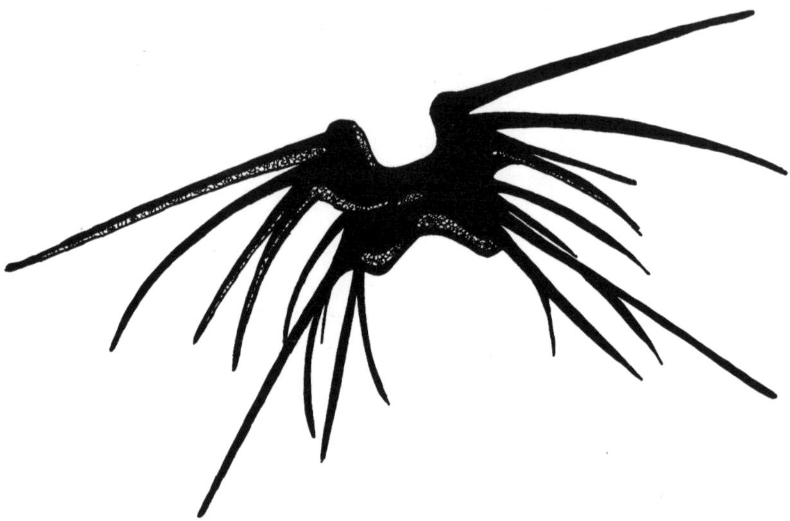

VORSPANN

Schatten am Horizont

Herzlich willkommen zum zweiten von sechs Bänden unserer Sachbuchreihe zur Serie *Babylon 5*.

Im Namen meiner Mitstreiter Claudia Kern und Peter Osteried darf ich mich an dieser Stelle zunächst einmal ganz herzlich für das überwältigende Feedback zum Auftaktband bedanken. Uns war natürlich bewusst, wie stark und leidenschaftlich die *Babylon 5*-Community hierzulande immer noch ist, hatten eine derart große Anteilnahme aber nicht erwartet. Wie bei den *Star Trek*-Sachbüchern aus meinem Verlag scheinen sich auch in diesem Fall viele Fans an einem weiteren Rewatch zu erfreuen und unsere Lektüre begleitend zur Hand zu nehmen. Genau so haben wir uns das vorgestellt. Das freut und motiviert uns natürlich!

Beim Rewatch der ersten Staffel der Serie und bei der Arbeit am zugehörigen Buch ist mir etwas (erneut) ganz deutlich aufgefallen. Die Serie startete zwar ganz anders, als ich es in Erinnerung hatte, und konzentrierte sich zu Beginn noch überraschend stark auf Einzelepisoden, konnte aber trotzdem vom Start weg ein extrem hohes Tempo vorlegen. Das lag natürlich daran, dass JMS in der Lage war, seine Figuren sofort mit Leben zu füllen und sie ganz dezent in Stellung für spätere Ereignisse zu bringen. Diese Details fallen erst bei einem Rewatch richtig auf, wenn man weiß, wohin alles führt und wie manipulativ und meisterhaft der Macher in der Lage war, vorbei an den TV-Konventionen der 90er-Jahre zu agieren und im Stillen dem Subtext in seiner großen Vision bereits früh erstaunlich viel Raum zu gewähren.

Die zweite Staffel stellt aus verschiedenen Gründen einen Meilenstein der Fernsehgeschichte dar. Denn mit ihr begannen die Macher, wirklich aus allen Rohren zu feuern, und lieferten den Kollegen bei *Star Trek: Deep Space Nine* vermutlich den letzten nötigen Beweis dafür, dass Mut möglich war – und belohnt werden konnte. *Babylon 5* und JMS wurden damit zu Vorreitern im Genre und im horizontalen Erzählen, in weiser Vorausplanung samt liebevoller Ausgestaltung der Figuren und im Aufbau einer Idee.

Das zweite Jahr war jedoch auch das Jahr einer großen Hürde: Hauptfigur Commander Jeffrey Sinclair, gespielt von Michael O'Hare, musste ersetzt werden. Glücklicherweise fand man in Bruce Boxleitner als Captain John Sheridan einen Vollprofi, der mit Charme, Witz und der nötigen Härte und Führungsstärke eine neue Farbe in den Cast einbrachte und es JMS zudem erlaubte, seine Geschichte ohne großes Verbiegen weiterzuerzählen.

Widmen möchten wir diesen zweiten Band übrigens einem unserer Leser, der in den vergangenen Jahren mit seiner Liebe zu *Babylon 5* und zu Sekundärliteratur einen großen Anteil daran hatte, dass ich den Traum von dieser Chronik-Reihe niemals aufgegeben habe. Wie bei JMS wurde aus einem Traum damit schließlich doch noch Realität. *Ad astra per aspera*, wie es frei nach Lucius Annaeus Seneca in einem anderen, großen Sternenfranchise heißt. Danke, Micha! Diese Bücher sind auch Dir zu verdanken!

Für uns steht dieses Buch aber auch noch unter einem anderen Motto, sehen wir nicht nur innerhalb der Serie die Schatten am Horizont heraneilen, sondern erleben auch einen neuen Anlauf des Meisters in Form eines animierten Films namens *The Road Home*, der uns im gleichen Monat erreichte, in dem dieses Buch erscheint. Schon jetzt freuen wir uns darauf, diesen Ausflug in den sechsten Band der Reihe aufnehmen zu können, wenn es um alle TV-Filme, Spin-Offs oder die kurzlebige Serie *Crusade* geht. Und wer weiß? Vielleicht gibt es bis dahin ja noch weiteren neuen Content, über den wir sprechen können.

Doch verschwenden wir, ebenso wie JMS im zweiten Jahr der Serie, keine weitere Zeit, sondern gehen wir stattdessen lieber direkt mitten rein.

Wir schreiben das Jahr 2259. Der Name der Station: Babylon 5.

Ihr Björn Sülter

KAPITEL 1

Vom Drehbuch zur fertigen Episode

Der Weg von einem fertigen Drehbuch bis hin zu einer ausstrahlungsfähigen Episode ist durchaus komplex. Sobald das Skript stand, wurde es an den Script Coordinator übergeben – bei Staffel 2 von *Babylon 5* war das Carol Henry. Deren Aufgabe war es, das Skript mit dem Vermerk „First Draft“ zu vervielfältigen. Da es an diesem Punkt bei *Babylon 5* nur noch wenige Änderungen an einem Drehbuch gab, konnte Henry es auch gleich als „Final Draft“ betiteln. Wenn noch Änderungen vorkamen – seien es an den Settings oder den Dialogen –, so war es Henrys Aufgabe, neue Versionen des Skripts zu vervielfältigen, die die Änderungen auswiesen. Das geschah über verschiedenfarbige Seiten.

Der First Draft hatte nur weiße Seiten, bei der zweiten Version kamen blaue dazu, bei der dritten lachsfarbene, danach andere Farben. Wichtig war bei der Arbeit der verschiedenen Abteilungen auf Basis des Skripts, dass ein kohärentes Universum erschaffen wurde. Die Props verschiedener außerirdischer Spezies etwa mussten auf einen Blick als solche erkennbar sein.

Eine Kopie des Skripts ging an Production Designer John Iacovelli, der für das Set, die Props und die Ausstattung zuständig war. Seine erste Anlaufstelle war JMS, da er nach Lesen des Skripts mit dem Showrunner besprach, was zu tun sei. Wie groß etwa ein Set sein musste, welche Möbel man benötigte, welche Props eingesetzt werden sollten. Nach diesem Gespräch fertigte Iacovelli mit seinem Team verschiedene Design-Zeichnungen an, die er dann von JMS absegnen ließ.

Zu Iacovellis Team gehörten Art Director Roland Rosencranz, Property Master Mark Walters und Construction Coordinator Curtis Laseter. Besonders Walters konferierte häufig mit JMS, da dieser den kompletten Überblick über alle Designs hatte – die verworfenen, die geplanten, aber auch jene, die erst noch in Entstehung waren.

Eine Skriptkopie ging an Kostümdesignerin Ann Bruice-Aling. Nachdem sie das Skript gelesen hatte, suchte sie JMS auf. Mit ihm wurde diskutiert, wie etwa die Uniformen neuer Figuren aussehen sollten, welche Insignien sie tragen sollten, ob sie Helme oder Mützen haben sollten und welche Farben man nutzen sollte. Außerdem musste koordiniert werden, ob die Kostüm-Abteilung für manche Dinge zuständig war oder doch eher die Props-Abteilung – etwa dann, wenn ein Außerirdischer beispielsweise einen besonderen Apparat zum Atmen benötigte. War dieser dann Teil des Kostüms oder mehr ein Prop? Das musste geklärt werden.

Nach diesem Gespräch wurden die Designs von Bruice-Aling mit ihrem Team entwickelt, zu dem Costume Supervisor Kim Holly und Key Costumer Linda Huse gehören. Danach übergab sie diese JMS, damit jener sie abnicken oder Änderungen wünschen konnte.

Ein weiteres Skript ging an John Vulich und Everett Burrell von Optic Nerve. Diese Firma gestaltete die Prothesen, die für die Gestaltung der verschiedenen außerirdischen Spezies benötigt wurden. Bei jedem neuen Außerirdischem im Skript war darum eine Grundsatzdebatte vonnöten. Wenn der Außerirdische Text hatte und mit den Schauspielern interagieren musste, dann waren die Augen- und Mundpartien freilzuassen, damit der Schauspieler auch die Möglichkeit hatte, zu spielen. Gab es kein Schauspiel, reichte eine Maske, die komplett über den Kopf gezogen werden konnte.

Gleichzeitig wurde ein Drehbuch an Foundation Imaging geliefert. Die Firma gestaltete die Computereffekte in den ersten drei Jahren von *Babylon 5*. Hier mussten neue Schiffe designt und ganze Sequenzen entworfen werden. Da besonders anspruchsvolle Kampfszenen aber länger dauerten, war es eher die Regel als die Ausnahme, dass JMS – der wusste, wie die Staffel sich entwickeln würde – die entsprechenden Passagen schon frühzeitig weiterreichen ließ, um die gewünschten Effekte zeitnah umzusetzen.

Eine weitere Kopie des Drehbuchs ging an Mary Jo Slater, die fürs Casting verantwortlich war. Später wurde der Job dann von Fern Champion übernommen. Außerdem ging eine Kopie an Gregg Maday, den Verantwortlichen bei Warner Bros., der Anmerkungen machen konnte, das aber kaum tat.

Ein Skript ging an George Johnson, der für die Postproduktion-Koordination zuständig war und darauf achten musste, dass alle benötigten Produktionselemente für eine Folge bei Drehbeginn bereitstanden. Weiterhin erhielten Produzent Doug Netter und Unit Production Manager Skip Beaudine ein Skript. Beaudines Aufgabe war es, das Budget im Auge zu behalten. John Copelands Aufgabe war es, zu koordinieren, dass alle Abteilungen miteinander in Gleichklang arbeiteten.

Copeland war so etwas wie der Vertraute von JMS und in jeden Aspekt der Produktion eingebunden.

War das alles erledigt, ging ein Skript an den Regisseur, den man für diese Folge angeheuert hatte. Auch er oder sie sollte das Skript so früh wie möglich erhalten, da sich so mehr Zeit ergab, sich Gedanken darüber zu machen, wie man diese oder jene Szene umsetzen wollte.

Nach ein paar Wochen, in denen alle Abteilungen an der Verwirklichung des Skripts arbeiteten, gab es ein Konzept-Meeting mit dem Regisseur, John Copeland, Skip Beaudine und den Leitern der verschiedenen Abteilungen sowie deren wichtigsten Mitarbeitern. Bei diesem Treffen stellte jede Abteilung vor, was sie in den letzten Wochen entwickelt hatte. Dadurch erhielten alle Abteilungen einen Eindruck davon, wo man stand. An diesem Punkt hatte man noch zwei Wochen Zeit, bevor die Dreharbeiten begannen.

In dieser Zeit fand zudem das Casting statt. Vorsprechen wurden in John Copelands Büro oder im Konferenzraum abgehalten. Die Schauspieler mussten sich vor JMS, Copeland, Netter und dem Regisseur sowie wechselnden anderen Leuten beweisen. Wenn eine Gastrolle besonders viel mit einer Hauptfigur zu tun hatte, versuchte man, den Hauptdarsteller für das Vorsprechen hinzuzuholen, um zu sehen, wie der Vorsprechende im Zusammenspiel mit ihm wirkte. Das dauerte etwa einen halben Tag, wobei man fünf oder sechs Leute für jede (größere) Gastrolle ansah.

Nachdem die Besetzung stand, gingen Kopien der Drehbücher an die Hauptdarsteller und die Crew. An diesem Punkt erhielt auch Kameramann John C. Flinn III sein Skript. Eine Woche vor Drehbeginn war es dann am hektischsten, wenn Designs für Kostüme und Props und dergleichen geschneidert und gebaut und Sets errichtet werden mussten.

Als fast letzter Akt vor Beginn der Dreharbeiten fand dann ein Treffen zwischen JMS, John Copeland und dem Regisseur statt. Die drei gingen Szene für Szene eines Skripts durch, wobei der Regisseur erklärte, wie er jede einzelne umsetzen wollte. Danach folgte noch ein großes Produktionsmeeting mit allen Abteilungsleitern und wichtigen Mitarbeitern, bei dem das Skript nochmals Szene für Szene durchgegangen wurde und man sicherstellte, dass alles bereit ist. Dann konnten die Dreharbeiten beginnen.

Was recht geradlinig anmutet, ist in Wahrheit natürlich organisiertes Chaos gewesen, da während dieses mehrwöchigen Prozesses andere Episoden in anderen Stadien der Entwicklung waren, sodass JMS auch immer im Blick behalten musste, an welchem Punkt seiner Geschichte er sich nun eigentlich befand.

ZWISCHENSPIEL

Wenn Musik eine Serie prägt

Sind zufälligerweise ehemalige Spieler des Commodore Amiga unter unseren Lesern? Und kennen diese vielleicht ganz zufällig Spiele wie *Turrican, Apidya, Hexuma, Battle Isle oder Jim Power?* Ja? Dann ist sicher auch der Name Chris Hülsbeck ein Begriff. Der 1965 in Kassel geborene Musiker ist insbesondere für seine Soundtracks zu unzähligen Games der 80er- und 90er-Jahre auf dem von vielen Fans bis heute kultisch verehrten Amiga (und zuvor dem C64) bekannt und berühmt. Er schuf damals auf unvergleichliche Weise Klangteppiche, die eine dichte Atmosphäre erzeugten und die jeweiligen Spiele auf markante und unverwechselbare Weise prägten. Kultisch verehrt, unvergleichlich, markant und unverwechselbar? Richtig, wir waren beim Thema *Babylon 5.*

BRUDER IM GEISTE?

Mit *Babylon 5* hat Hülsbeck jedoch nichts zu tun, dafür aber ein anderer Deutscher. Die Rede ist vom 1953 in Berlin geborenen Musiker und Komponisten Christopher Franke. Da sein Vater, seine Mutter und sogar die ältere Schwester klassische Musiker waren, verwunderte sein weiterer Lebensweg vermutlich niemanden. Sein Studium der klassischen Musik und der Kompositionslehre wurde ihm jedoch nach einigen Jahren zu monoton.

Mit dreizehn Jahren wechselte er ans Schlagzeug und gründete die Band *The Tigers* (später: *The Sentries).* Zwei Jahre später kamen weitere Musiker hinzu, und das Projekt wurde zu *Agitation Free.* Anfang 1971 lernte Franke dann Edgar Froese kennen. Schicksal? *Agitation Free* zerfiel, und Froeses Band *Tangerine Dream* verlor zwei Mitglieder. Die beiden beschlossen, der klassisch geschriebenen Musik den Rücken zu kehren und mehr auf Improvisation zu setzen.

Mitte des Jahres 1971 stieß Franke dann fest als Drummer zu *Tangerine Dream.* Nun sollte die Geschichte jedoch erst ihren Lauf nehmen. Er wechselte nämlich bald hinter die Synthesizer und prägte damit den späteren Sound der Band.

LEBENSWEG

17 Jahre lang war er Teil der Band. Dann allerdings wollte er eigene Wege gehen. Nach einem zweijährigen Abstecher nach Spanien fand er sich Anfang der 90er-Jahre in Hollywood wieder. 1991 war dann ein wichtiges Jahr seiner Vita. Sein erstes Soloalbum *(Pacific Coast Highway)* erschien, er gründete das Berliner Filmsymphonieorchester (BSFO) und trat nach der Zeit mit Tangerine Dream erstmals wieder auf – am 9. Oktober 1991 in London. 1993 erschien es als Live-CD unter dem Namen *The London Concert.* Im gleichen Jahr gründete er auch sein eigenes Label Sonic Images Records.

In der Filmmetropole lieferte er zunächst die Musik für einen Kurzfilm, wurde dann aber insbesondere für seine Arbeit an seiner Serie bekannt. Ihr Name? Nun, das ist keine Überraschung mehr.

Als für *Babylon 5* ein Komponist gesucht wurde, hatten die Verantwortlichen Franke neben einigen anderen auf einer nicht allzu langen Liste. Der Ansatz war es, eine musikalische Untermalung zu generieren, die eben nicht nur untermalte, sondern gewissermaßen ein Eigenleben führte, die das Potenzial besaß, zum Markenzeichen zu werden und mitriss. Die Größe der Geschichte sollte durch die Musik unterstrichen, getragen und im besten Fall noch gestützt werden. Für den Pilotfilm *The Gathering (Die Zusammenkunft)* war es Stewart Copeland (eines der Gründungsmitglieder von *The Police*), der die Musik lieferte. Copeland gilt noch heute als einer der einflussreichsten und besten Schlagzeuger der Musikgeschichte. Seine musikalische Vita beinhaltete jedoch zudem Soloalben, Alben mit anderen Projekten, Opern, Symphonien und Ballette, Computerspiele und Filmmusik. Auch wenn sein Abstecher zu *Babylon 5* ein einmaliger blieb, lieferte er zwischen Anfang der 80er und Mitte der 2000er-Jahre viele bekannte Arbeiten ab. Dazu gehören *Wall Street, Filofax, Rapa Nui, Gridlock'd* oder auch die TV-Serie *Dead Like Me.* Wir haben es jedoch bereits vorweggenommen: Bei B5 war ihm keine lange Beschäftigung beschieden. Die Macher hatten sich etwas anderes vorgestellt und wechselten auf dem Weg zur ersten Staffel die metaphorischen Pferde.

Auf diesem Weg gelangte Franke plötzlich in die Poleposition und lieferte als Alleinverantwortlicher schließlich die Musik zu allen 110 Episoden und bei vier Fernsehfilmen. 1998 durfte er für eine neue Version des Pilotfilms sogar die damalige Arbeit von Copeland nochmals neu denken und somit für musikalische Kontinuität sorgen. Im Jahr 2007 lieferte er dann für *The Lost Tales* noch einmal seine bekannt starke Arbeit ab.

MUSIKALISCHER ANSATZ

Es ist nicht schwer zu verstehen, was JMS sich bei der Musik für seine Serie gewünscht hat. Er wollte weg vom Recycling der immer wieder gleichen Versatzstücke, die sich durch mehrere Episoden zogen und mehr im Hintergrund dümpelten, statt irgendwie hervorzustechen. Gerade in Bezug auf *Star Trek* kommt man, wenn es um die Ära Rick Berman (dem Nachfolger von Gene Roddenberry) geht, nicht am Begriff ›Fahrstuhlmusik‹ vorbei. Zwar ist dieses Label sicher nicht in allen Fällen fair, Berman wünschte aber für eine lange Zeit Musik, die nicht störte. Wie bei vielen anderen Serien dieser Zeit bekam er vom Gros seiner Komponisten dann auch genau das.

Wenn doch einmal einer ausbrach oder eine Episode eine besondere Musik erhielt, fiel es den Fans meist sofort positiv auf. JMS wollte das bei seiner Serie immer, bei jeder Episode. Der Auftrag an Franke lautete also, dass jede Episode einen einzigartigen Score erhalten sollte, der sich immer der Handlung, den Figurenentwicklungen und den Emotionen anpasste. Das führte dazu, dass Franke für jede Episode rund 25 Minuten Musik schrieb, die zwar Themen wieder aufgriff, sich aber nie 1:1 wiederholte.

Franke traf insbesondere mit seinem Verständnis, durch die Musik den emotionalen Level des Schauspiels zu verstärken, den Kern. Auch sein Ansatz, Soundeffekte, ungewöhnliche Instrumente und klassische Orchesterarbeit zu kombinieren, sorgte immer wieder für Momente, in denen der Score uns die Geschichte zusätzlich zu dem erzählte, was die Bilder und Worte transportierten. Dabei halfen ihm nach eigenem Bekunden unter anderem die exotischen Orte, die verschiedenen Spezies, denen er eine Identität verleihen konnte, die ausgeformten Figuren, die eigene Themen erhielten, und natürlich auch die Action, die er krachend untermalen konnte. JMS formulierte es einmal sehr schön: Sinngemäß sagte er, dass man, wenn man Franke vertraut, ihn einfach engagieren und machen lassen sollte. In Hollywood ist dieses Denken aber vermutlich nicht sehr verbreitet, weswegen Franke keine so große Karriere machen konnte wie einige Kollegen.

Zu jeder Episode fand ein rund zweistündiges Kreativmeeting statt, in dessen Folge Franke sich in sein Studio zurückzog und die Erkenntnisse verarbeitete. Wann sollte Musik gespielt werden? Wann nicht? Wie lange musste sie anhalten? Wie war die Stimmung der Szenen angelegt? Franke arbeitete zunächst an den Grundmelodien und entschied dann, welche der Tracks elektronisch produziert werden sollten und für welche er ein Orchester nutzen wollte. Da er sich zu diesem Zeitpunkt in Hollywood aufhielt, führte er bei den Liveaufnahmen Regie über einen großen Monitor. Dabei kam jedoch nie ein vollständiges Orchester zusammen, sondern maximal rund vierundzwanzig Personen. Am Ende war er es dann auch, der alles zusammenführte und somit vom ersten Schritt bis zum letzten die kreative Kontrolle behielt.

Franke verstand sich selbst immer als Musiker, der an Innovationen interessiert war, statt Konventionen zu folgen. Das Wort Soundkulisse bekam durch ihn eine vollkommen neue Bedeutung. Insbesondere im direkten Vergleich zur Musik bei *Star Trek: Deep Space Nine* fällt auf, wie sehr Frankes Werk ein Eigenleben entwickelt, dem man sich nicht entziehen kann, während bei der Konkurrenz die Musikuntermalung eben genau dort verblieb, wo Berman sie sich immer vorstellte: im Hintergrund. Und nein, das bedeutet nicht, dass die Musik bei *DS9* & Co. schlecht wäre. Im Gegenteil. Die von *Babylon 5* ist allerdings – auch aus heutiger Perspektive – besonders gelungen, kreativ, innovativ und mutig.

Weiteres Wirken

Franke blickt aber natürlich nicht nur auf die Musik an der von uns so heißgeliebten SF-Serie und 29 Soundtrackalben zurück. Er war seit den 90ern für die Musik von Filmen wie *Trabbi goes to Hollywood, Universal Soldier, Tommyknockers* oder *Hypernauts* verantwortlich und tastete sich mit *Raven* und *Pacific Blue* auch neben *B5* in den Serienbereich vor. Zu seinen späteren Werken zählen *Tarzan und die verlorene Stadt, Die Festung II: Die Rückkehr* oder *Hooligans* von 2005.

Im gleichen Jahr komponierte er gemeinsam mit Musiker Konstantin Wecker die Songs für das Musical *Ludwig²,* das damals im Festspielhaus Neuschwanstein in Füssen Premiere feierte. Leider war Franke, der bei Veröffentlichung dieses Buches 70 Jahre jung ist, für den neuen Animationsfilm *The Road Home* nicht verfügbar. Es wäre schön gewesen, seine besonderen Klänge aus anderen Welten ein weiteres Mal zu hören.

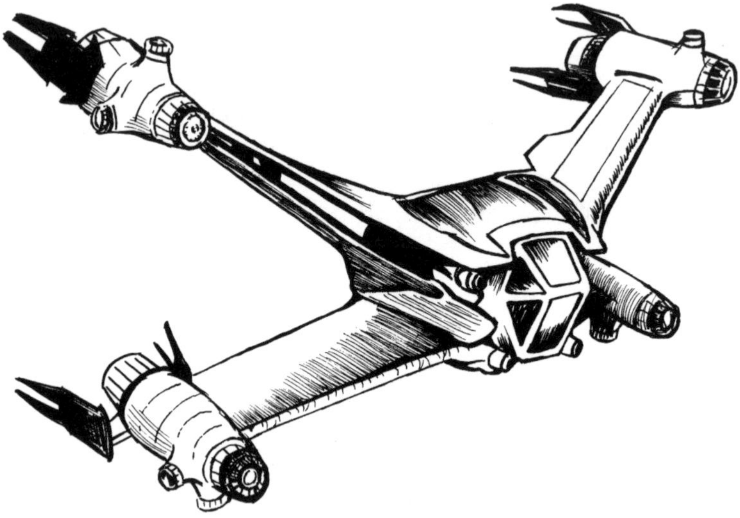

KAPITEL 2

Die Stars der Serie Teil 2: Bruce Boxleitner & Andrea Thompson

BOXLEITNER: O CAPTAIN, MEIN CAPTAIN

Als bekannt wurde, dass Bruce Boxleitner den neuen Captain der Station Babylon 5 spielen und damit den beliebten Michael O'Hare als Jeffrey Sinclair ersetzen sollte, rumorte es im Fandom durchaus. Man befürchtete, dass JMS eingeknickt war und den Managern von Warner Bros., aber auch dem Sender das gab, was sie wollten – einen geradezu prototypischen Action-Helden. Zudem erschien Boxleitner vielen Fans einfach zu weich. Nicht wenige erinnerten sich an seine Rolle in *Scarecrow and Mrs. King (Agentin mit Herz,* 1983-1987), in der er nicht nur ein Agent, sondern gleichermaßen der Love-Interest von Kate Jackson war. Und der sollte nun Babylon 5 leiten?

Als dann die ersten Folgen mit Bruce Boxleitner als Captain John Sheridan liefen, änderte sich die Wahrnehmung schnell. Denn er spielte Sheridan nicht als strahlenden Helden, wohl aber als Mann von hoher Moral – und schlagkräftig war er auch. Auf jeden Fall dauerte es nicht lange, bis Boxleitner alle überzeugte, die gezweifelt hatten. Es ist nicht so, dass Michael O'Hare vergessen gewesen wäre, aber Bruce Boxleitner war einfach ein ganz toller Ersatz!

Boxleitner ist 2023 seit 50 Jahren aktiv. Er kann auf eine wechselhafte und illustre Karriere zurückblicken, bei der *Babylon 5* eines der Highlights war. Geboren wurde er als Bruce William Boxleitner am 12. Mai 1950 in Elgin, Illinois. Dort besuchte er die Prospect High School und die Mount Prospect, später ging er nach Chicago und studierte an der Goodman School of Drama. Nach dem Abschluss zog es ihn nach Kalifornien. In Los Angeles hat man als junger Schauspieler schließlich die besten Chancen.

Obwohl Boxleitner auch in Filmen mitwirkte, ist er doch in erster Linie ein Schauspieler gewesen, der vor allem für das Fernsehen tätig war. Als er bekannt wurde, gab es noch eine strikte Trennung. Kinostars ließen sich nicht im Fernsehen blicken, da dies immer ein wenig minderwertig erschien, während Fernsehstars nur selten der Sprung ins Kino gelang. Der Anfang war für Boxleitner ebenfalls schwierig; im Jahr 1976 hatte er aber erstmals Erfolg. Er erhielt eine Rolle in der Western-Serie *How the West Was Won (Durch die Hölle nach Westen,* 1976-1979).

Erzählt wird hier von einer Familie, die in Richtung Westen aufbricht, um im Grenzgebiet ein Stück Land für sich abzustecken. Boxleitner spielt hier einen der Söhne. Der Patriarch der Familie wird von James Arness gespielt, der als Marshal Matt Dillon in *Gunsmoke (Rauchende Colts,* 1955-1975) bekannt wurde. In der letzten Staffel dieser Serie war Boxleitner in einer Folge als Gaststar dabei. Die aus drei Staffeln bestehende Serie ist ein loser Spin-off des Monumentalwesterns *How the West Was Won (Das war der Wilde Westen,* 1962), der die Geschichte einer Familie erzählt, die nach Westen aufbricht – der Familienname ist aber anders als in der Serie.

Direkt im Anschluss war Boxleitner in einem anderen Western zu sehen. In *Kenny Rogers as The Gambler* (1980) spielte er den für die Komik zuständigen Sidekick des Sängers, der hier auf Western-Held machte. Vier weitere Fernsehfilme folgten. Bei zwei Teilen der Reihe war Boxleitner ebenfalls dabei. Nach dem ersten Film folgte die dreiteilige Miniserie *East of Eden (Jenseits von Eden,* 1981), die auf John Steinbecks mit James Dean in einer Hauptrolle verfilmtem Roman basiert. Boxleitner war hier wie zuvor Dean in der Rolle des Cal zu sehen.

Während im Kino der Western zu der Zeit längst passé war, gedieh er im Fernsehen. So konnte Boxleitner im Jahr 1983 in der Titelrolle von *Wyatt Earp* brillieren. Im Fahrwasser des Abenteuer-Trends, der von Indiana Jones im Jahr 1981 ausgelöst worden war, gab es mit *Bring 'Em Back Alive (Frank Buck – Abenteuer in Malaysia,* 1982-1983) zudem eine kurzlebige Serie, in der Boxleitner einen umtriebigen Abenteurer im Malaysia der 30er Jahre spielte.

Danach sollte sein bis dato größter Fernseherfolg kommen: *Scarecrow and Mrs. King.* Boxleitner war der Spion Lee Stetson,

Kate Jackson die Hausfrau Amanda King. Sie muss ihm immer wieder bei seinen Fällen helfen. Im Verlauf der vier Staffeln war aber fast interessanter, wann und ob die beiden ein Paar werden, und nicht so sehr, welchen Schurken sie wie das Handwerk legen.

SCI-FI-HELD DES KINOS

Viele Kinofilme hat Boxleitner nicht in seinem Portfolio, aber einen Klassiker schon. Er spielt die Titelfigur im Disney-Klassiker *Tron* (1982), der einer der ersten Filme war, die extensiv auf Computereffekte gesetzt haben. Tatsächlich spielt Boxleitner sogar eine Doppelrolle: einerseits Tron, andererseits dessen Entwickler Alan Bradley. In seiner Menschenrolle hat er nicht viel zu tun; als Programm agiert er mit Jeff Bridges‘ Figur, die es in den Cyberspace verschlägt. Und: Peter Jurasik hat eine winzige Rolle im Film.

Ed Dillinger, der skrupellose Führer eines Medienimperiums, bestiehlt seine Programmierer und eignet sich so deren Software an. Auch das Computer-Genie Flynn (Jeff Bridges) wurde sein Opfer, weshalb er beschließt, in Dillingers Computernetzwerk einzudringen, um den Diebstahl zu beweisen. Doch Dillingers ›Master Control Program‹ (MCP), eine emotionslose, künstliche Intelligenz, die sich selbst weiterentwickelt, kontrolliert den Cyberspace und verhindert jedes Eindringen in geschützte Sektoren. Als Flynn und einige befreundete Programmierer erneut versuchen, sich in das System zu hacken, transferiert ihn das immer mächtiger werdende MCP in die digitale Welt. Hier regieren nicht die menschlichen User, sondern allein die Programme. Flynns einzige Chance, dieser feindlichen Umgebung zu entkommen, ist das Programm TRON, mit dessen Hilfe er in das Herzstück des MCP vorstoßen muss. Das Cyberspace-Abenteuer, das hier geboten wird, erreichte damals ein Publikum, das gerade erst begonnen hatte, sich selbst mit Computern auseinanderzusetzen. Viele Erwachsene blieben damals noch außen vor, sodass der Film fast so etwas wie den Meilenstein einer ganzen (damals jungen) Generation darstellt.

Wäre der Film ein Erfolg gewesen, hätte er Boxleitners Karriere vielleicht ins Kino lenken können. Aber er lief nicht gut und hat sich erst über die nachfolgenden Jahre Kult-Status erarbeitet.

Entsprechend dauerte es fast 30 Jahre, bis mit *Tron: Legacy* (2010) ein Sequel folgte, in dem Boxleitner erneut beide Rollen spielte. Angesichts der langen Wartezeit dachten viele – darunter auch Boxleitner –, dass es nicht mehr zu einem Sequel kommen würde. Schon Ende der 90er Jahre sprach man über das Projekt, das damals in die Hände von Pixar gelegt werden sollte. Doch nichts passierte, bis 2008 auf der San Diego Comic Con eine Bombe hochging: Disney stellte einen Teaser für den damals noch *TR2N* genannten Film vor. Es war nur ein kurzer Clip, aber er zeigte Jeff Bridges erneut als Kevin Flynn. Ein Jahr später wurde der Film unter dem Titel *Tron: Legacy* offiziell angekündigt.

Sam Flynn ist 27, ein Computerspezialist und charmanter Draufgänger, ähnlich wie sein Vater, der vor langer Zeit spurlos aus Sams Leben verschwand. Bereits seit 1989 ist Kevin Flynn verschollen; einst war er der weltweit führende Entwickler von Videospielen. Aber dann erhält Kevins alter Freund Alan Bradley eine Nachricht aus dessen früherem Büro in einer aufgegebenen Spielhalle. Dort scheint die Zeit stehen geblieben zu sein. Was Sam dort findet, übersteigt seine Vorstellungskraft. Als er unabsichtlich in ein virtuelles Parallel-Universum hineingezogen wird, entdeckt er dort seinen Vater und dessen treue Gefährtin Quorra – aber auch, dass Spiel hier tödlicher Ernst ist. Denn in dieser faszinierenden Welt geht es für Kevin, Sam und Quorra ums Überleben …

Der Film wies ein eklatantes Problem auf: Es gab keinen Tron! Zwar war Bruce Boxleitner im Film dabei, aber er spielte nur den User Alan Bradley. Tron selbst sollte im Film gar nicht vorkommen. Eine Entscheidung, die zwar frühzeitig im Drehbuchstadium getroffen worden war, die sich im Nachgang aber als katastrophal erwies. Es gab Nachdrehs. Die Figur Tron wurde in einer Rückblende eingefügt. Zudem fand man einen Weg, Tron in die Handlung im Raster zu integrieren. Er ist Clus Bodyguard, der sich an nichts mehr erinnern kann und einen neuen Namen trägt: Rinzler. Im ursprünglichen Skript sollte Rinzler noch eine völlig neue Figur sein. Da er ständig nur mit Helm herumläuft, war er jedoch ideal, um ihn nachträglich zu Tron zu machen.

Boxleitner, der für seine Szenen als Alan Bradley nur zwei Drehtage hatte, wurde noch einmal für die Synchronisation zurückgeholt, da Tron ein paar Zeilen Dialog hat. Es ist etwas ungelenk, wie Tron in den Film integriert wird, aber es war der einzig gangbare Weg. Überdies war es essenziell, da Fans einen *Tron*-Film ganz ohne Tron nie und nimmer akzeptiert hätten.

Der Kurzfilm *Tron: The Next Day* (2010) entstand zeitgleich und ist als Bonus auf der Blu-ray von *Tron: Legacy* zu finden.

Weit mehr als in dem Film hatte Boxleitner in der Animationsserie *Tron: Uprising (Tron: Der Aufstand,* 2012-2013) zu tun. Hier lieh er seiner Figur in 17 Folgen die Stimme. In Produktion befindet sich nun der dritte Film: *Tron: Ares.* So wie es derzeit aussieht, ist Boxleitner hier nicht dabei. Er erklärte im Interview mit Comicbook.com: »Ich habe keine Ahnung, keiner hat mich kontaktiert. Aber ich wünsche ihnen Glück. Es ist höchste Zeit, dass es weitergeht. Der zweite Teil ist auch schon so lange her.«

WAS BOXLEITNER SONST SO IM KINO TRIEB

Tron war kein Erfolg, eine große Kinokarriere eröffnete der Film seinem Titelstar also nicht. Hauptsächlich war Boxleitner für das Fernsehen aktiv, im Kino war er 1990 in der Actionkomödie *Breakaway* zu sehen. Es folgten der Actionfilm *Diplomatic Immunity (American Steel,* 1991), die Actionkomödie *Kuffs (Kuffs – Ein Kerl zum Schießen,* 1992) mit Christian Slater und der Baseball-Film *The Babe (The Babe – Ein amerikanischer Traum,* 1992) mit John Goodman.

Großer Erfolg war keinem dieser Film beschieden. Dementsprechend gab es nicht viele Angebote für Boxleitner. Aber im Fernsehen war und ist er gefragt. Er wirkte in einer Vielzahl von Fernsehfilmen mit – vor und nach *Babylon 5.*

DER MANN, DER SHERIDAN WURDE

Von 1994 bis 1998 spielte Boxleitner Sheridan in 88 Folgen der Serie. Dazu kamen noch die Fernsehfilme *In the Beginning (Der erste Schritt,* 1998), *Thirdspace (Das Tor zur 3. Dimension,* 1998) und *A Call to Arms (Waffenbrüder,* 1999). In der Rolle des Captains fand er eine seiner besten – mit Material, nach dem sich die meisten Schauspieler alle zehn Finger ablecken würden. JMS schrieb ihm Reden auf den Leib, in denen er glänzen konnte.

Aber in gewisser Weise war die Serie ein zweischneidiges Schwert. Sie war nie ein großer Erfolg und wurde von vielen Leuten – auch von solchen, die im Casting tätig waren – gar nicht wahrgenommen. Nach dem Ende der Serie hörte Boxleitner häufiger die Frage, was er denn die letzten vier, fünf Jahre gemacht hätte.

Im Jahr 2007 spielte er Sheridan im DVD-Film *Babylon 5: The Lost Tales (Babylon 5: Vergessene Legenden – Stimmen aus dem Dunkel)* erneut. Danach sah es so aus, als wäre es das gewesen. Im Sommer 2023 kündigte JMS aber ein neues B5-Projekt an. Wie sich herausstellte, handelte es sich dabei um den Zeichentrickfilm *Babylon 5: The Road Home,* in dem Boxleitner dem Captain die Stimme leiht.

UMTRIEBIGER SCHAUSPIELER

Der lange Zeit mit Melissa Gilbert – die in *Babylon 5* Sheridans Frau spielte – verheiratete Boxleitner hat im Lauf seiner Karriere in mehr als 130 Projekten mitgewirkt, dabei gerne auch in Genre-Stoffen. So war er in zehn Folgen von *Supergirl* (2018-2019) als Präsident der USA zu sehen, dem man nicht unbedingt trauen konnte. Einen ganz anderen Präsidenten spielte er in drei Folgen der dritten Staffel von *The Orville (The Orville,* 2022). Hier war er der Präsident der Union, dem Äquivalent zur Föderation in *Star Trek.* Erkennen konnte man ihn jedoch nicht, da er unter reichlich Make-up zum Außerirdischen geworden war.

Privat hat er sein Glück wieder gefunden. Der Vater dreier Kinder – mit seinen ersten beiden Ehefrauen Kathryn Holcomb, die er bei *How the West Was Won* kennen lernte, und Melissa Gilbert – ist seit 2016 mit Verena King verheiratet.

Boxleitner hat viele Rollen gespielt, John Sheridan war aber wohl seine größte. Das British Film Institute listete John Sheridan im Dezember 2014 zudem als eine der besten Sci-Fi-Figuren aller Zeiten auf.

THOMPSON: VON DER SCHAUSPIELEREI ZUM JOURNALISMUS

Andrea Thompson hatte Glück, dass man bei Warner mit JMS' Wunschkandidatin für die Telepathin an Bord von Babylon 5 nicht zufrieden war. Die stockenden Honorarverhandlungen nutzte man, um ihm die Entwicklung einer neuen Figur aufzudrängen. Das Ergebnis war Talia Winters, mit der JMS im Lauf der Jahre Großes vorhatte. Nur machte ihm hier Thompson einen Strich durch die Rechnung, da sie sich unterbeschäftigt fühlte und während der zweiten Staffel aussteigen wollte.

Rebecca Andrea Thompson wurde am 6. Januar 1960 in Dayton, Ohio, geboren. Als sie sechs war, zog sie mit ihrer Familie nach Australien. Im Alter von 16 Jahren brach sie die High School ab und verbrachte ihre Zeit mit Reisen. Es zog sie nach New York City, wo sie zu modeln begann und Schauspielunterricht am Strasberg Studio und dem Herbert Berghof Studio nahm.

Sie begann ihre Karriere 1986 mit der italienischen Produktion *Manhattan Gigolo.* Im selben Jahr wirkte sie im Horrorfilm *Nightmare Weekend* mit *(Zum Töten programmiert,* 1986), in dem drei Frauen zu mörderischen Mutanten werden – kein Film, mit dem man glänzen könnte. Als Prostituierte war sie in einer winzigen Rolle in *Wall Street* (1987) zu sehen. Dann folgten die Komödie *Hot Splash (Hot Splash – Eine Jungfrau geht baden,* 1988) und die SF-Klamotte *Doin' Time on Planet Earth (Hilfe, ich bin ein Außerirdischer – Ausgeflippte Zeiten auf der Erde,* 1988). Der Erfolg klopfte jedoch erst mit einer Serie an. Von 1989 bis 1990 war Thompson in der Soap Opera *Falcon Crest* (1981-1990) in 19 Folgen dabei. Gastauftritte in Serien schlossen sich an; ihre größte Chance kam dann jedoch mit *Babylon 5.*

PRIVATES GLÜCK AUF B5

Die Serie hat ein großes Ensemble. Entsprechend kam es vor, dass Schauspieler teils über mehrere Folgen hinweg nicht zum Einsatz kamen. Das störte Thompson, die stets das Gefühl hatte, dass sie mehr machen könnte. Zwar lernte sie bei der Serie auch Jerry Doyle kennen, mit dem sie von 1995 bis 1997 verheiratet war, aber karrieristisch war sie nicht glücklich. Sie schickte sogar ihren Mann vor, damit dieser bei JMS für sie intervenierte, jedoch vergeblich.

Darum wollte Thompson aus ihrem Vertrag aussteigen, ein Wunsch, dem JMS schließlich entsprach, wenngleich er dafür seine Geschichte ändern musste, denn eigentlich hatte er große Pläne für Talia Winters gehabt.

DAS WEITERE SERIENLEBEN

Direkt im Anschluss erhielt sie eine wiederkehrende Rolle in *JAG (J.A.G. – Im Auftrag der Ehre,* 1995-2005), verließ die Serie jedoch, als sie nach der ersten Staffel eingestellt und dann von einem anderen Sender wiederbelebt wurde. Das war aber kein Grund zur Traurigkeit, da sie eine Hauptrolle in dem Crime-Drama *NYPD Blue (Die New Yorks Cops – NYPD Blue,* 1993-2005) ergatterte.

Sie spielte von 1996 bis 2000 in 77 Folgen als Detective Jill Kirkendall mit. Diese Serie verließ Thompson schließlich, weil sie einen neuen Karrierepfad einschlagen wollte: Sie wollte Journalistin werden.

DER JOURNALISMUS

Thompson begann 1999, sich auf ihre journalistische Laufbahn vorzubereiten, indem sie ihren Abschluss nachholte und ein Jahr lang mit Jack Hubbard zusammenarbeitete, dem stellvertretenden Direktor des News Service der Stanford University und langjährigen Journalisten von CBS News. Während dieser Zeit nahm sie zudem an einem Schreibseminar mit Wayne Freedman teil, dem Feature-Reporter von KGO-TV. Thompson begann ihre Arbeit bei der CBS-Filiale KRQE in Albuquerque, New Mexico, als Reporterin mit für 26.000 Dollar im Jahr – viel weniger als das, was sie als Schauspielerin gewohnt war, aber es war ein Anfang.

Im Juni 2001 wurde sie zur Moderatorin der Abendnachrichten *CNN Headline News.* CNN hatte im Januar 400 von 4.000

Angestellten entlassen und wollte bekannte Persönlichkeiten, um jüngere Zuschauer anzulocken. Ihre ersten Worte auf dem Bildschirm als Reporterin waren: »Hi, ich bin Andrea Thompson, und wenn Sie nicht in einer Höhle gelebt haben, wissen Sie das wahrscheinlich schon.« Ihre Einstellung löste in Journalistenkreisen eine Kontroverse aus, vor allem, weil sie nur über ein Jahr Erfahrung im Journalismus verfügte.

Nacktbilder und Videoclips von Thompson aus ihren Filmen aus den 1980er Jahren begannen im Internet zu kursieren und brachten CNN ein wenig in Verlegenheit – man darf eben nicht vergessen, wie puritanisch Amerika ist.

Thompson verließ den Sender im März 2002. Während eines Auftritts im Januar 2003 gab sie an, dass sie CNN verlassen hatte, weil sie nicht mit der Art und Weise einverstanden war, wie die Nachrichten produziert werden. »Im Grunde gibt man den Zuschauern nur genug, um sie zu erschrecken, und keine wirklich wertvollen Informationen. Und davon haben wir nach dem 11. September so viel gesehen, was ich, offen gesagt, für unverantwortlich hielt.«

Nachdem sie CNN verlassen hatte, arbeitete sie für Court TV, wo sie Episoden von *NYPD Blue* und *Forensic Files* vorstellte und die Dokumentarserie *The System* moderierte. Seit 2003 moderiert sie *Psychic Detectives.*

Nachdem sie sich als Journalistin etabliert hatte, war sie bis 2016 nur noch in einer Handvoll Serien in Gastrollen zu sehen. Die größte war dabei wohl die in *24: Twentyfour (24,* 2001-2010), bei der sie in der dritten Staffel in fünf Folgen zu sehen war.

Thompson hat zwei Söhne, einen davon mit Jerry Doyle. Als Schauspielerin war Thompson in den letzten zwei Jahrzehnten kaum noch aktiv. Für ihre Fans wird sie Talia Winters bleiben, die Frau, in die sich Susan Ivanova verliebte.

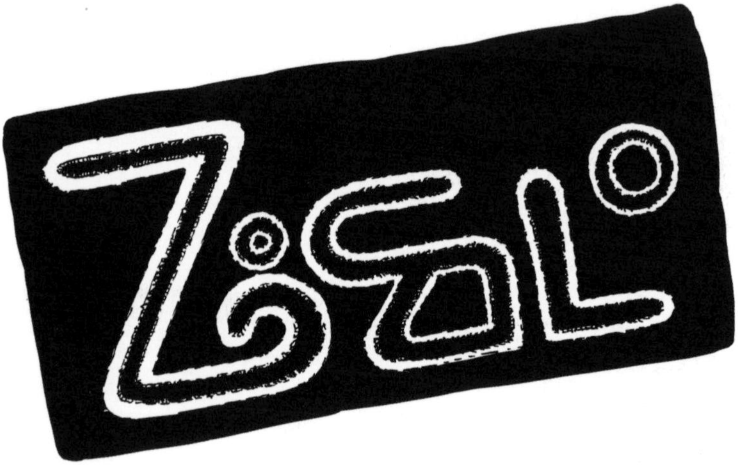

ZWISCHENSPIEL

Claudia Kern erinnert sich …
an einen Moment mit Peter Jurasik

Bei einer Convention in Frankfurt durfte ich Peter Jurasik kennenlernen. Er war das exakte Gegenteil von der Figur, die wir in *Babylon 5* sehen. Londo Mollari ist arrogant, brutal, sarkastisch und ein Aufschneider – zumindest der Londo, der in der Öffentlichkeit auftritt.

Jurasik war damals (und ist es wohl immer noch) sehr warmherzig, freundlich, großzügig und humorvoll. Er unterhielt sich mit jedem Fan, von dem er angesprochen wurde, nicht nur ein paar Sekunden, sondern zehn Minuten und länger. Wann immer man ihn zu besonders beeindruckenden Londo-Sequenzen befragte, bemühte er sich, auch die anderen Schauspieler, die darin auftraten, zu erwähnen und zu loben.

Bei seinem Panel ging das so weiter. Er erzählte Geschichten über Stephen Furst und Andreas Katsulas, ohne sich selbst in Szene zu setzen. Dank ihm bekamen wir einen Einblick in die Welt hinter der Serie, in das, was sich bei den Dreharbeiten zwischen den Menschen dort abspielte. Mehrfach erwähnte er, wie viel Stephen und er gelacht hätten, wenn sie nicht »in character« waren, und wie oft sie damit ihre Regisseure in den Wahnsinn getrieben hätten.

Ein Fan sprang darauf an. Er fragte Jurasik, wie lange er für diese Wandlung von Peter zu Londo brauchen würde, wie schnell er auf diesen Außerirdischen, der so weit von ihm selbst entfernt war, zugreifen könnte.

Jurasik nickte und erklärte, jeder Schauspieler hätte seine eigene Methode. Und seine wäre …

BAMM!

Von einer Sekunde zur anderen wurde er Londo. Die Körpersprache, der Akzent, alles war sofort da. Wenn man die Augen schloss, sah man den Centauri vor sich.

Londo fing an, sich vor uns für die Behandlung der Narn zu rechtfertigen. Wir würden die Centauri und ihre Kultur nicht verstehen, und die Narn wären primitive Barbaren, ja fast schon Untermenschen …

Ich weiß nicht mehr, wie lange dieser Monolog dauerte. Doch schon nach wenigen Sätzen schlichen sich Nazi-Begriffe wie Untermenschen und Lebensraum in die Rechtfertigung ein. Die Stimmung kippte. Fans rutschten unruhig auf ihrem Platz hin und her, manche sahen sich geradezu verstört an. Londo sprach nicht mehr über Centauri und Narn, sondern über Nazis und Juden. Er holte den Konflikt aus der Fiktion in die Realität, machte ihn greifbar. Das war unglaublich beeindruckend und unglaublich unangenehm.

Ebenso schnell wie Londo aufgetaucht war, verschwand er wieder. Jurasik kehrte zurück und bedankte sich bei uns fürs Zuhören. Der Applaus, den er dafür bekam, drückte nicht nur Begeisterung, sondern auch Erleichterung über das Ende dieser Performance aus.

Später sagte er zu einem Fan, er sei nicht sicher, ob dieses Experiment richtig gewesen wäre. Er hatte die Stimmung absichtlich ruiniert, um uns zu zeigen, was für ein Ungeheuer Londo in unserer Realität sei.

Ob es richtig war, weiß ich auch nicht. Aber niemand, der an diesem Nachmittag in Jurasiks Panel saß, wird es jemals vergessen.

KAPITEL 3

Ein kleiner Seitenblick: Das Science-Fiction-Jahr 1994/95

Als *Babylon 5* debütierte, befand sich das fantastische Serien-Fernsehen in einer Art Übergangsphase. Vor allem aber war es eine ganz andere Zeit. Aus heutiger Sicht ist sie kaum noch vorstellbar. Denn mit einem halben Dutzend Streaming-Diensten bekommt man praktisch Woche für Woche hochwertige fantastische Serien. Zum Ende der 80er, aber auch in den frühen 90er Jahren war das noch gänzlich anders. Das US-Fernsehen wurde von wenigen großen Networks bestimmt. Kleinere Sender waren gar nicht in der Lage, großartig in Eigenproduktionen zu investieren.

Darum erwarben Lokalsender teilweise Serien von den großen Networks und zeigten sie dann – das ist das sogenannte Syndication, bei dem ›alte‹ Serien mit vier, fünf Staffeln in schneller Taktung ausgestrahlt wurden. Erst in den 90er Jahren begannen Produzenten, Serien direkt für die Syndication zu produzieren, was aber auch hieß: Die Ausstrahlung war ein Fleckenteppich. In fast jeder Stadt, auf jeden Fall aber in jedem US-Bundesstaat lief eine Show zu gänzlich anderer Zeit.

Die Art des Erzählens war damals ebenfalls noch eine komplett andere. Als *Star Trek: The Next Generation* im Jahr 1987 startete, war die Show diesem alten Erzählmuster verpflichtet. Das hieß: keine lineare Erzählweise, sondern eine episodische. Jede Folge erzählt eine Geschichte, mit der nächsten ist der Status Quo, wie er immer war. Nur langsam begann man bei dieser Serie, einen roten Faden einzubringen, indem Geschichten später fortgesetzt und wiederkehrende Figuren erneut eingesetzt wurden. So war es gleichermaßen bei *Star Trek: Deep Space Nine* (1993-2000), das dem Erzählmuster folgte und erst später auf eine stärkere lineare Erzählweise umschwenkte – siehe hierzu auch das entsprechende Kapitel im Buch mit dem Vergleich von *Babylon 5* und *Star Trek: Deep Space Nine.*

Was ebenfalls ein großer Unterschied zu heute ist: Es gab einfach nicht so viele fantastische Serien wie heute. Aber in den 90er Jahren tat sich zumindest etwas, denn in der zweiten Hälfte des Jahrzehnts gab es sehr viel mehr fantastische Serien, zu einem guten Teil als Reaktion auf den immensen Erfolg von *Akte X (The X-Files,* 1993-2002). Die Serie war in vielerlei Hinsicht bahnbrechend. Sie hatte nicht nur einen sehr filmischen Look, der im Serien-Fernsehen bis dahin weitestgehend unbekannt war, sondern zudem einen roten Faden. Im Grunde gab es hier das Beste beider Welten: eine durchlaufende Geschichte rund um die Verschwörung, wobei in jeder Staffel eine gute Handvoll Episoden diesem Narrativ vorbehalten waren, während die übrigen Folgen mit »Monstern der Woche« auch den Gelegenheitszuschauer abholten, der kein Interesse daran hatte, einer Serie Episode für Episode folgen zu wollen.

Akte X war darum noch nicht das, was heutige Serien wie *Game of Thrones* oder *Foundation* sind, die eine durchlaufende Handlung erzählen. Aber die Serie kam zu einer Zeit, als Veränderungen anstanden. *Babylon 5* blieb vom großen Publikum weitestgehend unbeachtet, doch die Serie war mit ihrer fortlaufenden Erzählstruktur etwas ganz Neues. So etwas gab es im wöchentlichen Serien-Fernsehen nicht, und anfangs fiel es nicht einmal auf. In der ersten Staffel wirkte die Show wie viele andere. Mit der zweiten Season zeigte sich dann, dass die große Handlung die Einzelgeschichten immer mehr in den Hintergrund drängte. Die Serie war ihrer Zeit damit weit voraus und fungiert darum im Sci-Fi-Fernsehen der damaligen Jahre als Solitär.

Man muss sich ja nur ansehen, in welchem Zustand die Science-Fiction der damaligen Zeit wirklich war. Ein erstes Goldenes Zeitalter für Fans der fantastischen Genres kam erst im Lauf des Jahrzehnts; zuvor waren Sci-Fi-Shows noch wirklich rar gesät. Darum hatte JMS es ja zunächst so schwer, *Babylon 5* überhaupt unterzubringen, weil nach Meinung vieler Verantwortlicher bei den Sendern der Markt an Weltraum-Sci-Fi mit *Star Trek* schon abgedeckt war.

Entsprechend sah die Science-Fiction jener Zeit aus. Es gab ein paar Superhelden-Serien, die mehrheitlich im Fahrwasser von Tim

Burtons Filmerfolg *Batman* (1989) produziert wurden. *Superboy* (1988-1992) war schon zuvor gestartet, mit dem halbstündigen Format wirkte das Ganze aber ohnehin wie eine Serie für Kids, wenngleich man retrospektiv sagen muss, dass dies nach wir vor eine der schönsten Superhelden-Umsetzungen ist. Danach kamen *The Flash (Flash – Der rote Blitz,* 1990-1991), das es auf nur eine Staffel brachte, und *Super Force* (1990-1992), eine extrem günstige Serie um einen maskierten Helden auf einem futuristischen Motorrad. Dies war ebenfalls eine halbstündige Sendung, die extrem günstig aussah. Der größte Erfolg war noch *The New Adventures of Lois & Clark (Superman – Die Abenteuer von Lois & Clark,* 1993-1997), das den Fokus stärker auf die Romanze der beiden Hauptfiguren als auf Kämpfe mit Superschurken setzte – denn solche gab es in der Serie kaum.

Keine dieser Serien ist mit dem vergleichbar, was wir heutzutage unter einer Superhelden-Seire verstehen. Im Gegenteil, diese Shows nahmen ihre Vorlagen nicht allzu ernst und versuchten, das Phantastische möglichst realistisch zu halten, um ein Publikum, das an kostümierten Helden nicht interessiert war, dennoch anzulocken.

Aber wie sah es mit der Science-Fiction aus, die es unmittelbar vor dem Start von *Babylon 5* gab? Nicht besonders gut. Der Platzhirsch war *Star Trek: The Next Generation,* aber davon abgesehen wurde es schon meist kleiner und günstiger. Oder es war nicht erfolgreich. Schon 1989 startete *Alien Nation,* die Serie, die auf dem gleichnamigen Film basiert und davon erzählt, wie außerirdische Flüchtlinge sich in die US-Gesellschaft integrieren. Die Serie brachte es nur auf eine Staffel (und erhielt Jahre später noch ein paar Fernsehfilme). Im Grunde war dies aber eine Polizisten-Serie, die sich mit sozialkritischen Themen befasste.

Time Trax (Time Trax – Zurück in die Zukunft, 1992-1994) war gleichermaßen wenig mehr als eine Cop-Show. Ein Mann wird in die Vergangenheit geschickt, um dort Verbrecher zu verhaften, die aus der Zukunft geflohen sind. Der Sci-Fi-Aspekt hielt sich in Grenzen, das Interesse des Publikums auch. Im Grunde war das nur eine Variation von *Quantum Leap (Zurück in die Vergangenheit,* 1989-1993), in der ein Wissenschaftler in die Vergangenheit und in die Körper anderer Menschen verschlagen wird, deren Probleme er lösen muss, bevor es weitergeht.

Eine Art von *Star Trek* war *seaQuest DSV (Seaquest,* 1993-1996), die von Steven Spielberg produziert wurde und mit Roy Scheider exzellent besetzt war. Es ging nicht ins All hinaus, sondern in die Tiefen der Meere. Die Seaquest ist ein futuristisches U-Boot, die Serie hatte aber Probleme. Die erste Staffel war nicht genug Sci-Fi, die zweite war hauptsächlich dümmliche Sci-Fi, und die dritte sprang gleich in die Zukunft.

So war der Zustand der Science-Fiction, als JMS sich anschickte, mit *Babylon 5* etwas zu machen, was es so noch nie zuvor gegeben hatte. Gleichzeitig setzte eine Form der Veränderung ein. Zu sagen, *Babylon 5* hätte sie ausgelöst, wäre vermessen. Dafür wurde die Serie viel zu wenig wahrgenommen. Aber in den 90er Jahren kamen immer mehr fantastische Serien ins Fernsehen. Das gilt auch für die Serien-Saison 1994/95 – also ein Jahr, da neue Shows traditionell im Spätsommer starteten und dann bis Mai liefen. Zeitgleich mit der zweiten Staffel von *Babylon 5* gab es einige andere Sci-Fi-Serien. Was aber auffällt: eine weitere Space Opera gab es nicht.

Die erfolgreichste Serie jener Zeit war eine, die kaum Sci-Fi-Elemente besaß. Die Rede ist von *Weird Science (L.I.S.A – Der helle Wahnsinn,* 1994-1998), die die Prämisse des gleichnamigen Films von John Hughes aufnimmt und erzählt, wie zwei Teenager sich mit Hilfe des Computers eine künstliche Frau erschaffen, die einfach der Wahnsinn ist. Die Show brachte es auf vier Staffeln, ist aber eher Comedy als Science-Fiction.

Nach gleich drei Filmen verschlug es *RoboCop* (1994) ins Fernsehen, die Show brachte es aber nur auf eine Staffel. Ein Grund mag gewesen sein, dass die Härte der Filme im Fernsehen nicht reproduzierbar war. Aber die Serie um den Polizisten, der tödlich verwundet und dann mit künstlichen Körperteilen zu RoboCop wird, ist im Grunde eine waschechte Superhelden-Show und durchaus reizvoll. Eine weitere Superhelden-Serie ist die von Sam Raimi produzierte Show *M.A.N.T.I.S.* (1994-1995), die es aber ebenfalls nur auf eine Staffel brachte. Erfolgreicher war *Viper* (1994-1999), in der es um ein futuristisches Auto geht. Allerdings ist das ebenfalls nur eine weitere Action-Serie mit Cop-Show-Elementen.

Handfeste Science-Fiction lieferte erneut eine Steven-Spielberg-Produktion ab: *Earth 2* (1994). Diese beginnt im Weltraum und geht auf einer neuen Welt weiter, denn Kolonisten machen sich daran, eine neue Welt zu besiedeln. Sie müssen aber von ihrer Absturzstelle zum eigentlichen Platz, an dem die Kolonie entstehen soll, noch weit wandern. Dies ist im Grunde ein Sci-Fi-Western, doch die Sci-Fi-Elemente machen sie schon zu etwas Besonderem. Leider gab es nur eine Staffel. Anhand dieser kann man aber sagen, dass hier zumindest in leichter Form das vorhanden ist, was man heute mit linearem Erzählen bei Serien in Verbindung setzt.

Space Precinct (Space Cops – Tatort Demeter City, 1994) der britischen Sci-Fi-Legende Gerry Anderson war wiederum eine Polizisten-Serie, mit dem Unterschied, dass hier halt Außerirdische herumliefen, während *Dead at 21 (Dead at 21 – Tödliche Träume,* 1994) eine der ersten Mystery-Shows im Fahrwasser von *Akte X* war. Jack Noseworthy spielt hier einen jungen Mann, an dem Experimente durchgeführt wurden und der an seinem 21. Geburtstag sterben wird – er versucht, herauszufinden, was mit ihm passiert ist und wie er sein Schicksal ändern kann. Auf Basis der Romane von William Shatner entstand *TekWar (Tek War – Krieger der Zukunft,* 1994-1996) – zuerst mit ein paar Filmen, die die Romane direkt adaptierten, dann mit einer wöchentlichen Serie. Das war im Endeffekt ebenfalls nicht mehr als eine futuristische Polizisten-Serie rund um eine Droge namens Tek. Den Namen hat Shatner wohl nicht von ungefähr gewählt.

Als die zweite Staffel von *Babylon 5* endete, standen zwei andere Serien in den Startlöchern, die allerdings genauso weit von dem entfernt waren, was man mit Weltraum-Sci-Fi in Verbindung bringt. *The Outer Limits (Outer Limits – Die unbekannte Dimension,* 1995-2001) bot als Anthologie-Serie zumindest bisweilen Geschichten im Weltraum; meist spielte das Geschehen aber auf der Erde. Tracy Tormés *Sliders (Sliders,* 1995-2000) ist wiederum eine Serie, die das heute sehr beliebte Multiversum erkundet, denn vier Leute werden von ihrer Erde fortgerissen und landen Folge für Folge in einer Welt mit paralleler Entwicklung. Erst zum Ende der Serie brachte man eine Art von Außerirdischen ein – Wesen, die sich auf einer parallelen Erde anstatt der Menschheit entwickelt haben.

Man muss zumindest sagen, dass die Science-Fiction jenes Jahres sehr abwechslungsreich war. Sehr verschiedene Spielarten des Genres wurden bedient, allerdings gab es nicht wirklich viel. Sci-Fi-Fans jener Zeit waren in der Lage, etwas zu tun, was heute kaum noch möglich ist. Sie konnten wirklich jede Serie ansehen und ihrem Verlauf folgen, weil es gar nicht so viele gab. Zum Ende des Jahrzehnts kamen mit dem Erfolg der originären Auswertung von Shows in der Syndication mehr dazu, sodass man schon an den Punkt kam, an dem man eine Auswahl vornehmen musste.

Aber in den Jahren 1994 und 1995 war das noch nicht so. Das waren die letzten Jahre vor der Genre-Explosion, die sich rückblickend geradezu lächerlich ausnimmt, wenn man heutige Maßstäbe heranzieht. Heutzutage werden querbeet durch alle Genres fast 600 Serien pro Jahr produziert. Vor 30 Jahren? Genaue Zahlen fehlen, aber allenfalls zum Ende des Jahrzehnts dürfte an der Dreistelligkeit gekratzt worden sein.

Space-Operas waren jedoch selten, weil sie teuer sind. Bevor *Babylon 5* kam, war an Effekte aus dem Computer gar nicht zu denken – bei der Konkurrenz von *Star Trek* musste man Raumschiffe noch mit Modellen umsetzen, was sehr zeitaufwendig ist. Darum gab es dort keine großen Schlachten, wie sie bei *Babylon 5* immer wieder vorkamen. Erst bei den späteren Staffeln von *Star Trek: Deep Space Nine* änderte sich das. Abseits von *Babylon 5* und *Star Trek* gab es jedoch nichts Vergleichbares. Die Space Opera war etwas, das vor allem im Kino stattfand – wenn sie denn stattfand. Umso eindrucksvoller ist, was *Babylon 5* mit einem geradezu lächerlich geringen Budget geleistet hat. Inhaltlich sowieso, aber auch formell. Die Serie war in vielerlei Hinsicht ein Vorreiter, weswegen sie heute immer noch gut funktioniert – weil sie nach modernen Erzählmustern gestaltet ist. Ihre Fans fand sie aber auch, weil diese spezielle Form der Science-Fiction – man könnte wahrscheinlich argumentieren, dass Sci-Fi Fans das Sujet der Space Opera favorisieren – eben auch Seltenheitswert hatte.

Hierzulande wurde es gar nicht so sehr wahrgenommen, dass die fantastischen Serien in der Saison 1994/95 an Boden gewannen, weil die Serien mit mindestens einem Jahr Verzögerung starteten, manche sogar erst zwei oder drei Jahre, nachdem sie in ihrer Heimat gelaufen waren. Darum stellte sich das Serien-Angebot an fantastischen Stoffen in Deutschland noch etwas anders dar. Im deutschen Fernsehen sah das Sci-Fi-Angebot darum in der zweiten Hälfte der 90er Jahre noch weit umfangreicher aus.

Es war eine spannende Zeit damals, nicht nur, weil es auf einmal so viele fantastische Serien wie nie zuvor zu entdecken gab, sondern auch, weil die Möglichkeiten ganz andere waren. Damals musste man zu bestimmten Zeiten einschalten oder aber den Videorekorder programmieren, damit er die Aufnahme startete. Wenn man etwas verpasst hatte, dann war es zunächst weg. Es gab dann nur zwei Optionen: auf Freunde zu hoffen, die die entsprechende Folge vielleicht aufgenommen hatten, oder auf die Wiederholung zu warten. Das war ein weiterer Grund, warum lineares Serien-Fernsehen damals die Ausnahme und nicht die Regel war. Bei einer fortlaufenden Handlung konnte man schnell den Faden verlieren, wenn man in einer Staffel einmal oder gar öfters eine Episode verpasste.

So gesehen lebt man heute im seriellen Schlaraffenland. Man gestaltet mit Heimkino-Medien und Streaming sein Programm selbst, guckt, wann es einem beliebt, und ist nicht auf die Willkür von Programmmachern angewiesen.

Junge Fans können sich das vielleicht gar nicht anders vorstellen, aber in der analogen Zeit war vieles nicht so einfach. Im Rückblick können die älteren Fans das jedoch sogar verklären. Denn vielleicht war es tatsächlich so, dass man vieles bewusster anschaute und mehr zu schätzen wusste, es überhaupt sehen zu können, weil eine Wiederholung nie garantiert war …

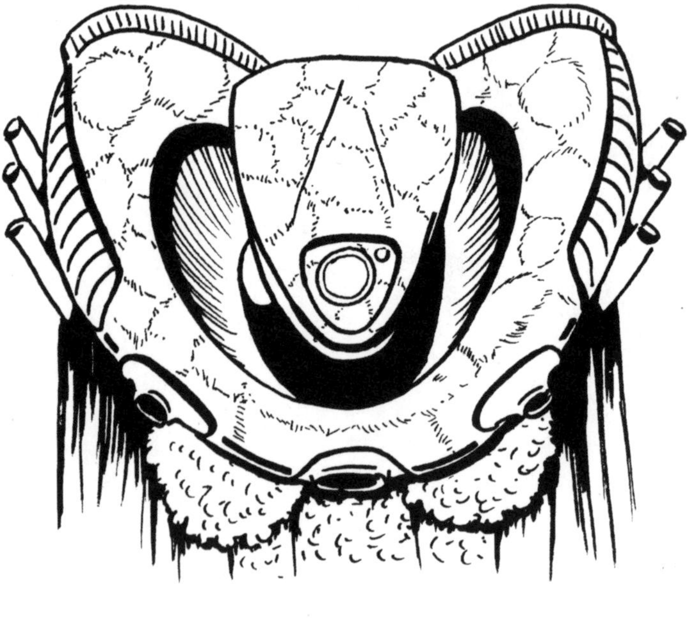

ZWISCHENSPIEL

Besucher der Station
Teil 2: Robert Rusler

Als Robert Rusler die Rolle des Warren Keffer in *Babylon 5* erhielt, hatte er keine Ahnung, dass seine Figur bereits dem Untergang geweiht war. Im Gegenteil, er hatte das Gefühl, eine große Rolle ergattert zu haben, vielleicht sogar den Part, der seiner Karriere Auftrieb geben würde. Aber so sollte es nicht sein.

Rusler wusste nicht, dass man JMS die Entwicklung dieser Figur aufgezwungen hatte, und ebenso wenig, dass der Showrunner vorhatte, sie so schnell wie möglich wieder aus dem Verkehr zu ziehen – nachdem Keffer ohnehin nicht gar so viele Auftritte in der zweiten Staffel gehabt hatte. Selbst am Ende, als es aussah, als wäre Keffer tot, hoffte Rusler noch auf eine Rückkehr. JMS hatte aber nicht den Mut, ihm das direkt zu sagen.

Dabei ist Warren Keffer keine schlechte Figur. Er hat sogar ein paar richtig gute Momente, etwa in der Folge *GROPOS*. Auch seine Suche nach dem Schattenschiff, das er im Hyperraum sah, ist interessant. Man hätte ihn schon stärker in die große Geschichte von *Babylon 5* einbringen können, aber JMS wollte das eben nicht.

Robert Rusler wurde am 20. September 1965 in Fort Wayne, Indiana, geboren. Die Familie zog nach Waikiki Beach auf Hawaii um, wo er sein Faible fürs Surfen entdecke und an einigen Wettbewerben teilnahm. Der nächste Umzug führte nach Los Angeles, wo Rusler sich Martial-Arts-Kenntnisse aneignete. Nach der Beendigung der High School war für ihn klar, was er werden wollte: Schauspieler. Also begann er im Loft Studio von Peggy Feury und William Taylor Unterricht zu nehmen.

Seine erste Filmrolle hatte er in dem John-Hughes-Hit *Weird Science (L.I.S.A. – Der helle Wahnsinn,* 1985). Im selben Jahr war er in *Nightmare 2 (A Nightmare on Elm Street 2: Freddy's Revenge,* 1985) als Grady dabei. Keine Rolle, die überlebt, aber doch eine, die recht groß ist. Der Anfang von Ruslers Karriere sah also ganz vielversprechend aus, und auch privat brachte er etwas Gutes. Mit seinem *Nightmare*-Ko-Star Mark Patton verbindet Rusler eine gute Freundschaft.

Im Jahr darauf war Rusler in einer kleinen Rolle in Albert Pyuns *Dangerously Close (Teuflische Klasse,* 1986) zu sehen. Größer war sein Part im Neon-Vampir-Film *Vamp* (1986), in dem Grace Jones die Blutsaugerin spielte. Außerdem gab es noch den Skateboard-Film *Thrashin' (Thrashin' – Krieg der Kids,* 1986), in dem er an der Seite von Josh Brolin agierte.

Im Jahr 1990 ergatterte Rusler dann eine Hauptrolle in *The Outsiders* (1990-1991), einer Serien-Fortsetzung von Francis Ford Coppolas gleichnamigen Film aus dem Jahr 1983. Danach folgten zwei kleine Horrorfilme. So war Rusler in der Stephen-King-Verfilmung *Sometimes They Come Back (Manchmal kommen sie wieder,* 1991) dabei und spielte in *Amityville – A New Generation* (1993) mit. Seine Karriere hob jedoch nicht ab. Darum setzte er seine Hoffnungen auch auf *Babylon 5,* wurde jedoch bitter enttäuscht. Von 22 Folgen der gesamten Staffel war er nur in sechs Episoden zu sehen. Danach verflachte seine Karriere noch mehr.

Ein Highlight war noch das Videogame *Wing Commander IV,* für das mit Mark Hamill und Malcolm McDowell Spielszenen gedreht wurden. Seitdem war Rusler eigentlich nur noch als Gaststar in Serien zu sehen – so u.a. in der dritten Staffel von *Star Trek: Enterprise* in der Folge *Anomaly (Anomalie).* Weil er in der Frühzeit seiner Karriere in ein paar bekannteren Horrorfilmen mitgespielt hatte, holte man ihn später zu kleinen Independent-Produktionen. So war Rusler in Hershell Gordon Lewis' Splatterfilm *Blood Feast (Blood Feast – Blutiges Festmahl,* 2016) Fuad Ramses, die Figur, die schon in Lewis erstem *Blood Feast* aus den 1960er Jahren der Schurke war. Jüngst war Rusler in den Horrorfilmen *Jakob's Wife* (2021), *Pretty Boy* (2021) und *The Manor* (2021) dabei.

Rusler ist mit Erin Louise Jellison verheiratet und hat drei Kinder. Seine Karriere war wohl nicht so, wie er sie sich erhofft und erwünscht hatte, und Warren Keffer war definitiv eine große Enttäuschung für ihn. Aber egal – wie unschön der Abgang seiner Figur auch gewesen sein mag, ein wichtiger Teil des zweiten Jahres von *Babylon 5* ist er gewesen.

KAPITEL 4

EPISODENFÜHRER

STAFFEL 2 (1994/1995)
SCHATTEN AM HORIZONT

»The Babylon Project was our last, best hope for peace. A self-contained world, 5 miles long, located in neutral territory. A place of commerce and diplomacy for a quarter of a million humans and aliens. A shining beacon in space, all alone in the night. It was the dawn of the Third Age of Mankind the year the Great War came upon us all. This is the story of the last of the Babylon stations. The year is 2259. The name of the place is Babylon 5.«

»Das Projekt Babylon war unsere letzte und einzige Hoffnung auf Frieden. Eine fünf Meilen lange Raumstation in einem neutralen Sektor. Eine Welt des Handels und der Diplomatie für eine Viertelmllion Menschen und Außerirdische. Ein strahlendes Leuchtfeuer, einsam in der Dunkelheit des Alls. Es war der Beginn des dritten Zeitalters der Menschheit, das Jahr, in dem für uns alle der große Krieg begann. Dies ist die Geschichte der letzten großen Weltraumstation. Wir schreiben das Jahr 2259. Der Name der Station: Babylon 5.«

Darsteller: Bruce Boxleitner (Captain John Sheridan), Jerry Doyle (Michael Garibaldi), Mira Furlan (Delenn), Peter Jurasik (Londo Mollari), Andreas Katsulas (G'Kar), Claudia Christian (Lt. Cmdr. Susan Ivanova), Richard Biggs (Dr. Stephen Franklin), Andrea Thompson (Talia Winters), Stephen Furst (Vir Cotto), Bill Mumy (Lennier), Mary Kay Adams (Na'Toth), Robert Rusler (Warren Keffer), Jeff Conaway (Zack Allan)

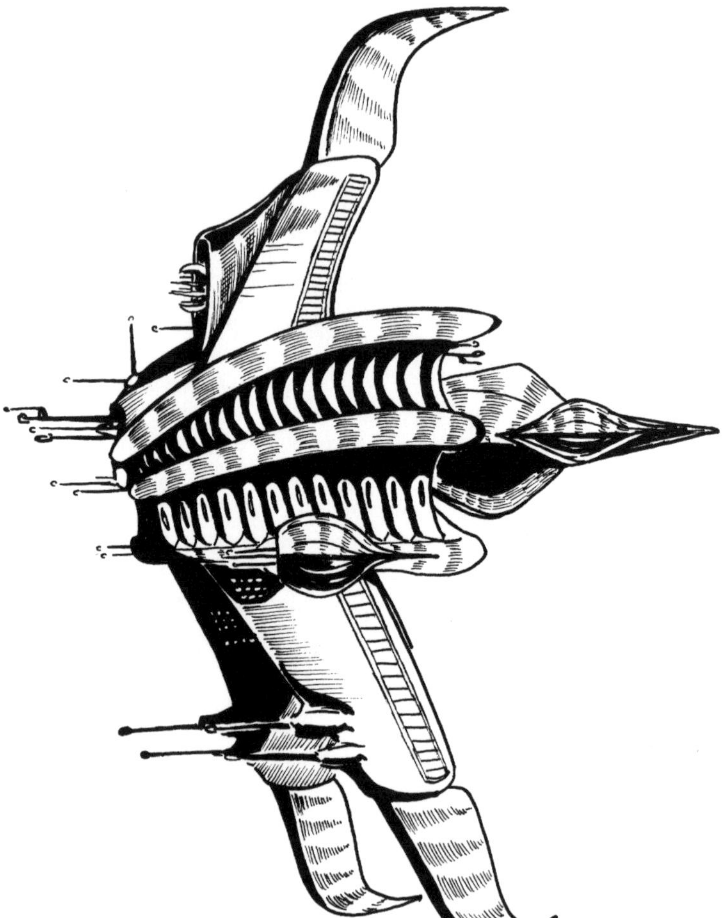

2.01
Points of Departure
(Die Feuerprobe)

US-Erstausstrahlung: 2. November 1994
Deutsche Erstausstrahlung: 31. Dezember 1995
Regie: Janet Greek
Drehbuch: J. Michael Straczynski

Darsteller: Richard Grove (Kalain), Robin Sachs (Hedronn), Robert Foxworth (General William Hague), Jennifer Anglin (Deeron)

Inhalt
Sinclair wurde zur Erde abberufen. General Hague teilt Ivanova sodann mit, dass er nicht zurückkehren, sondern als erster menschlicher Botschafter nach Minbar gehen wird. Ein Ersatz ist schon gefunden: Captain John Sheridan – eine kontroverse Wahl, da er der einzige Earthforce-Captain ist, der während des Kriegs einen echten Sieg gegen die Minbari errungen und deren Flaggschiff sowie weitere Schlachtkreuzer vernichtet hat. Die Minbari nennen ihn aus diesem Grund ›Starkiller‹. Garibaldi kämpft im Medlab noch immer um sein Leben. Delenn befindet sich weiterhin im Kokon, aber Lennier führt ihren Auftrag aus und erläutert Sheridan und Ivanova, wieso der Krieg damals endete: weil der Graue Rat der Minbari feststellte, dass Menschen mit Minbari-Seelen – oder zumindest Teilen davon – geboren wurden. Und Minbari töten keine Minbari. Die Tragati, ein abtrünniges Schiff der Minbari, das nicht kapitulieren wollte, taucht vor Babylon 5 auf. Man sucht den Kampf, mehr noch: den Tod. Als Sheridan das erkennt, lässt er keine Verteidigungsmaßnahmen ergreifen. Stattdessen bittet er die Minbari um Hilfe, die den Kreuzer aufbringen, doch dessen Besatzung wählt den Freitod.

Hintergründe
Über Jahre hinweg hatte JMS behauptet, der Ausstieg von Michael O'Hare sei auf eine Zusammenwirkung verschiedener Faktoren zurückzuführen. Einerseits soll dieser sich in der Rolle gefangen

gefühlt und befürchtet haben, darauf festgelegt zu werden; andererseits hätte das Studio einen Star in der Hauptrolle haben wollen, und dann habe es noch die Notwendigkeit gegeben, eine Figur zu finden, die für das, was kommen sollte, besser geeignet sei. All das war … Bullshit. JMS blieb jedoch bei dieser Version, um Michael O'Hare zu schützen.

Erst nach dessen Tod im Jahr 2012 sprach JMS auf einer Convention offen darüber, was zur Umbesetzung geführt hatte. In seiner Autobiographie *Becoming Superman* führt er dies noch um einiges detaillierter aus. JMS wurde im Verlauf der Dreharbeiten der ersten Staffel darauf aufmerksam gemacht, es gäbe Probleme mit O'Hare. Crew-Mitglieder beschwerten sich über ungebührliche Bemerkungen, sein Verhalten nahm bizarre Züge an, und er verzettelte sich in Diskussionen, die nirgendwohin führten.

JMS rief ihn also zu sich ins Büro, um mit ihm zu sprechen. Es war ein harter, langer Arbeitstag gewesen, und der zeigte sich bei O'Hare. Er sprach inkohärent, wechselte in seiner Erzählebene von einem Punkt zum nächsten, ließ andere fallen, kehrte später dazu zurück und erklärte dem Showrunner, dass er die Zeitungen nach geheimen Botschaften an ihn absuche, und sobald er diese entschlüsseln könne, dann würde alles gut werden. Auch über das Fernsehen erhielte er Nachrichten, dass das FBI ihn beobachte, und Stimmen würden ihm etwas über andere Menschen zuflüstern.

Das ließ JMS erstmal sacken. Später versuchte er, mit O'Hare zu sprechen und ihn zu überzeugen, in Behandlung zu gehen. Doch O'Hare fürchtete, dass ›sie‹ nun auch JMS beeinflussten und gegen ihn aufwiegelten. In den nächsten Tagen versuchte JMS auszuloten, was er tun sollte. Es gab Momente bei O'Hare, da war er gänzlich klar oder tat zumindest so. Als Schauspieler fiel es ihm leicht, eine Maske aufzusetzen und ganz normal zu erscheinen.

JMS sprach mit Doug Netter. Die einzige Lösung, die er sah, war, die Produktion der Staffel für einige Zeit zu unterbrechen. Natürlich hätten ein paar Wochen nicht gereicht, auch wenn O'Hare in Behandlung gegangen wäre, aber in der Zeit hätte man vielleicht auch neu besetzen können. Das Problem dabei: Die Kosten für Warner Bros. liefen weiterhin auf, egal, ob man drehte oder nicht. Es war also wahrscheinlicher, dass die Produktion der Staffel gar nicht mehr aufgenommen worden wäre, sondern man eine verkürzte erste Staffel gezeigt hätte. Und das, da war JMS überzeugt, hätte sicherlich zur Einstellung von *Babylon 5* geführt.

Dennoch war er gewillt, es zu versuchen. Er sprach mit O'Hare, als dieser einen seiner lichteren Momente hatte. Aber O'Hare war vehement dagegen. Er wusste, dass das Studio die Show absägen würde, und er wollte nicht der Grund dafür sein, dass all die anderen Leute ihre Arbeit verloren. Beide diskutierten lange, dann bat O'Hare JMS, ihm die Chance zu geben, die Staffel zu beenden. Wenn er es nicht könnte, wenn er zu krank würde, dann sollte JMS die Dreharbeiten unterbrechen, wenn er das wollte, oder seine Figur töten, um so der Serie eine Chance auf ein weiteres Leben zu ermöglichen. Aber O'Hare wollte es zumindest versuchen.

JMS stimmte schließlich zu, verlangte von O'Hare aber, sich in Behandlung zu begeben, wenn es noch schlimmer werden sollte. Zugleich strukturierte er den Rest der Staffel um. Es war klar geworden, dass O'Hares Zustand sich verschlechterte, je länger und stressiger die Arbeitstage waren. Darum verteilte JMS einige von Sinclairs Szenen und Dialogen auf andere Figuren, um so den Druck auf O'Hare zu mindern.

Nachdem die letzte Folge im Kasten war, war JMS aber auch klar, dass O'Hare nicht länger die Hauptrolle spielen konnte. Der Schauspieler konnte nicht in Behandlung gehen und daran arbeiten, dass es ihm besser ging, und zugleich der Star einer wöchentlichen Serie sein. Er sagte das O'Hare jedoch erst, als die zweite Staffel bestellt worden war. Davor hätte es ohnehin keinen Sinn ergeben. JMS erklärte dem Schauspieler, dass er seine Figur zurückbringen würde, wenn auch nur kurz, um ihr einen Abschluss zu geben, wenn es O'Hare besser ginge. O'Hare verstand, machte sich aber auch Sorgen, dass er niemals wieder einen Job bekäme, wenn bekannt würde, wie es um ihn stand. JMS versprach ihm, den Grund seines Ausstiegs geheim zu halten. Er wollte gar versprechen, dies bis zu seinem Tod zu tun. Aber O'Hare fand es besser, all dies nach seinem eigenen Ableben bekannt zu machen. Er wollte, dass JMS danach darüber spräche, damit die Menschen erfuhren, dass mentale Krankheiten jeden erwischen konnten – selbst den Star einer Serie und den Commander einer Raumstation.

JMS brauchte also einen neuen Star. Er entwickelte die Figur John Strider. Der Name war immer nur ein Platzhalter, da er ein großer

Fan von *Der Herr der Ringe* und das einer von Aragorns Namen ist. In einem Memo beschrieb er ihn als Mitte 30, attraktiv und charismatisch, die Art Mensch, die G'Kar um den Finger wickeln könne, ohne dass dieser es merke. Wo Sinclair von seiner Vergangenheit immer wieder heimgesucht wird, sollte Strider optimistisch sein. Einen Schauspieler hatte er nicht vor Augen, wohl aber, welcher Typ es sein sollte: jemand wie Pierce Brosnan oder der junge Sean Connery.

Die Besetzung war einigermaßen schwierig. PTEN hatte eine eigene Liste an präferierten Schauspielern, die JMS jedoch alle als nicht passend für die Rolle ansah. Man konterte mit einer eigenen Liste, auf der u.a. Michael Biehn und Bruce Campbell standen. JMS' Wunschkandidat war allerdings Michael York. Der war auch bereit, sich mit ihm zu treffen, und er mochte die Rolle, aber PTEN wollte keinen Briten. Es war schließlich Doug Netter, der Bruce Boxleitner ins Spiel brachte, einen Schauspieler, der weit mehr konnte, als ihm bisherige Rollen zugestanden, der als Teamplayer bekannt und gemeinhin als freundlich und umgänglich beschrieben worden war.

JMS wollte auch eine weitere neue Figur einbringen, die ISN-Reporterin Laura James, die im Grunde ›embedded‹ war und direkt von den Konfliktherden berichtete. Aber das Budget gab eine weitere Hauptfigur nicht her, da die Stars eine Gagenerhöhung erhielten und mit Warren Keffer schon eine neue Figur eingeführt wurde.

Oder besser gesagt: eingeführt werden musste, denn JMS wollte die Figur nicht. Der Sender PTEN wollte jedoch einen jungen, hübschen Mann, um auch ein weibliches Publikum anzulocken. Als klar wurde, dass eine solche Figur erwartet wurde, oder die Verlängerung der Serie stünde auf dem Spiel, gab JMS nach. Aber zuerst entwickelte er eine andere Figur: Idori ›Dory‹ Shima. Er sollte in seinen späten 20ern oder frühen 30ern sein, außerdem jemand, der aus einer langen Linie von Soldaten kam, die bis in die Samurai-Zeit zurückreichte. Er sollte durchaus attraktiv sein und immer eine neue Freundin haben. JMS wollte einfach einen Asiaten, weil es gerade in der amerikanischen Science Fiction so wenige davon gab.

PTEN wollte einen Han-Solo-Typ. Letztlich kam JMS dem Wunsch nach, entwickelte Warren Keffer, und man heuerte Robert Rusler an. Der machte seinen Job, so gut er konnte, viel tolles Material bekam er aber nicht. Und JMS wusste, dass er die Figur bei der erstbesten Gelegenheit einen brutalen Tod sterben lassen würde, was er dann auch genauso umsetzte. Letztlich war Robert Rusler nur in sechs Folgen dabei.

Ursprünglich hatte JMS die Szene, in der Ivanova darüber informiert wird, dass Sinclair nicht zurückkommt, so geschrieben, dass der Präsident ihr dies persönlich mitteilt. Die Szene wurde auch so gedreht, aber sie passte von der Logik her nicht. Ein Präsident würde nicht direkt mit jemandem reden, der im Rang so weit unter ihm steht. Zwar wollte JMS den Präsidenten gerne einbringen, fand dann aber keinen guten Weg. Die Szene wurde mit Robert Foxworth als General Hague neu gedreht.

In dieser Folge erzählt Sheridan davon, wie er sich bei den Minbari den Namen ›Starkiller‹ verdiente. Dabei fand der Kampf, bei dem er die Minbari-Schiffe vernichtete, in der Nähe des Planeten Mars statt. Als später das Ereignis im Film *In the Beginning* gezeigt wurde, verlegte JMS den Kampf weiter weg von der Erde, weil es ihm nicht mehr sinnvoll erschien, dass die Minbari beim Mars den Kampf suchten, ohne direkt weiter zur Erde zu fliegen.

Wichtig ist die Rede, die Sheridan im C&C hält. Es geht hier um das Kleine und Triviale, etwa, wenn er von seinem Treffen mit dem Dalai Lama spricht, das ihm klarmachte, dass er vieles nicht verstanden hatte, aber auch um das Große, wenn er Abraham Lincoln zitiert. Die erste Geschichte bezieht sich auf seine späteren Gespräche mit Kosh und Lorien, die er auch nicht versteht; die zweite zielt auf den Bürgerkrieg ab, in dem er sich selbst bald wiederfinden wird.

Da passt es auch, dass JMS sich für den Namen Sheridan entschied. Im amerikanischen Bürgerkrieg gab es Philip Sheridan, damals noch ein Offizier der Kavallerie, der sich später in den Indianerkriegen einen Namen machte und schließlich zum General wurde. JMS stellte sich vor, dass sein Sheridan ein direkter Nachfahre sei, was auch Bruce Boxleitner gefiel, der großes Interesse für die Zeit des Sezessionskrieges hegt.

Kommentar

Natürlich ist es ein Bruch in der Erzählebene, wenn der Hauptdarsteller ausgetauscht wird, aber er fällt nicht besonders auf, weil JMS weise genug war, für Eventualitäten zu planen und so Entwicklungen der großen Geschichte in Betracht zog, bei denen das Auswechseln eines Schauspielers möglich war. Man begrüßt hier nun also Captain John Sheridan und merkt gleich: Er ist anders als Jeffrey Sinclair, weniger diplomatisch, etwas konfrontativer. Vielleicht ist er genau der Mann, den Babylon 5 braucht, angesichts des großen Kriegs, der kommen wird.

Bruce Boxleitner findet sofort in die Rolle. Er ist charmant, sympathisch, kann aber auch hart sein, und er ist clever. Er erkennt den Plan der abtrünnigen Minbari, die einen neuen Krieg beginnen wollen.

Dieser ersten Folge der zweiten Staffel fällt es nicht nur zu, Sheridan vorzustellen. Für etwaige neue Zuschauer wird der Status Quo noch einmal definiert. Zugleich wartet JMS mit einer Enthüllung auf, die man nicht unbedingt erwartet hätte: mit dem Grund dafür, wieso die Minbari im Moment des Sieges kapituliert haben. Es ist eine faszinierende Idee, dass Menschen und Minbari dieselben Seelen teilen. Lennier erklärt es so, dass Minbari in jeder Generation wiedergeboren werden, aber seit zweitausend Jahren ist zu bemerken, dass es von Generation zu Generation weniger werden – weil ihre Seelen in Menschen wiedergeboren werden.

Natürlich können Menschen wie Sheridan oder Ivanova (oder auch der Präsident, der ansonsten als einziger davon weiß) so etwas nicht für bare Münze halten. Aber das dringt auch tief ins religiöse Verständnis der Minbari ein und zeigt eine Spiritualität, die den Menschen mehrheitlich längst verloren gegangen ist. Wie es zu dieser Vermengung von Menschen und Minbari kam, zeigt sich dann im späteren Verlauf der Geschichte – und mit einem Blick zurück auf den ersten großen Krieg mit dem alten Feind.

Mit Warren Keffer wird eine neue Figur eingeführt, die aber nur kurzzeitig zum Hauptdarstellerstamm gehören wird und auch nur relativ wenige Auftritte hat. Das lag wohl unter anderem daran, dass die Figur immer ein wenig wie ein Fremdkörper wirkte. Als Fighter-Pilot sollte er weniger Kontakt zur Kommandoebene haben, als hier gezeigt wird. Am Ende essen Ivanova, Franklin und er zusammen. Das wirkt ebenfalls eigenartig, weil man die Figur zuvor eben nicht kannte und seit dem Finale der ersten Staffel nur acht Tage vergangen sind.

Das Skript

Es gibt zwei verschiedene Versionen des Skripts, die originale Version und das Shooting Script. Die Originalfassung galt lange Zeit als verschollen, weswegen JMS den Fans zunächst nur das Shooting Script zugänglich machen konnte. Acht Jahre später gab es das Originalkript dann doch. Bevor wir uns damit befassen, sehen wir uns jedoch die Unterschiede zwischen dem Shooting Script und der fertigen Episode an.

Drei Szenen des Skripts wurden entfernt, zwei sind im Drehbuch erweitert. Die erste ist mit Ivanova im C&C. Ein Techniker gibt ihr hier Bescheid, dass die Jarvis-Toiletten nicht mehr funktionieren. Es ist eine überflüssige Szene, die JMS nur eingebaut hat, weil er die Toiletten so benennen wollte – nach Jeff Jarvis, dem Kritiker des *TV Guide,* der nicht glaubte, dass *Babylon 5* verlängert würde.

Im Skript länger ist die Szene, bevor Ivanova Sheridan auf der Station begrüßt. Sie hält hier noch eine kleine Rede im C&C.

Ivanova: … and I know this is abrupt, but we all know how the military works. Reassignment is a part of the job. When I came here after Lieutenant Commander Takashima was assigned to the Rim, I didn't know you, and you didn't know me. It was daunting, and a bit lonely. In time, that changed. Commander Sinclair believes deeply in Babylon 5. He'd want us to continue his dream of peace. Captain Sheridan will be arriving in a few hours. I hope you'll do everything you can to make him feel at home. That's all.

Erweitert ist die Szene in Delenns Quartier. Lennier stellt sich gegen Kalain. Eine Konsole vermeldet eine hereinkommende Botschaft. Kalain schießt auf den Monitor. Im C&C bemerkt man, dass die Kommunikation abgeschnitten wurde, woraufhin Sheridan ein Sicherheitsteam in Delenns Quartier beordert und selbst hinläuft.

Nur im Skript ist die Szene, in der Sheridan zu Ivanova sagt, dass er mit dem festgenommenen Kalain sprechen will, weil die Situation für ihn keinen Sinn ergibt. Die letzte Szene des vierten Akts ist im Skript auch länger. Nachdem Sheridan seine Zweifel darüber geäußert hat, ob es so verantwortlich von ihm war, diesen Posten anzunehmen, gibt es etwas mehr Dialog.

Ivanova: Captain? What if the Minbari are right? What if we are somehow … connected?

Sheridan: Then the universe just got a lot stranger, and a hell of a lot more dangerous if the wrong people find out about this. The Minbari have enemies of their own, inside and out. Whether it's true or not, if they believe it's true, we may end up inheriting a whole world of grief.

Am 5. Mai 1994 waren zwei Monate vergangen, seit die erste Staffel abgeschlossen worden war. JMS hatte kurze Synopsen für die ersten vier Folgen der zweiten Staffel entwickelt. Zu dem Zeitpunkt sollte der Staffelauftakt den Titel *Chrysalis, Part II* tragen. Laut dieser frühen Synopsis war vorgesehen, dass Delenn den Kokon verlässt, was aber so gefilmt werden sollte, dass man ihre Veränderung noch nicht erkennt. Dr. Franklin sollte Garibaldi mit der Unsterblichkeitsmaschine heilen und G'Kar zur Station zurückkehren. In dieser Synopsis wird Captain John Strider, wie Sheridan zu dem Zeitpunkt noch heißen sollte, gar nicht erwähnt. JMS hatte geplant, ihn erst in der dritten Folge der Staffel einzuführen. Der Titel dieser Folge hätte *Changing of the Guard* sein sollen.

Acht Tage nach der ersten Synopsis dieser Folge hatte JMS eine zweite ausformuliert. Einige Änderungen sind hier schon vorhanden. Er hatte sich in der Zwischenzeit entschieden, Strider gleich in der Staffel-Premiere einzuführen. Sinclairs Versetzung als Botschafter nach Minbar wäre hier erwähnt worden. Strider wiederum war in die Untersuchungen zu Präsident Santiagos Tod involviert. Franklin stabilisierte Garibaldi mit Jha'Durs Serum. Außerdem wird Garibaldis Untergebener als Attentäter identifiziert, und die

Frage wird aufgeworfen, ob das Psi-Corps hinter dem Anschlag auf Santiago steckt und die unterdrückte Persönlichkeit von Garibaldis Untergebenem kontrolliert hat. Das hätte quasi vorweggenommen, was später mit Talia Winters passierte. G'Kar kehrt aus den Randbereichen zurück und hat Neuigkeiten von einer sich sammelnden Dunkelheit, die bald über sie alle kommen wird.

Dem folgte eine erste Version des Drehbuchs, der Writer's Draft, in dem die Verschwörungselemente mehrheitlich herausgenommen waren und die Ankunft der Tragati die Hauptgeschichte bildet. Diese Geschichte findet sich auch in der fertigen Episode wieder.

In dieser Version gab es noch reichlich Elemente, die JMS dann in spätere Folgen verschob. Nach wie vor hätte Franklin hier das Serum benutzt, um Garibaldi zu helfen, Londo hätte erstmals Lord Refa getroffen, Ivanova hätte Sheridans Frau erstmals erwähnt, und der Captain der Tragati verabscheut es, dass Menschen auf Minbar trainiert werden – das wäre die erste Erwähnung der Ranger gewesen.

Im Folgenden sehen wir uns den Final Draft des Drehbuchs von *Points of Departure* an, das auf den 13. Juli 1994 datiert ist. Die Geschichte beginnt mit einem Monolog von Ivanova, der die Zuschauer auf den neuesten Stand seit dem Finale der ersten Staffel bringt. Sie hat sich hier auch mit einigen Botschaftern herumzuschlagen. Ihr Monolog wird dabei als Voiceover benutzt, sodass man kaum versteht, was die Botschafter sagen. Die Streitigkeiten drehen sich darum, welcher Botschafter der Liga der blockfreien Welt wo im Rat sitzt. Danach erhält Ivanova einen Anruf über den Goldkanal. In der späteren Folge ist es General Hague, der mit ihr spricht; in dieser Skriptversion ist es Präsident Clark persönlich. JMS überdachte dies jedoch nochmals und stellte die Logik in Frage: Wieso sollte ein Präsident solch eine Nachricht selbst übermitteln? Im Skript versuchte JMS, das zu erklären.

Präsident Clark: Lieutenant-Commander. This may be breaking the chain of command, but I have some news and felt I should deliver that news myself.

Dann erklärt er, dass Commander Sinclair nicht zur Station zurückkehren werde. Im Grunde ist der Dialog fast derselbe, den in der fertigen Episode General Hague hat. Es gibt in diesem Skript aber auch subtile Änderungen. Als Delenn mit einem Mitglied des Grauen Rats spricht, spricht dieser immer in der Ich-Form. Beim Drehen änderte man das zu ›Wir‹, um zu verdeutlichen, dass er für alle im Grauen Rat spricht.

In der Folge erfährt Sheridan an Bord der Agamemnon von seinem neuen Auftrag. Im Final Draft erscheint er einfach in Szene 13 und wird, wie man das auch in der Folge sieht, von Ivanova empfangen. Die Szenen an Bord der Agamemnon waren Teil von Nachdrehs, die während der Produktion der beiden nachfolgenden Episoden stattfanden. JMS hatte das Gefühl, Sheridan sollte an Bord seines Schiffs sein, wenn er die Befehle erhält, da dies eindrucksvoller aussah.

Ivanova führt Sheridan daraufhin auf der Station herum. Sie kommen auch zum Basar – eine Szene, die unter anderem neue Zuschauer mit Babylon 5 vertraut machen sollte und ein paar Erklärungen über die Größe beinhaltet. Sie wurde zugunsten eines anderen Gesprächs von Sheridan und Ivanova in der fertigen Folge entfernt. Im Basar kommt es außerdemzum Streit zwischen einem Drazi und einem Narn, der in einen Kampf ausartet. Sheridan und Ivanova gehen dazwischen. Es ist im Skript die Szene 20 in Sheridans Quartier, die in der Folge zu sehen ist und die Basar-Szene ersetzt hat. Allerdings musste sie neu gedreht werden, weil es im Dialog einen Bezug auf den Kampf im Basar gibt. Außerdem wurde Ivanovas Uniform beschädigt. In der neugefilmten Version der Szene zeigt Ivanova dem Captain dessen Quartier.

Auf die Basar-Szene folgt ein Treffen des Mitglieds des Grauen Rats mit Kalain, dem Captain der Tragati. Der Dialog wurde für die fertige Episode getrimmt.

Mitglied des Grauen Rats: Where are the others, Kalain? What are you doing here? Where is your ship?

Danach folgt eine Szene mit Ivanova und Franklin, in der es um Garibaldis Zustand geht. Sie ist auch in der fertigen Episode, im Final Draft gibt es aber noch ein bisschen mehr Dialog.

Ivanova: I have to go. If his condition changes …
Dr. Franklin: I'll let you know at once.

Bei der nachfolgenden Szene, in der Sheridan mit dem Mitglied des Grauen Rats über Kalain spricht, fragt der Captain, ob es sich bei dem Schiff um die Tragati handele. Dieser Dialog ist in der Folge nicht zu hören.

Sheridan: When they get that high in rank, Minbari warrior caste are assigned permanently to their ship. The only time you could have a rogue second … is if you've got a rogue ship, and a dead captain.

Das ist eine interessante Textzeile, weil sie mehr Aufschluss über das hierarchische System an Bord eines Minbari-Schlachtkreuzers gibt. Im Verlauf des Gesprächs gibt es auch eine Dialogzeile von Ivanova, die in der fertigen Folge nicht zu hören ist.

Ivanova: A crew of rogue Minbari with all the firepower of a war cruiser at their disposal … this is not good.

Am Ende dieser Szene, als der Minbari weg ist, will Ivanova wissen, wie Sheridan die Black Star überhaupt zerstören konnte. Das erzählt Sheridan auch in der Folge. Was fehlt: »That's Earthforce public relations.«

Sheridan bezieht sich damit auf den öffentlichkeitswirksamen Bericht, dass er ein neues Manöver benutzt habe, um die Minbari zu besiegen, während die Wahrheit eher jedwede Finesse vermissen ließ.

Der dritte Akt beginnt in der Episode mit Kalain, der mit gezückter Waffe bei Delenn auftaucht. Im Final Draft kämpft Lennier gegen Kalain, während auf dem Monitor eine Nachricht angezeigt wird, bevor ein Schuss diesen zerstört. Es folgt ein Dialog von Ivanova mit dem Computer darüber, wieso keine Verbindung möglich ist.

Im Skript ist der Schlagabtausch zwischen Lennier und Kalain länger, inklusive eines weiteren Dialogs.

Kalain: Move. Aside.
Lennier: You would not kill me.
Kalain: I do not need to kill you … to remove an arm … a leg … an eye …

Nachdem Kalain verhaftet wurde, gibt es im Skript eine Dialogszene zwischen Ivanova und Sheridan.

Sheridan: You were right. A cocoon.
Ivanova: You think I'd make up something like that?
Sheridan: I was hoping.

Das folgende Verhör von Kalain wurde in der Episode deutlich gekürzt. Es geht darum, was Kalain überhaupt vorhatte, da es nicht so aussah, als hätte er vorgehabt, Delenn zu töten.

Kalain: Everyone knows Minbari do not kill Minbari.
Ivanova: Then why are you here?
Kalain: Perhaps ›everyone‹ is wrong.

Es folgt das Gespräch, in dem Lennier Sheridan und Ivanova erklärt, wieso die Minbari den Krieg beendet haben. Eine Dialogpassage wurde aus Zeitgründen aus der fertigen Episode entfernt.

Lennier: For some among the council, this was a time of great celebration. For others, like Delenn, this was a time of great sadness … the death of an entire race at Minbari hands.

Hier gibt es auch einen kurzen Rückblick und eine Dialogzeile von Delenn aus der Zeit des Krieges, die ebenfalls wegen der Länge der Episode gekürzt werden musste.

Delenn: They could escape … but choose instead to fight, even knowing it means their death.

In dieser wichtigen Szene sind weitere Passagen ebenfalls aus Zeitgründen gekürzt worden. Lennier erzählt vom Glauben der Minbari, nach dem jede Generation der Minbari wiedergeboren wird.

Lennier: … that our souls, liberated at the moment of death, join with all the other Minbari souls that have ever lived.

Sheridan: To avoid harming their souls, the Minbari are forbidden to kill their own kind. It never happens; even the idea is beyond comprehension.

Am Ende dieser Szene sagt Lennier noch: I've said what I came to say. I must go now.

Bei der nächsten Szene, als Sheridan mit dem Commander der Tragati spricht, wurde eine kurze Dialogpassage von Ivanova gekürzt: Zeta squadron standing by. Minbari cruiser is demanding we respond.

Der weitere Verlauf der Szene wurde neu gedreht. Als Sheridan mit Deeron von der Tragati spricht, wird ihm klar, was der Hinweis darauf, dass nur noch der Tod bleibt, bedeuten soll. Im Skript versteht Sheridan, was sie damit meint. Ihm wird klar, dass Kalain sich in seiner Zelle selbst töten wird.

Sheridan: We've got to stop Kalain before he kills himself.

Ivanova: What? Why would he do that?

Im Skript sind auch kurze Momente, die für die Folge im Grunde bedeutungslos sind, so wie Szene 50 im Observation Dome. Sheridan geht näher an eine Konsole heran, die Minbari- und Earthforce-Schiffe zeigt.

Ivanova: Forces closing. Fifty kilometers.

Danach geht es direkt weiter, als die Erd- und Minbari-Schiffe einander immer näherkommen. Eine Dialogzeile eines Technikers im C&C wurde aus Zeitgründen entfernt.

Dome Tech: They're requesting permission to open fire.

Danach folgt eine Dialogpassage, bei der in der Folge alles mit Ausnahme von Ivanovas Zeile entfernt wurde.

Tech #2: Enemy at twenty five kilometers.

Ivanova: If it's a distress signal, it won't do any good, no one can get to us in time.

Tech #1: Minbari fighters at fifteen kilometers, optimal firing range. Starfurys urgently request permission to fire or take evasive action.

Sheridan: Negative, maintain position, and continue to hold your fire.

Szene 66 wurde neu gedreht. In der Folge erklärt Sheridan, er habe gewusst, dass die Minbari einen Kreuzer geschickt hätten, um nach der Tragati zu suchen, aber da niemand das Schiff sah, vermutete er, dass der Kreuzer im Hyperraum wartete. Dorthin setzte Sheridan ein Signal ab. Im Final Draft ist die Szene so:

Ivanova: That's why they didn't fire, they were waiting for reinforcements.

Sheridan: Negative. They're here because I called them.

Ivanova: What?

Nachdem die Krise überstanden ist, fragt Ivanova Sheridan später, ob er Zeit hatte, seine Antrittsrede zu halten, die ihm immer Glück gebracht habe. Er verneint das, meint aber, dass er noch ein paar Stunden Zeit hätte. Ohne diese Szene ist es dann die deutlich witzigere Überraschung, wenn man später sieht, dass Sheridan die Rede im leeren C&C hält.

In der letzten Szene des vierten Akts spricht Sheridan mit Ivanova darüber, es sei vielleicht ein Fehler gewesen, dass man ihm diesen Posten gegeben habe. Der Dialog ist im Final Draft etwas länger.

Danach folgt eine Szene, mit der Lt. Keffer den Zuschauern offiziell vorgestellt wird. Zuvor war er nur einer der namenlosen Kampfpiloten. Die letzte Szene im Final Draft gehört Lennier, der mit Delenn im Kokon spricht. Dies wurde für die fertige Folge an den Anfang des Epilogs gestellt, damit Sheridan das letzte Wort hat.

Wertung von Kosh

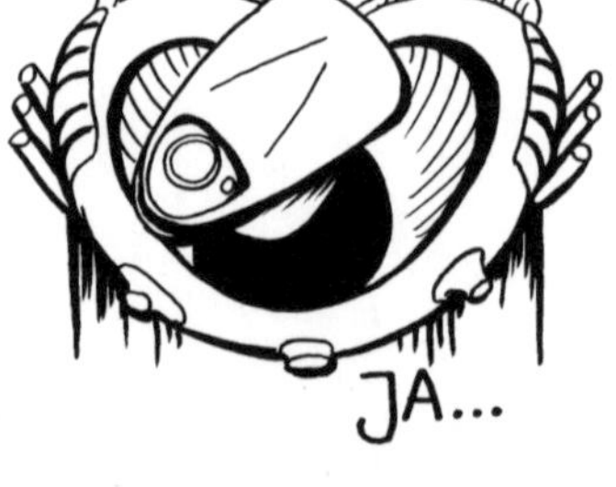

2.02
Revelations
(Rückkehr der Finsternis)

US-Erstausstrahlung: 9. November 1994
Deutsche Erstausstrahlung: 7. Januar 1996
Regie: Jim Johnston
Drehbuch: J. Michael Straczynski

Darsteller: Beverly Leech (Elizabeth Sheridan), Macaulay Bruton (Garibaldi's Aide), Beth Toussaint (Anna Sheridan), David L. Crowley (Lou Welch), Mark Hendrickson (Narn Captain), Gary McGurk (Präsident Morgan Clark), Ed Wasser (Morden)

Inhalt

Mr. Morden bittet Londo um einen kleinen Gefallen, nichts Großes: Er möge ihm nur Bescheid geben, wenn er höre, dass sich in den äußeren Bezirken der Galaxis Ungewöhnliches ereigne. Dies ist dann auch so, denn G'Kar kehrt von einer Mission zurück, bei der einige Narn starben. Dem Rat der Station hat er zu vermelden, dass der alte Feind, von dem in den Schriften der Narn erzählt wird, zurückgekehrt sei. Er hat die Heimatwelt gefunden, die wieder bevölkert ist. Ein Kriegsschiff der Narn soll Belege dafür finden. Londo informiert Morden, und so erwartet ein Schattenschiff die Narn, die sofort vernichtet werden.

Franklin rettet Garibaldis Leben mit Hilfe der außerirdischen Maschine. Der Sicherheitschef kann sich nicht erinnern, wer ihn angeschossen hat. Mit Hilfe von Talia Winters gelingt dies jedoch, und so wird der Täter dingfest gemacht. Dann aber erhält Sheridan einen Anruf vom Präsidenten persönlich, der die Überstellung des Mannes an die Erde anordnet.

Delenn hat ihre Transformation abgeschlossen. Sie ist nun ein Bindeglied zwischen Menschen und Minbari. Derweil bekommt Sheridan Besuch von seiner Schwester.

Hintergründe

Mit der Einführung von Sheridans Schwester war JMS nie ganz zufrieden – darum kam sie später auch nicht mehr vor. Dafür war klar, dass es eine Videobotschaft von Anna Sheridan geben sollte. Es war aber natürlich schwierig, dafür eine namhafte Schauspielerin zu bekommen, obwohl JMS wusste, dass die Figur in der vierten Staffel wieder dabei sein würde. Die Lösung war also, eine passende Schauspielerin zu nehmen, die man später durch eine namhafte Kollegin ersetzen oder aber, wenn sich keine gute Alternative ergab, wieder einsetzen konnte. Aber mit Melissa Gilbert fand sich eine ideale Alternative. JMS dachte bei der Produktion dieser Folge daran, dass man die kurze Videobotschaft von Anna später in der vierten Staffel einfach noch einmal neu drehen und die Serie dann retroaktiv verändern könnte, sodass es keinen Bruch zwischen den Schauspielerinnen gäbe, die Anna Sheridan darstellten. Aber inmitten der extremen Produktion der vierten Staffel fand sich dafür keine Zeit.

Revelations zeigt sehr schön, wie Babylon 5 gestaltet ist – immer mit dem Blick auf den großen Plan und die große Geschichte, denn die außerirdische Maschine aus *The Quality of Mercy* wird hier wieder eingesetzt und bekommt auch später noch Bedeutung.

Interessant ist auch, wieso JMS G'Kar als Überbringer der schlechten Kunde vom Planeten Z'ha'dum ausgewählt hat. Eine Figur wie Delenn mag auf den ersten Blick dafür passender erscheinen, da man auch schon erkannt hat, dass sie vom alten Feind weiß. Bei G'Kar erfährt man das erst hier, als er darüber spricht, dass im Buch von G'Quan von diesem großen Krieg vor 1.000 Jahren berichtet wird. Aber der Unterschied zwischen beiden Figuren ist fundamental. Delenn hätte man geglaubt, G'Kar wiederum glaubt aufgrund seiner bisherigen Historie niemand. Das macht ihn zu einer tragischen Figur. Ebenso beginnt mit dieser Folge aber auch sein Weg hin zu einem echten Helden – und das in mehr als einer Hinsicht. Denn G'Kar ist hier in der Lage, über seinen eigenen Schatten zu springen. Er bietet auch Londo eine Zusammenarbeit an, um gemeinsam gegen den alten Feind bestehen zu können, weil jedes Volk für sich allein dem Untergang geweiht sei. G'Kar ist es, der bereit und willens ist, alte Feindschaften zu überwinden und die Hand auszustrecken, nur um zu erkennen, dass die Gefahr bereits unter ihnen ist. Er deutet es hier an und verwirft es gegenüber den anderen, aber G'Kar ist bewusst, dass Londo für den alten Feind aktiv geworden ist.

Eine Umbesetzung gab es in der zweiten Staffel auch. Julie Caitlin Brown stieg als Na'Toth aus, da sie befürchtete, dass das fortdauernde Tragen des Make-ups ihrer Haut schaden könnte. Darum wurde mit Mary Kay Adams neu besetzt. Sie ist gut, aber JMS hatte das Gefühl, dass sie die Aggressivität von Na'Toth nicht besonders gut zur Geltung brächte. Darum beschloss er, die Figur immer mehr aus der Handlung herauszurotieren. Sie wird zwar bis zum Ende der zweiten Staffel in den Stabsangaben geführt, war aber tatsächlich nur in zwei Folgen zu sehen.

Julie Caitlin Brown kehrte in der zweiten Staffel in *There All the Honor Lies* in einer anderen Gastrolle zurück. Ein letztes Mal spielte sie Na'Toth in der Folge *A Tragedy of Telepaths* in der fünften Staffel.

JMS hat in Babylon 5 immer wieder Zitate großer Gedichte eingebaut, von Tennyson etwa, aber auch von William Butler Yeats. In *Revelations* zitiert G'Kar aus dessen Gedicht *Second Coming,* das 1919 unter dem Eindruck des gerade beendeten Ersten Weltkriegs geschrieben wurde und von der Furcht vor dem, was danach passieren mag, gezeichnet ist. Der Autor wollte damit unter anderem Menschen mit Poesie in Berührung bringen, die ansonsten an ihr vorbeigegangen wären. Und: Mit Gedichten, die die Situation auf Babylon 5 widerspiegeln bzw. wie eine Vorahnung erscheinen, hat er auch dramatische Texte geschaffen, die durchaus das Interesse an weiterer großer Literatur wecken können.

JMS kann G'Kar natürlich nur einen Auszug vorlesen lassen – die ersten Zeilen fehlen, und vor den letzten beiden sind ebenfalls einige gestrichen worden.

The falcon cannot hear the falconer;
Things fall apart; the centre cannot hold;
Mere anarchy is loosed upon the world,
The blood-dimmed tide is loosed, and everywhere
The ceremony of innocence is drowned;
The best lack all conviction, while the worst
Are full of passionate intensity.
…
And what rough beast, its hour come round at last,
Slouches towards Bethlehem to be born?

In der Übersetzung von Wolfgang A. Aue liest sich das dann so:

Die Welt zerfällt, die Mitte hält nicht mehr;
Und losgelassen nackte Anarchie,
Und losgelassen blutgetrübte Flut,
Das Spiel der Unschuld überall ertränket;
Die Besten sind des Zweifels voll, die Ärgsten
Sind von der Kraft der Leidenschaft erfüllt.
…
Und welch räudiges Tier, des Zeit nun gekommen,
Kreucht, um geboren zu werden, Bethlehem zu?

Kommentar
Es ist beeindruckend, wie leichtfüßig JMS hier gleich mit mehreren Handlungssträngen jongliert. Es ist eine Vielzahl von Figuren, die er hier bedient, aber dennoch fühlt sich die Episode nie gehetzt oder holprig an, sondern schafft es im Gegenteil, die Saat für weit mehr auszulegen.

Wundervoll ist die Verführung von Londo Mollari, der durchaus erkannt hat, dass er mit einem wahren Teufel paktiert und seine Seele auf dem Spiel steht. Aber er bekommt so viel für so wenig. Der Gefallen, den er Morden hier erweist, ist für ihn nicht von Belang. Und doch ist Londo auch angsterfüllt. Das spielt Peter Jurasik ausgesprochen subtil. Beim Gespräch mit Mr. Morden kann man anhand leichter Veränderung in der Mimik erkennen, was in Londo vorgeht.

Der Besuch von Elizabeth Sheridan auf der Station dient natürlich dem Ausbau von Sheridan als dreidimensionaler Mensch. Man erfährt mehr über ihn, aber auch über seine Frau Anna, die vor zwei Jahren verschwunden ist und für tot gehalten wird. Diese Szenen dienen dazu, dem Zuschauer Sheridan näherzubringen, aber sie sind ebenso die Saat für spätere Episoden. Denn von Anna Sheridan wird man noch hören!

Die Veränderung von Delenn war von langer Hand vorbereitet. Ursprünglich sollte es ein Wechsel des Geschlechts sein. Dies ließ JMS aber schon nach dem Pilotfilm fallen, in dem Delenn deutlich maskuliner aussieht. Stattdessen wird die Minbari menschlicher und hat nun auch Haar. Für Mira Furlan hatte das den angenehmen Nebenaspekt, dass sie danach weniger Zeit auf dem Make-up-Stuhl verbringen musste.

Die letzte große Handlung dieser Folge zeigt schon, wohin die Reise geht. Denn wenn ein Präsident sich persönlich einschaltet, um zu verhindern, dass ein möglicher Verschwörer auf der Station verhört wird, dann hat das natürlich einen Nachgeschmack. Die Veränderungen auf der Erde sind reichhaltiger, als viele der Figuren bis dahin gedacht hätten. Dennoch: Sie können (noch) nichts dagegen unternehmen.

Revelations holt gleich zu Beginn der Staffel die harte Keule heraus. Die Serie gönnt sich keinen Moment der Ruhe. Stattdessen werden die Weichen auf das gestellt, was schon im Vorspann angesprochen wird – der große Krieg, der sie alle erwartet.

Das Skript

Im Skript gibt es vier Szenen, die in der Folge nicht dabei sind, außerdem drei, die hier in erweiterter Form vorliegen. In der ersten Szene sieht man Sheridan an die Maschine angeschlossen, und Dr. Franklin erklärt, dass sie beinahe das Maximum erreicht hätten – danach sei die Maschine nicht mehr sicher.

Die zweite Szene folgt, nachdem Sheridan Lebensenergie gespendet hat, um Garibaldi zu retten. Er bringt seine Schwester Elizabeth zum C&C und stellt sie Ivanova vor. Ivanova erklärt, dass Sheridan es geschafft hat, nach dem Tod des Präsidenten die Moral der Crew aufrechtzuerhalten und dass Elizabeth stolz auf ihn sein müsse. Danach nimmt sie Sheridan zur Seite und dankt ihm für das, was er für Garibaldi getan hat.

Ivanova: By the way, Captain, you look a bit tired.

Sheridan: Do I? Well, I didn't get much sleep.

Ivanova: No, I imagine not. And thank you for doing what you did.

Sheridan: How did you …

Ivanova: Captain, the day something important happens around here and I don't hear about it … worry. But your secret's safe with me.

Sheridan: Let's just hope it does some good. Catch you later.

Als Elizabeth und Sheridan in sein Quartier gehen, fragt sie ihn, ob er glücklich sei. Er bejaht und erklärt, wie er immer davon geträumt habe, Außerirdische zu treffen, als sie beide noch Kinder waren.

Erweitert ist dann die Szene im Quartier. Elizabeth erinnert Sheridan daran, wie er sich als Kind darüber beschwerte, wie lange es dauern würde, von Stern zu Stern zu reisen, und dass er nie alle von ihnen würde besuchen können.

Die Szene vor dem Rat der Station, als G'Kar von der Rückkehr des alten Feindes spricht, ist länger. Londo hat hier mehr Dialog. Er macht sich über Narn-Aberglauben lustig und stellt in den Raum, dass die Bewohner von Z'ha'dum nichts mit dem alten Feind zu tun hätten.

Londo: An excellent point. Perhaps some other race thinks they can benefit by pretending to be this … this ›ancient enemy‹. And judging from your frightened response, perhaps they were right.

G'Kar spricht in der Folge außerdem über das Aussehen der Schiffe, denen die Narn-Erkundungsschiffe zum Opfer gefallen sind. Als er von der Expedition spricht und davon, dass alle Völker vor der Auslöschung stehen, schaltet sich Londo wieder ein.

Londo: Enough. Perhaps the Honorable Ambassador from Narn is trying to create a panic that will help him form a useful alliance. Perhaps he even believes this outrageous story. Either way, it's no business of mine, or of this council, and I do not intend to waste any further time with it. Good day.

Als G'Kar erkennt, dass er nichts erreicht, wendet er sich an Kosh.

G'Kar: Well? What? You stand there, above it all, you never even speak in council … what is it, Kosh? By G'Quan, say something. Say something.

Kosh: Goodbye.

Am Ende der Folge, als Garibaldi sich noch im Medlab erholt, fragt Ivanova, wann er wieder zur Arbeit kommt.

Wertung von Kosh

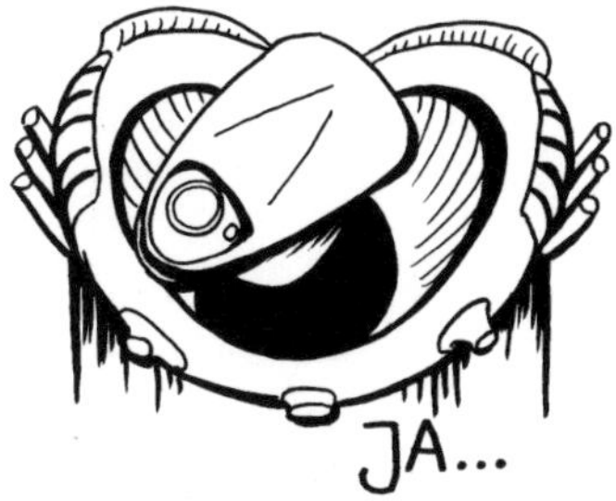

2.03
The Geometry of Shadows
(Eine Frage der Farbe)

US-Erstausstrahlung: 16. November 1994
Deutsche Erstausstrahlung: 14. Januar 1996
Regie: Michael Vejar
Drehbuch: J. Michael Straczynski

Darsteller: Michael Ansara (Elric), William Forward (Lord Refa), David L. Crowley (Lou Welch), Kim Grauss (Grüner Drazi), Josh Coxx (Tech David Corwin), Edward Conery (Devereaux)

Inhalt

Auf der Station kommt es zum Tumult. Bei den Drazi stehen Kämpfe an – zwischen jenen, die eine grünes, und jenen, die ein purpurnes Halstuch tragen. Die gerade beförderte Ivanova soll die Situation klären, aber das ist nicht einfach. Denn es gibt keinen Grund für die Kämpfe, die Zugehörigkeit zu Grün oder Purpur ist zufällig. Als die grünen Drazi dann beginnen, die purpurnen Drazi umzubringen, wollen sie auch Ivanova instrumentalisieren, aber Garibaldi erkennt, dass sie gefangen gehalten wird. Dabei hat er damit gehadert, ob er noch Sicherheitschef sein sollte, aber die Erfahrung zeigt ihm, dass er es einfach im Blut hat.

Auf der Station sammeln sich Technomagier, Mitglieder einer fast schon sagenumwobenen Gruppe, von denen man selten mehr als einen sieht. Sie bereiten sich vor, diese Galaxis zu verlassen. Londo möchte einen der Technomagier zu einer Zusammenarbeit bewegen, aber dieser erkennt, was der Centauri will, und lässt es ihn büßen – bis Londo um Verzeihung bitten muss.

Hintergründe

Babylon 5 war immer gut darin, starke Gaststars zu bieten. Michael Ansara (1922-2013) war ein in Syrien geborener Charakterdarsteller mit fast 200 Filmen und Serien in seinem Œuvre. Er hatte immenses Charisma, das er auch in die Rolle Elrics einbringt. Science-Fiction-Fans schätzen ihn vor allem aufgrund seiner wiederkehrenden Rollen in *Star Trek (Raumschiff Enterprise)* und *Star Trek: Deep Space Nine (Star Trek: Deep Space Nine)*.

Für den Part des die Macht über die Centauri-Republik begehrenden Lord Refa engagierte man William Forward. Die Schauspielerei hat dieser schon vor Jahren an den Nagel gehängt, Lord Refa war jedoch sein Glanzstück. In sechs Episoden spielt er die Figur, die an Londos Fäden zieht und letztlich zu dessen Untergang beiträgt.

Die Geschichte mit den grünen und purpurnen Drazi war JMS' Versuch, die Lächerlichkeit eines Konflikts zu zeigen, getreu dem Motto: Würden Außerirdische die Erde sehen, würden sie sich wundern, wieso wir einander bekriegen, die wir doch alle derselben Spezies angehören. Letztlich würde man es auf die Zugehörigkeit zu einer Flagge herunterbrechen, und die ist dann genauso lächerlich wie die Wahl zwischen Grün und Purpur. Zugegeben, das kommt etwas mit dem Holzhammer daher, aber es ist eine schöne Geschichte, die in ihrer Einfachheit umso stärker wirkt. Denn instinktiv erkennt man, wie dumm das Verhalten der Drazi ist und wie gleichermaßen dumm das Verhalten der Menschen darum erscheint.

Das Skript musste JMS umschreiben, und zwar aus einem sehr weltlichen Grund: Claudia Christian brach sich den linken Fuß. Entsprechend wurde die erste Drehbuchversion vom 29. Juli 1994 verworfen, und das, obwohl JMS hieran eigentlich gar nichts hatte ändern wollen. Aber Christians Verletzung musste er in seine neue Version vom 23. August 1994 integrieren. Die Schauspielerin hatte gedacht, sie würde für ein paar Folgen aus der Serie herausgeschrieben werden, als sie ihren Unfall meldete. Aber JMS sah darin eine gute Möglichkeit, Charaktere glaubwürdiger zu gestalten, denn solche Malheure passieren nun einmal. Menschen erkranken oder erleiden Knochenbrüche und gehen dennoch weiterhin ihrem normalen Leben nach. So auch Ivanova, die nun eben mit Krücken durch die Station humpelt.

Kommentar

The Geometry of Shadows ist eine in vielerlei Hinsicht bemerkenswerte Episode. Man merkt ihr JMS' Begeisterung für die Technomagier an, wenngleich sie in der Serie nur dieses eine Mal vorkommen. Das Konzept ist faszinierend: dass die Technik des einen die Magie des anderen ist. Es kommt immer nur auf den Entwicklungsstand an. Mit dem Technomagier Elric verbeugt sich JMS gleich vor zwei Fantasy-Ikonen. Einerseits ist dies Michael Moorcocks Figur Elric, deren Namen er hier benutzt hat; andererseits hat er dem Technomagier ein nur leicht verändertes Zitat von J. R. R. Tolkiens Gandalf in den Mund gelegt.

Die Technomagier sind auch toll, weil mit Michael Ansara ein starker Schauspieler für den Part gefunden wurde – einer, der bei verschiedenen *Star Trek*-Serien der Klingone Kang war. Das Ende deutet auf die kommende Dunkelheit hin. Ihretwegen verlassen die Technomagier diesen Teil des Raums und gehen hinaus zu den Sternen. Ein Moment, der das Blut in den Adern gefrieren lässt, ist jedoch, als Londo ein letztes Mal mit dem Magier spricht. Elric erklärt ihm, dass Londo von der Dunkelheit berührt wurde und auch eine Warnung ihn nicht von seinem Weg abbringen könne. Am Ende erzählt Elric von einer Vision – von Milliarden, die Londos Namen rufen. »Meine Anhänger?«, fragt Londo. »Ihre Opfer«, ist die Antwort.

Erstmals taucht in der Serie Lord Refa auf, eine wichtige Figur, die große Ambitionen hat und völlig frei von Moral oder Gewissen ist. Erst im Kontrast mit ihm erkennt man, welche guten Eigenschaften in Londo noch vorhanden sind. Nicht, dass ihn das retten würde; es macht seinen Sturz umso tragischer.

Der stärkste Moment dieser Folge ist aber ein anderer, ein sehr subtiler. Garibaldi stellt sich selbst in Frage, weil er nicht erkannte, dass seine rechte Hand gegen ihn gearbeitet hat. Als Sheridan ihn in seinem Quartier aufsucht, nestelt Garibaldi an seiner PPG herum.

Es wird ausgesprochen zurückhaltend dargestellt, aber die Implikation ist, dass Garibaldi mit dem Gedanken spielt, sein Leben zu beenden. Sheridan erkennt das und handelt genau richtig. Er spricht es nicht an, sondern gibt Garibaldi das, was dieser am nötigsten braucht: die Gewissheit, dass er gebraucht wird.

Amüsant ist der Konflikt zwischen den grünen und den purpurnen Drazi, weil er völlig auf Zufall basiert und keinerlei realen Grund für einen Konflikt bietet. Das nutzt JMS sehr clever dafür, einen bissigen Kommentar auf rassistische Tendenzen, aber auch auf die Kriege der Menschen abzugeben. Denn in diesen folgen die Kämpfer, überspitzt ausgedrückt, auch nur einer Farbe, der ihrer Flagge oder ihrer Uniformen.

Das Skript

Da JMS das Skript noch einmal umschreiben musste, um Claudia Christians Verletzung einzubauen, ergaben sich einige Veränderungen. So verfügt das Skript über drei Szenen, die in der Folge nicht vorkommen, und vier andere sind hier deutlich länger.

Als Ivanova Sheridan von dem Drazi-Konflikt unterrichtet, fragt er, ob jemand versucht hat, ihn aufzulösen. Ivanovas Antwort ist besonders amüsant, wenn man bedenkt, dass sich die Schauspielerin kurz, nachdem diese Worte geschrieben wurden, den Fuß brach.

Ivanova: Reasoning with a Drazi is like trying to have a conversation with your left foot.

Sheridan: I see … as opposed to your right foot.

Ivanova: I'll thank you to leave my right foot out of this. We have a sublime and intelligent relationship.

Sheridan: Then we definitely need to broaden your horizons.

Später folgt eine Szene, nachdem Ivanova sich verletzt hat. Sie stellt in Frage, ob sie mit dem gebrochenen Bein überhaupt arbeiten kann. Sheridan ist sich dessen sicher. Aber Ivanova hat noch eine andere Sorge. Was, wenn sie versagt? Woraufhin Sheridan erklärt, dass sie dann eben versagt.

Ivanova: I hate failing.
Sheridan: Then don't fail.
Ivanova: I think you just contradicted yourself.
Sheridan: Not really. You only fail if you give up. If you don't give up, you don't fail.

Wenig später folgt eine Szene, die es nur im Drehbuch gibt. Ivanova befiehlt der Stationssicherheit, die beiden Drazi-Gruppen so weit wie möglich voneinander entfernt zu halten. Dann bekommt sie im Medlab die Nachricht, dass ein weiterer toter Drazi gefunden wurde. Ivanova sagt dem Techniker, dass er sie erschießen soll, wenn sie sich noch einmal darüber beschweren sollte, nicht genug Verantwortung zu haben. Der Techniker stimmt zu. Das gefällt Ivanova aber auch nicht.

Ivanova: You know, you could've thought it over for a second before agreeing.
Tech #1: Yes, Commander.

Kurz danach gibt es eine nur im Skript enthaltene Szene mit Garibaldi, in der er sich an den Moment erinnert, da er niedergeschossen wurde. Er kommt zu dem Schluss, dass er für nichts mehr tauge und niemandem eine Hilfe sei, weswegen er die Station verlassen sollte.

Seinen Grund, Sicherheitschef zu sein, findet er kurz darauf. Nur im Skript ist die Szene, nachdem er den letzten Drazi, der Ivanova gefangen hielt, ausgeschaltet hat. Er befreit Ivanova, die sagt, sie werde zur nächsten BabCom-Einheit laufen, da keiner von ihnen einen Comlink habe. Sie will die Sicherheit einen bestimmten Bereich rund um die Luftschleusen absperren lassen, während Garibaldi versucht, die grünen Drazi aufzuhalten. Im Skript ist es Garibaldi, der dem Anführer der grünen Drazi das Band abnimmt und damit der Anführer wird. Allerdings wirft er das Band zu Boden, und Ivanova hebt es auf, woraufhin sie die neue Anführerin ist. Das wurde geändert, weil es für Claudia Christian mit den Krücken schwierig gewesen wäre, das so zu spielen. Darum ist sie es, die dem Anführer das grüne Band abnimmt.

Verlängert ist die Szene mit der Feier anlässlich von Garibaldis Rückkehr als Sicherheitschef. Garibaldi meint, dass Ivanova eine wunderbare Drazi abgäbe, während sie scherzt, dass sie mit dem ein Wörtchen reden wolle, der ihn wieder in den Dienst zurückgeholt hat. Nachdem Sheridan gegangen ist, sagt Garibaldi zu Dr. Franklin, dass der Captain in Ordnung sei. Ein wichtiger Moment eigentlich, denn im Verlauf der Folge war er es, der die Fragen des Publikums stellte: Kann man Sheridan trauen? Ist er ein guter Mann?

Franklin antwortet darauf, dass Garibaldi ein exzellenter Menschenkenner sei. Ivanova gesteht Garibaldi, sie freue sich, dass er wieder da sei, umso mehr, da sie ihn fast verloren hätten.

Verlängert ist im Skript die Schlussszene. Der Monolog von Sheridan hängt in der Folge etwas in der Luft. Er fühlt sich an, als würde er ein Selbstgespräch führen, aber tatsächlich hat ein Techniker ihn etwas gefragt.

Tech #1: Something wrong, Captain?

Sheridan: Just thinking. I still remember the day I finally figured out there was no such thing as the Easter Bunny. No Santa Claus, no Tooth Fairy, no such thing als elves, genies, sprites, spirits … After I got done being angry – your first impulse is always to blame your parents for lying to you – I felt this incredible sadness, as if somehow all the magic had gone out of the world. I feel that way right now, all over again. They're going away and taking the magic with them.

Wertung von Kosh

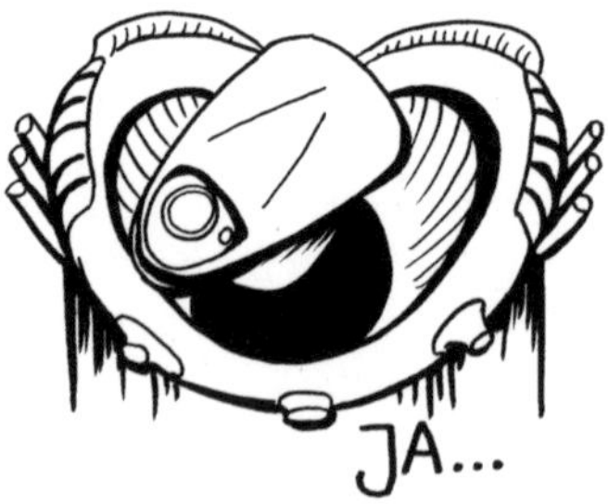

2.04
A Distant Star
(Rettet die Cortez!)

US-Erstausstrahlung: 23. November 1994
Deutsche Erstausstrahlung: 21. Januar 1996
Regie: Jim Johnston
Drehbuch: D.C. Fontana

Darsteller: Russ Tamblyn (Captain Jack Maynard), Daniel Beer (Patrick), Art Kimbro (Ray Galus), Miguel A. Nunez Jr. (Orwell), Patty Toy (Ogilvie), Josh Coxx (Tech David Corwin), Sandy Grinn (Teronn)

Inhalt

John Sheridans alter Freund John Maynard kommt auf die Station. Er ist der Captain eines Explorer-Schiffs, das über mehrere Jahre die Randbereiche des bekannten Raums erkundet. Sheridan blickt mit etwas Neid auf diese Aufgabe. Nach dem Wiedersehen macht sich die Cortez unter Maynard wieder auf den Weg; das Schiff erleidet jedoch einen Ausfall des Navigationssystems und treibt blind durch den Hyperraum. Ein Notruf erreicht die Station, woraufhin Sheridan einige Fighter losschickt, die praktisch eine Kette bilden und ein Signal senden, nach dem sich die Cortez richten kann. Dabei wird eine Starfury von einem Schattenschiff vernichtet, aber die Cortez gerettet. Keffer droht mit seinem Schiff im Hyperraum verloren zu gehen, sieht aber erneut das Schattenschiff, folgt ihm und erreicht so das Jumpgate.

Auf der Station verfolgt Dr. Franklin derweil eine eigene Mission: Die Offiziere sollen gesünder leben, weswegen er einen Ernährungsplan für jeden aufgestellt hat, was nicht unbedingt erfreulich für seine Kollegen ist. Delenn wird von anderen Minbari in Frage gestellt – dahingehend, ob sie überhaupt noch eine Minbari ist.

Hintergründe

Die grundsätzliche Geschichte über die Rettung der Cortez kam wieder von JMS, der Auftrag zum Schreiben des Skripts ging an

D.C. Fontana. Es war ihr letztes Skript für *Babylon 5,* eines, in dem sie den B-Plot um den Ernährungsplan selbst erfand und die Art der Rettung der Cortez ausbaldowern musste. Vorgegeben war nur, dass ein Schattenschiff im Hyperraum auftauchen sollte.

Die Idee für die Starfury-Kette hatte Fontana, weil sie zu der Zeit viel über T.E. Lawrence gelesen hatte, der nach dem Ersten Weltkrieg stark beim British Lifeboat Service involviert gewesen war. Dort war es nicht unüblich, solche Schiffsketten zu bilden, um immer weiter ins offene Meer hinauszukommen, aber noch mit dem Hafen verbunden zu sein – ein durchaus gefährliches Unterfangen, das für die Hyperraumzwecke dieser Folge verändert werden musste, da die Starfurys natürlich nicht zusammengebunden waren, aber füreinander den Bezugspunkt bildeten, um den Hyperraum wieder verlassen zu können.

Bei der Entwicklung der Gastfiguren ließ Fontana sich von Menschen inspirieren, die sie selbst kannte. Jack Maynard wurde nach dem Vater einer Freundin benannt, der sie wie eine Tochter behandelt hatte. Für den Part engagierte man Russ Tamblyn, Jahrgang 1934, der seine Karriere als Teenager in den 1940er Jahren begonnen hatte und in zahlreichen Klassikern wie *West Side Story (West Side Story,* 1961) dabei gewesen war.

Der Starfury-Staffelführer Ray Galus wurde nach Renard Galus benannt, mit dem die Autorin ihre gesamte Schulzeit über befreundet gewesen war und den sie später noch bei Klassentreffen wiedergesehen hatte. Zu der Zeit trug der Mann einen formidablen Schnurrbart, den Fontana bei der Beschreibung der Figur ins Skript einbaute, der aber von JMS wieder gestrichen wurde.

Den Plot um den Ernährungsplan brachte Fontana ein, weil sie damals selbst einem folgte – nicht immer mit großer Freude. Das erlaubte der Geschichte aber auch einen lockeren Gegenpart zur doch sehr dramatischen Haupthandlung. Bei Garibaldis Geschichte war vor allem ein italienisches Gericht wichtig: Bagna Cauda. Es handelt sich dabei um eine Art Fondue. Im Shooting Script, das Fontana noch einmal zu sehen bekam, hieß es jedoch, dass Garibaldi Franklin einen damit gefüllten Teller reichen sollte. Fontana sprach also sofort mit Larry DiTillio, um ihm zu erklären, wie Bagna Cauda gegessen wird und wie die Szene umgesetzt werden musste. Es hat dann ja auch geklappt.

Kommentar

Es dauert eine Weile, bis die eigentliche Handlung der Episode in Gang kommt. Bis dahin hat man fast schon so etwas wie einen ganz normalen Tag im Leben der Leute auf der Station. Das geht zudem mit einigem Humor einher. Die Franklin-Handlung hat keine wirkliche Relevanz; wie er Sheridan, Garibaldi und Ivanova jedoch mit seinen Ernährungsplänen auf den Fersen bleibt, ist amüsant. Besonders die Szene, als die drei ihr jeweiliges Essen tauschen und der gute Doktor auftaucht, sorgt für Schmunzler.

Die Haupthandlung braucht also etwas, ist dann aber durchaus reizvoll, weil man erfährt, dass es möglich ist, im Hyperraum verloren zu gehen und entsprechend nie wieder herauszukommen. Ebenfalls ist interessant, dass man erneut ein Schattenschiff sieht, was mit den Gerüchten korreliert, dass es im Hyperraum etwas geben soll, das dort lebt.

Dies ist die erste Folge, in der Warren Keffer etwas mehr zu tun hat und in der man das Gefühl bekommt, dass diese neue Figur tatsächlich etwas zur Serie beiträgt, auch wenn dieses ›Etwas‹ rückblickend nur seine Besessenheit ist, es sei etwas im Hyperraum unterwegs, das niemand von ihnen kennt.

Die Folge dient aber auch der weiteren Charakterisierung von John Sheridan. Er hadert mit seinem Job, der ihn mehr zu einem Politiker, zu so etwas wie dem Gouverneur einer Stadt macht. Lieber wäre er da draußen und würde ein Explorer-Schiff befehligen. Es ist sehr menschlich, in Frage zu stellen, ob man auf dem richtigen Pfad ist, was umso mehr gilt, wenn man alte Freunde wiedertrifft, die einen anderen Weg beschritten haben, der reizvoller erscheint. Es ist das alte Dilemma mit dem Gras, das auf der anderen Seite des Zauns immer saftiger und grüner aussieht.

Eher en passant wird Delenns Transformation wieder angesprochen, denn hier zeigen sich die ersten Anzeichen, dass Mitglieder ihrer Spezies sie nicht mehr als vollwertige Minbari ansehen.

Das Skript

Naturgemäß gab es einige Änderungen von D.C. Fontanas erstem Skript hin zum Shooting Script. Hinzugefügt wurden alle Szenen mit Delenn, die in Fontanas Version nicht vorkommt. Diese wurden alle von JMS geschrieben und waren nötig, um sowohl Delenns Veränderung zu zeigen, aber auch, wie die anderen Minbari dies sehen.

Im Skript ist es Ivanova, die der Crew im C&C sagt, dass sie zu Lebzeiten vielleicht nur zwei Explorer-Schiffe sehen werden. In der fertigen Folge ist das einer von Sheridans Dialogen.

Bei der Szene mit Maynards Ankunft fehlt Delenns Auftritt. Kurz danach folgt eine Szene mit Ivanova und Staffelführer Ray Galus. Er empfiehlt Warren Keffer für eine Beförderung zum Lieutenant und zeigt Ivanova einige Aufnahmen, die Keffers Flugkünste illustrieren.

Die Szene, als Sheridan Maynard mit Erlebnissen um eine Tänzerin auf dem Mars aufzieht, ist so nicht im Skript, das weitergehende Gespräch darüber, dass etwas im Hyperraum lebt, jedoch schon. Im Skript ist es aber Galus, der Maynard die Frage danach stellt, in der Folge selbst ist es Keffer. Dieser ist es hier auch, der die »Universe Today«-Story erwähnt, die von Lebewesen im Hyperraum berichtet. Im Skript sagt das Galus.

Nur in der Folge ist Orwells Erklärung, dass die gewünschte Lieferung Garibaldi mehr koste, wenn er Dr. Franklin nichts sage. Auch nur in der Episode ist später Ivanovas Spruch darüber, dass sie sich wie das imperialistische Russland fühle, nachdem sie den Ernährungsplan gesehen habe. Die Szene, in der Ivanova mit Sheridan in seinem Büro spricht und er sich über seinen Job auslässt, ist in der fertigen Episode länger. Sein Evolutionsvergleich ist nur hier vorhanden. Im Skript wird dafür beschrieben, wie Sheridan alles von seinem Schreibtisch herunterwirft, nachdem Ivanova gegangen ist.

Im Skript gibt es eine Beschreibung des Hyperraums, wie er in der Serie nicht aussieht:

»For the first time we see a ship in transit in hyperspace. Currents and eddies create cyclones of light whirling by. Vivid slashes of deep blue and bright gold jostle each other, fighting for possession of the horizon and splashing light across the body of the Cortez.«

Danach gibt es eine Szene, die nur im Skript ist. Dr. Franklin spricht mit Orwell und will wissen, ob Garibaldi exotische Nahrungsmittel bestellt habe. Nur in der Episode ist die Szene, in der Sheridan und Ivanova Garibaldi die Schuld an ihrem Ernährungsplanproblem geben. Später gibt es eine kurze Szene mit Sheridan und Ivanova. Ivanova übernimmt den Dienst, so dass Sheridan eine Pause machen kann. Dieser kurze Moment ist nur im Skript vorhanden.

Im Skript ist die Szene länger, als Sheridan seinen Piloten den Plan schildert, wie die Cortez gerettet werden soll. Da es aber durchaus eine Selbstmordmission sein könnte, fragt er nach Freiwilligen. Warren Keffer meldet sich sofort. Sheridan dankt ihm und meint, er würde Hilfe brauchen. Da treten alle Mitglieder der Zeta-Staffel vor und melden sich freiwillig.

Später wurde die Szene mit Orwell, Franklin und Garibaldi, als dieser eine Lieferung annimmt, für die Episode verändert. Im Skript bezieht sie sich auf das Gespräch, das Franklin zuvor mit Orwell hatte. Das fehlt hier nun.

Entsprechend gibt es auch nur im Skript die Szene, als Franklin sich fragt, ob Orwell ihn nun angelogen hat oder nicht.

Franklin: Sergeant, you told me Mr. Garibaldi hadn't requisitioned any exotic food stuffs. What do you call this?

Orwell: We both agreed that wasn't exotic, didn't we?

Franklin: You told me he hadn't requisitioned anything.

Orwell: No, Sir. Mr. Garibaldi didn't. I requisitioned it for him. Now that wasn't a lie, was it?

Im Skript fehlt die Szene, in der Keffer erfährt, dass ihm nur noch für eine gute halbe Stunde Sauerstoff bleibt. Er sieht das Schattenschiff und folgt dem Kurs.

Als er mit seinem Schiff durch das Jumpgate kommt, heißt es im Skript, dass er zwei Daumen hochhält. In der fertigen Folge bittet er um Andockerlaubnis, die Sheridan mit Freuden gibt. Bei der nachfolgenden Szene erklärt er im Skript nicht, wie er dem Schattenschiff folgte, weil er das Schiff gar nicht gesehen hat. Nur in der Episode ist dann die Szene mit Garibaldi und Franklin, als der Sicherheitschef in seinem Quartier dem Doktor Bagna Cauda serviert.

Bei der letzten Szene der Episode ist es im Skript so, dass Sheridan nach Ivanovas Aufforderung, dass er im Offiziersclub gerne gesehen werden würde, einen Bericht von ihr über die Bereitschaft der Staffeln am nächsten Morgen erwartet. In der Folge selbst spricht er mit Ivanova über etwas, das Delenn ihm gesagt hat.

Wertung von Kosh

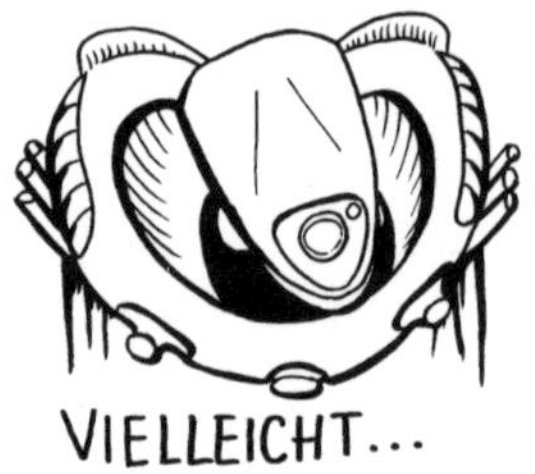

2.05
The Long Dark
(Der unsichtbare Feind)

US-Erstausstrahlung: 30. November 1994
Deutsche Erstausstrahlung: 28. Januar 1996
Regie: Mario DiLeo
Drehbuch: Scott Frost

Darsteller: Anne-Marie Johnson (Mariah Cirrus), Dwight Schultz (Amis), Kim Strauss (Markab-Botschafter)

Inhalt
Ein Hilferuf der Copernicus wird empfangen. Dies ist ein Schiff, das vor mehr als 100 Jahren von der Erde startete – bevor die Erde über Jump Gates verfügte. An Bord befinden sich zwei Kälteschlafkammern. Bei einer ist der Insasse bereits tot, die andere beherbergt Mariah Cirrus, die ins Medlab gebracht und von Dr. Franklin behandelt wird. Zeitgleich sorgt der Veteran Amis auf der Station für Unruhe, weil er von einem Soldaten der Dunkelheit erzählt, der

gekommen ist. Einige Außerirdische lassen sich davon sehr beeindrucken, Garibaldi wiederum ermittelt. Und da Mariahs Mann in der Kälteschlafkammer auf unnatürliche Art gestorben ist, könnte an der Geschichte etwas dran sein. Etwas ist an Bord der Station gekommen. Sheridan, Garibaldi und die anderen schaffen es mit Hilfe von Mariah und Amis, die Kreatur ausfindig zu machen und zu erledigen. Wie sich am Ende herausstellt, hat das Wesen den Kurs der Copernicus geändert – er sollte zur Welt Z'ha'dum führen. Sheridan glaubt nicht an einen Zufall.

Hintergründe

Das Skript wurde von Scott Frost geschrieben, dem Bruder von Mark Frost. Dieser holte Scott auch zu *Twin Peaks (Das Geheimnis von Twin Peaks, 1990-1991),* für das er zwei Folgen schrieb. Scott war immer ein Science-Fiction-Fan. Wie er zu seinem Einsatz bei *Babylon 5* kam, wusste er später auch nicht mehr – hatte er eine Geschichte gepitcht, oder hatte man sich mit einer Idee an ihn gewandt? Auf jeden Fall bedurfte es nur zweier Gespräche mit JMS, dann konnte er sich daran machen, das Skript zu verfassen.

Es blieb bei diesem einen Drehbuch für die Serie, hauptsächlich wohl, weil JMS wenig später begann, sie alle selbst zu schreiben. Denn mit einer Figur, jener des Veteranen, hatte Frost auch eine entwickelt, die durchaus das Zeug gehabt hätte, noch häufiger eingesetzt zu werden.

Mit Amis gibt es hier eine Figur, die für einen echten Star in Frage kam – mit Dwight Schultz hatte man jemanden, der auch heute noch als toller Charakterdarsteller gilt und der ein Gespür dafür hat, Figuren zu spielen, die etwas abseits der Norm stehen. Das tat er vor und nach seinem Einsatz bei *Babylon 5* beispielsweise als Reginald Barclay bei gleich mehreren *Star Trek*-Serien. JMS hatte überlegt, die Figur Amis noch häufiger einzusetzen, fand dann aber keinen befriedigenden Weg, dies zu tun. Darum blieb es bei dieser einen Folge.

Auch mit Anne-Marie Johnson konnte man einen damals bekannten Namen anheuern. Sie spielte Alithea Tibbs, die Frau von Virgil Tibbs in der Serie *In the Heat of the Night (In der Hitze der Nacht,* 1988-1995). Johnson war bis 1993 in 119 Episoden dabei.

Kommentar

Reizvoll an der Episode ist der Umgang mit den Folgen des Kriegs, der bei *Babylon 5* nie verherrlicht wird, sondern immer als Ereignis beschrieben wird, das zahlreiche körperliche und seelische Wracks zurückgelassen hat – Menschen wie Amis, der von Dwight Schultz wundervoll gespielt wird, auch wenn der Schauspieler im Grunde nur eine Variation seiner Paraderolle des Murdock in *The A-Team (Das A-Team,* 1983-1987) abliefert. Aber das kann er verdammt gut, zumal er Amis nicht nur als irre zeigt, sondern tatsächlich als jemanden, der etwas gesehen und erlebt hat, das ihm niemand glauben will.

Damit ist man dann bereits beim Monster dieser Folge, das technisch am Ende weniger überragend aussieht, aber unsichtbar und mit seinen Umrissen an die Kreatur aus dem Science-Fiction-Klassiker *Forbidden Planet (Alarm im Weltall,* 1956) erinnert. Dabei wollte JMS eigentlich mehr zeigen, die technischen Möglichkeiten jener Zeit erwiesen sich jedoch als limitierend. Interessant ist diese Kreatur dennoch, denn sie wird als ein ›Krieger der Dunkelheit‹ beschrieben. Erstmals geht *Babylon 5* damit darauf ein, dass die Schatten, die alten Feinde, Vasallen haben, die in ihren Diensten stehen und sich auf den Krieg vorbereiten. Das ist ein Handlungselement, das später noch zum Tragen kam, insbesondere bei *Babylon 5: Crusade,* wobei eines dieser Völker sich als Nachfolger der Schatten versteht.

Das sind spannende Elemente, die *The Long Dark* durchaus interessant machen. Dem gegenüber steht aber eine sehr melodramatische Handlung. Die Beziehung zwischen Franklin und Mariah, die hier angedeutet bzw. begonnen wird, fühlt sich niemals real an. Warum? Weil diese gerade erst erfahren hat, dass ihr Mann gestorben ist. Für sie ist es, als hätte sie ihn am Tag zuvor zuletzt gesehen, und selbst wenn sie erklärt, dass es kriselte, ist es doch gänzlich unglaubwürdig, dass sie am ersten oder zweiten Tag der Trauerphase an einer neuen Beziehung interessiert wäre. Am Ende wird eine Rückkehr ihrer Figur nach Babylon 5 in Aussicht gestellt, es kam aber nie dazu. Glücklicherweise möchte man sagen.

Dr. Franklin erscheint in dieser Folge auch völlig uncharakteristisch. Sein Interesse für Mariah ist fast vom ersten Moment an erkennbar, obwohl im Raum steht, dass sie ihren Mann umgebracht haben könnte. Außerdem untersagt ein Arzt-Patientin-Verhältnis jedwede persönliche Annäherung. Da die Figur hier so völlig neben der Spur steht, bleibt *The Long Dark* als eher durchschnittliche, wenn nicht gar für *Babylon 5*-Verhältnisse schlechte Folge in Erinnerung, weil die negativen Aspekte die wenigen positiven überwiegen.

Das Skript

Im ursprünglichen Skript ist die Szene, als Franklin von Sheridan in Kenntnis gesetzt wird, dass möglicherweise ein Patient auf ihn wartet, etwas länger. Franklin will wissen, was das Problem ist.

Franklin: What's the problem?
Sheridan: Old age?

Weiterhin wurde die Szene modifiziert, in der Franklin und seine Leute Mariah ins Medlab bringen. Im Skript betreten sie mit ihr einen Lift, woraufhin das Licht mehrmals flackert. Verändert wurde auch die Szene, in der Amis sich in die Docks schleicht und das Schiff berührt. Im Skript gibt er noch einen Reim zum Besten, während er in der Folge von Dockarbeitern verscheucht wird.

Amis: One dark day in the middle of the night, two dead boys got up to fight. Back to back they faced each other, drew their swords and shot each other. I am become death, the shatterer of worlds …

In der Folge wird Mariah ohnmächtig, nachdem sie sich an etwas erinnert hat. Die Episode beendet die Szene damit, im Skript gibt es aber noch eine Dialogzeile von G'Kar, der Mariah im Medlab besucht hat.

G'Kar: How very rude, although I remember having a very similar reaction the first time I encountered a human.

Wenig später folgt eine Szene, die nur im Skript vorhanden ist. Mariah ist auf dem Zocalo, die Außerirdischen gehen ihr jedoch aus dem Weg. Einer von ihnen sagt der Menschenfrau, dass sie verschwinden soll.

Nur in der Episode gibt es später die Szene mit Mariah auf der Copernicus, als sie Franklin von der Beziehung zu ihrem Mann erzählt und er ihr erklärt, wie schwierig es für einen Arzt ist, eine Beziehung mit jemandem einzugehen.

Verändert wurde später eine Szene, bei der Franklin in der Folge dabei ist, im Skript aber nicht. Seine Dialogzeile ging an Ivanova. Es geht darum, dass er glaubt, Mariah sei zu schwach, um als Köder zu dienen. Im Skript sagt Garibaldi dem Arzt, dass Mariah vielleicht die Einzige ist, die Amis retten kann. Aber Franklin beruft sich darauf, dass Sheridan der Meinung ist, sie sollten noch abwarten.

Verlängert ist im Skript die Szene im C&C, bei der es Sheridan nicht gelingt, Dr. Franklin zu kontaktieren. Ivanova informiert ihn, dass Braun 90 nahe dem Fusionsreaktor liegt. Im Skript ermahnt Sheridan Franklin und Mariah, weil sie nach dem Eindringling gesucht haben. Mariah erklärt, dass sie sich um die Verletzten kümmern wird. In der Folge bleiben sowohl Franklin als auch sie bei den Verletzten.

Danach folgt noch eine Szene, die im Skript ein wenig länger ist. In der Folge erklärt Franklin einen Techniker für tot. Sheridan gibt ihm eine Waffe und erklärt ihm, er solle bei Ivanova bleiben.

Wertung von Kosh

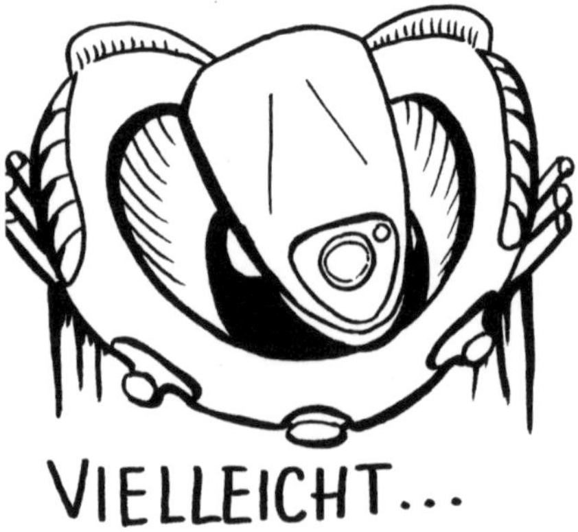

2.06
Spider in the Web
(Freiheit für den Mars!)

US-Erstausstrahlung: 7. Dezember 1994
Deutsche Erstausstrahlung: 4. Februar 1996
Regie: Kevin G. Cremin
Drehbuch: Larry DiTillio

Darsteller: Michael Beck (Abel Horn), Adrienne Barbeau (Amanda Carter), James Shigeta (Taro Isogi), Jessica Walter (Senator Elise Voudreau), Annie Grindlay (Thirteen / Psi Cop), Josh Coxx (Tech David Corwin)

Inhalt

Talia Winters assistiert bei Verhandlungen zwischen Amanda Carter vom Mars und Taro Isogi von FutureCorp, die die beste Chance der Bewohner des Roten Planeten sind, irgendwann auf friedlichem Weg Unabhängigkeit zu erlangen. Doch kurz nach Beginn der Verhandlungen wird Taro getötet – Talia wird Zeugin des Vorfalls und überlebt nur, weil sie etwas im Geist des Attentäters sieht, das ihn zurückhält. Wie sich herausstellt, ist der Mann Abel Horn, Führer der terroristischen Free-Mars-Bewegung – und seit langer Zeit tot. Sheridan vermutet, dass er ein unfreiwilliger Teilnehmer von Projekt Lazarus gewesen sein könnte, bei dem kybernetische Teile in fast schon tote Menschen eingebaut werden. Das trifft zu: Horn steht unter Kontrolle von Büro 13, einer klandestinen Organisation innerhalb der Erdregierung, die verhindern will, dass der Mars Unabhängigkeit erlangt. Er wird gestellt und getötet – Talia weiß aus diesem Grund, dass das Psi-Corps an Horns Umprogrammierung beteiligt war, behält das jedoch für sich.

Hintergründe

Die Basis für diese Episode ist eine Idee, die JMS hatte. Talia sollte versehentlich jemanden scannen und etwas Merkwürdiges in dessen Verstand finden. Das war alles, was er Larry DiTillio an die Hand gab, um das Skript zu schreiben. Der Titel war damals noch *Trick of the Mind*.

DiTillio setzte sich also hin und begann zu überlegen. Er kam auf die Idee, den Mars-Hintergrund hier noch stärker zu erweitern. Außerdem hatte er die Idee, dass Talia im Verstand des Mannes dessen Tod sah, den dieser wieder und wieder erlebte. Er stellte seine Idee also JMS vor und begann dann mit dem Schreiben des Skripts.

Der Autor wusste, dass JMS selbst alle Folgen schrieb, die sich mit dem großen Storybogen von *Babylon 5* befassten. Mit den Elementen zum Mars, die hier erläutert werden, hat er aber zumindest ein wenig am Fundament mitgearbeitet.

Der Name Büro 13 erwies sich später als problematisch. DiTillio hatte ihn dem Rollenspiel *Stalking The Night Fantastic* entliehen, das er zwar nie gespielt hatte, das ihm aber bekannt war. Und der Klang Büro 13 gefiel ihm. Den Produzenten des Spiels gefiel das wiederum weniger. Diese meldeten sich nach Ausstrahlung der Folge bei der Produktion und behaupteten, der Name sei gestohlen und die Geschichte plagiiert. Die Namensgleichheit war natürlich da, ein Plagiat der Geschichte aber nicht. Man hätte streiten können, aber wem hätte das etwas gebracht? Darum setzte sich JMS mit den Produzenten des Spiels in Verbindung und erklärte ihnen, dass der Begriff nie wieder benutzt werden würde. Das ist auch der Hauptgrund, wieso Büro 13 nie wieder auftauchte. Dabei hatte DiTillio durchaus vorgehabt, es später wieder einzusetzen. Und auch in JMS' Pläne hätte es hineingepasst. Aber so musste er eben einige Veränderungen vornehmen. Am verschwörerischen Aspekt änderte das nichts, nur diesen Namen benutzte man fortan nicht mehr. Seiner eigenen Agenda folgte das Psi-Corps aber dennoch weiterhin.

Man hat in dieser Folge gleich zwei sehr gute Gaststars. Adrienne Barbeau, einst die Ehefrau von John Carpenter, ist ein Genre-Urgestein mit Filmen wie *The Fog (The Fog – Nebel des Grauens,* 1980), *Escape from New York (Die Klapperschlange,* 1981) und *Swamp Thing (Das Ding aus dem Sumpf,* 1982). Michael Beck spielte in drei Folgen von *Holocaust (Holocaust – Die Geschichte der Familie Weiss,* 1978) mit und wurde international mit Walter Hills Film *The Warriors (Die Warriors,* 1979) bekannt. Seine Karriere hob danach jedoch nie richtig ab. 1982 war er in den futuristischen Actionfilmen *Warlords of the 21st Century (Der Kampfko-*

loss) und *Megaforce (Megaforce)* zu sehen. Mit Wes Craven drehte er später den Fernsehfilm *Chiller (Chiller – Kalt wie Eis,* 1985).

Außerdem gibt es hier erstmals Jeff Conaway zu sehen, allerdings nur in einer Wenn-man-blinzelt-übersieht-man-ihn-Rolle. Der Schauspieler sollte als Zack Allan tatsächlich noch stärker in die Serie involviert werden und stieg auch zu einem der Hauptdarsteller auf. Damals war die Besetzung kontrovers, da der Star der Serie *Taxi (Taxi,* 1978-1982) vor allem durch seine Suchtprobleme aufgefallen war. JMS mochte ihn jedoch, glaubte ihm, dass er trocken war, und gab ihm eine Chance, obwohl Warner Bros. dagegen war.

Larry DiTillio baute zwei Referenzen auf große Namen der Science Fiction in diese Folge ein. Das Earthforce-Schiff, das Abel Horns Schiff vernichtet, ist die Pournelle, benannt nach dem Science-Fiction-Schriftsteller Jerry Pournelle (1933-2017). In einem Dialog wird zudem Amanda Carters Vater erwähnt – mit seinem Vornamen John. Ihr Vater trug also den gleichen Namen wie der Mars-Held, der von Edgar Rice Burroughs erfunden wurde.

Das geheime Zentrum, von dem aus Abel Horn gesteuert wird, liegt übrigens im verheerten San Diego. Die Gründe für die Vernichtung wurde von Jeffrey Sinclair in *Midnight on the Firing Line* genannt. JMS wählte die Stadt, weil er selbst dort gewohnt hatte und man immer über das schreibt, was man kennt. Zudem scheint er San Diego gerne zu vernichten, denn das hat er in *Captain Power and the Soldiers of the Future (Captain Power,* 1987-1988) auch schon getan.

Kommentar

Spider in the Web ist eine durchwachsene Episode. Einerseits zeigt sie sehr schön, wie es um den Mars-Konflikt mit Rebellionen und einer ständigen Abhängigkeit von der Erde steht, andererseits hantiert sie mit einer Schattenorganisation, die es so in der Serie niemals wieder gab – dem Büro 13. Das wurde nie mehr erwähnt, die Funktion praktisch auf Bester und Konsorten umgelegt, da das Psi-Corps immer auch eigenen Zielvorgaben folgte. Aber letztlich ist das ein aufgegebener Plot.

Wirklich von Belang ist dagegen eines: Talias Loyalität, die ganz und gar dem Psi-Corps gilt. Das erwähnt Ivanova gegenüber Sheridan, der mehr über Talia erfahren will. Aber Ivanova glaubt auch, dass man Talia trauen kann. Das Ende zeigt, dass dies nicht bedingungslos möglich ist. Denn als Talia erkennt, dass das Psi Corps daran beteiligt war, aus Abel Horn einen fast schon gehirntoten Attentäter zu erschaffen, behält sie das für sich – weil das Corps Familie ist, weil man es nicht verrät. Das ist insbesondere tragisch, wenn man bedenkt, wie das Corps sich später gegenüber Talia verhalten will.

Für Talia ist das Psi-Corps alles. Sie wurde darauf indoktriniert. Seit ihrem fünften Lebensjahr war sie im Psi-Corps. Im schwierigen ersten Jahr erhielt sie Hilfe und Unterstützung einer Telepathin, die ihr half, das Heimweh zu überwinden und sich einzugewöhnen, bevor sie nach einem Jahr dem nächsten Neuling zugeteilt wurde. Weil das Psi-Corps nicht auf Individuen setzt, sondern auf Corps-Treue, soll es keine zu engen Bindungen geben.

Die Telepathen sollen dem Psi-Corps als Organisation vertrauen. Das ist ein vollkommen gegensätzlicher Glaubensansatz zu Sheridan. Der erklärt, und das ist eine der stärksten Botschaften von *Babylon 5*, dass er einzelnen Personen, nicht jedoch Organisationen vertraut.

Die Folge ist in vielerlei Hinsicht wichtig, auch und gerade, weil man hier erstmals die Mensch-Maschinen-Kombination sieht, wie sie später zu Zeiten des Schattenkriegs noch einmal von Bedeutung sein wird. Es wird erneut die Saat für spätere Entwicklungen gelegt. Aber dem gegenüber steht eben der Verschwörungsplot, der in dieser Form zu sehr in der Luft hängt, wenngleich das den Umständen geschuldet ist und alles, was mit Büro 13 zu tun hat, letztlich anderweitig ausgebaut wurde.

Das Skript

Von der ersten Version des Drehbuchs hin zur fertigen Folge gab es einige Veränderungen, inklusive einiger Szenen, die von JMS später erst in das Skript integriert wurden. In der ersten Version des Drehbuchs fehlt, wie Taro die Telepathin Talia Winters seiner Verhandlungspartnerin Amanda Carter vorstellt. Auch der Verweis auf ihren Vater John fehlt hier.

Im Skript gibt es dann eine Szene, in der Ivanova mit einem Mann namens Guy Garris bei der Verzollung streitet, der Aas an Bord bringen möchte, das an die Pak'ma'ra geliefert werden soll. Nur in der Episode sind die Szenen enthalten, die San Diego zeigen, aber auch, wie die Lieferung mit Abel Horn in einer Frachtbox auf Babylon 5 ankommt.

Dafür gibt es nur im Drehbuch eine lange Konversation zwischen Taro und Amanda Carter. Der Name seiner Firma lautet hier noch NeoCorp. Erst in späteren Versionen wurde FutureCorp daraus. Hier wird auch darüber gesprochen, dass die Erde den Mars nur als Rohmateriallieferant sieht – und damit Menschen meint. Während des Kriegs mit den Minbari wurde der Mars völlig ungeschützt zurückgelassen. Das haben die Marsianer nicht vergessen. Taro träumt von einer besseren Zukunft mit einer neuen Firma: Neo-Mars.

Danach folgt im Skript eine weitere Szene mit Garris, der mit einem holographischen Anwalt antanzt und aufgrund des Totalverlusts seiner Ware Ivanova persönlich verklagen will. Nur in der Folge gibt es daraufhin den Anruf von Senatorin Voudreau, die Sheridan ›ermuntert‹, zu beobachten, was bei den Mars/Future-Corp-Verhandlungen herauskommt.

In der Folge spricht Ivanova danach mit Sheridan über die Erstbegegnung mit den Tikar. Im Skript geht es um die Klage.

Ivanova: I'm happy.

Sheridan: You don't look it.

Ivanova: I'm getting sued.

Sheridan: Sued?

Ivanova: By a dealer in carrion. He claims I damaged his cargo.

Sheridan: I know a few good lawyers. I can make some calls.

Ivanova: I appreciate that but I think I can handle it. It seems to be more of a nuisance suit than anything else.

Sheridan: Even the simplest legal action can cost time, money and grief, win or lose. It's one of the unfortunate ›traditions‹ of our legal system.

Danach ist es so, dass Sheridan im Skript denkt, viele Leute würden Taro gern tot sehen und die Schuld daran einer terroristischen Bewegung in die Schuhe schieben wollen. In der Folge fragt er Talia, wer Taro ihrer Meinung nach auf dem Gewissen habe. Etwas länger ist im Skript der Dialog von Sheridan und Garibaldi über den Mord an Taro und wer dahinterstecken könnte. Später gibt es im Skript zwei Szenen, die in der Folge nicht existieren. In der ersten bringt Sheridan Ivanova in Hinblick auf den Mord auf den neuesten Stand, in der zweiten passt Guy Garris Ivanova ab, als sie das Casino verlässt. Er bietet ihr an, die Klage fallen zu lassen, wenn sie mit ihm ausgehen würde, und deutet eine andere Lösung an.

Ivanova: I'd sooner be consumed by rabbits than pay you a single credit.
Garris: I was actually thinking of a date.

Ivanova ist da natürlich perplex. Sie fragt sogar nach, mit wem er ein Date möchte. Daraufhin lässt Garris seinen Charme spielen. Sozusagen.

Garris: Oh, I realize, you're overbearing, arrogant and given to abuse of power but for some reason I find you attractive. I assure you my intentions are strictly honorable and I believe once you get to know me, you'll find I'm not so bad a fellow after all.
Ivanova: I imagine you also believe in leprechauns and the Easter Bunny.

Aber Garris lässt sich nicht entmutigen, weswegen Ivanova noch etwas deutlicher werden muss.

Ivanova: Mr. Garris, if a biogenetic plague wiped out all sentient life in this galaxy except for you and I, I would still find you the most repulsive, annoying and obnoxious individual it has ever been my severe misfortune to meet.

Er erklärt ihr hierauf, dass er noch einen Tag auf der Station sei und sie es sich überlegen solle. Nur in der Folge selbst gibt es dann die Szene im C&C, als Sheridan Ivanova fragt, was sie von Talia hält. Ebenfalls nur in der Folge ist die Szene, als Sheridan mit Amanda Carter über ihr Treffen mit Taro spricht.
Im Skript ist sodann eine Szene enthalten, in der Garibaldi Talia die Sicherheitsleute vorstellt, die auf sie aufpassen werden. Sie fragt,

ob er glaube, dass sie immer noch in Gefahr sei. Er bezweifelt das, weil er der Meinung ist, der Killer werde die Station so schnell wie möglich verlassen wollen, aber auf Nummer Sicher zu gehen, könne ja nicht schaden.

Danach folgt eine Szene mit Garibaldi und Sheridan. Der Sicherheitschef fragt Sheridan, wie Taros Familie es aufgenommen habe. Dieser erklärt, man erwarte, dass der Mörder innerhalb von 48 Stunden gefasst sei, sonst werde man wegen Fahrlässigkeit klagen.

Im Skript ist es kurz darauf so, dass die Sicherheitsleute vor Talias Quartier abgelenkt werden und der Killer sie angreift, aber sie kann ihm entkommen. Talia findet dann Schutz bei den Sicherheitsleuten, wird aber erneut angegriffen. Im Skript ist es dann so, dass er sie mit seiner künstlichen Killerhand anfassen will, als Sheridan dazukommt und ihn mit einem Schuss außer Gefecht setzt. In der Folge hat Abel Horn einen Moment der Klarheit und flieht selbst. Als der Killer im Skript wieder erwacht, kann er die Sicherheitsleute überwältigen und fliehen.

Danach folgt eine Szene, die nur im Skript ist. Im C&C kümmert sich Ivanova um Schiffe, deren Kommandanten sich wegen Verzögerungen beschweren. Da meldet sich Guy Garris und erinnert sie daran, dass er nur noch ein paar Stunden hier sei. Sie stimmt zu.

Ivanova: I see there is no reasoning with a man of your peculiar bent. Therefore I will accompany you on a ›date‹ this evening in return for an end to this charade.

Garris: I've already made reservations at Fresh Air. Eight o'clock. Believe me you won't be sorry.

Ivanova: I am already sorry.

Im Skript spricht Sheridan mit Amanda Carter und erklärt ihr, dass Abel Horn der Killer sei. Er will wissen, was Free Mars von Taros Tod hätte. Carter legt dem Captain nahe, dass man das Ganze Free Mars in die Schuhe schiebt und er seinen Blick lieber auf Earth Central richten sollte. Danach folgt eine Szene im C&C. Sheridan erklärt Ivanova, dass sie die wartenden Schiffe losfliegen lassen kann. Sie fragt, ob sie die Abend-Schicht übernehmen soll, er lehnt aber ab. Dann sagt sie ihm, dass sie ein ›Date‹ hat.

Sheridan: A date? You're kidding.

Ivanova: I am a person, you know. It's not all that unusal for a person to accompany another person for an evening.

Sheridan: Of course, yes, it's just …

Ivanova: Just what?

Sheridan: Just … dandy. Enjoy yourself.

Ivanova: What?

Danach folgt die Szene mit dem Date. Garris trägt einen kreischend-bunten Anzug, Ivanova bittet ihn, sie Susan zu nennen. Oh, und er muss eine Stunde warten. Denn er sagte ja ›Neun‹, meint Ivanova. Wie leicht man sich doch verhören kann.

Etwas länger ist in der Folge danach die Szene mit Garibaldi und Talia, bei der er über seinen Vater und sie über Abby, ihre Tutorin im Psi-Corps, spricht. Nur im Skript ist eine Szene mit Abel Horn und Amanda Carter in deren Quartier. Er muss die Station verlassen, und sie macht sich auf den Weg, um ein paar Kontakte zu checken und einen Weg zu finden, wie man ihn von der Station schmuggeln kann.

Im Skript folgt eine weitere Szene des Dates. Ivanova langweilt Garris mit ihrer militärischen Laufbahn. Als es ans Bestellen geht, kann Ivanova sich nicht entscheiden. Jede Empfehlung von Garris schlägt sie in den Wind. Auf das Konzert, das er mit ihr besuchen wollte, verzichtet sie auch, weil der Hunger Vorrang hat!

Im Skript liest Sheridan in seinem Quartier eine Akte über das Projekt Lazarus, als Amanda Carter ihn anruft und ihm erklärt, dass sie Informationen über Abel Horn hat. In der Folge selbst ist es Garibaldi, der Sheridan in seinem Quartier besucht. Beide sprechen über Projekt Lazarus. Die Szene in Amanda Carters Quartier, als sie Talia Winters um ein Treffen bittet und Horn erwacht, ist nur in der Folge enthalten.

Im Skript stehen Sheridan und die Sicherheitsleute vor Carters Quartier. Sie stürmen es, aber niemand ist drinnen. Garibaldi erhält einen Alarm und verlässt Talia. Sie erwischen Horn auch, aber er kann erneut entkommen. Horn schafft es, zu Talia Winters vorzudringen. Nur in der Folge ist die Szene, wie Sheridan einen Weg findet, Horn zu orten. Ebenfalls nur in der Folge sind die Szenen mit Talia, die Carters Quartier betritt und dort auf Horn trifft. Im Skript stürmt Sheridan Carters Quartier, während es in der Folge Garibaldi ist. Talia bietet an, mit Horn zu sprechen, aber er hebt seine Hand, und Sheridan erschießt ihn. In der Folge versucht Sheridan mit ihm zu sprechen und schießt erst, als Horn eine echte Gefahr darstellt.

Danach gibt es die letzte Date-Szene. Ivanova hat Garris so gelangweilt, dass er zustimmt, die Klage fallen zu lassen. Nachdem sie mehrmals neues Essen bestellt hat und dann zurückgehen ließ, hat auch Garris es kapiert.

Garris: Commander Ivanova …

Ivanova: Susan.

Garris: Whatever. These last few hours with you have been an experience I will not forget.

Ivanova: That's very flattering. And you know, you were right. Now that I've gotten to know you you're not a bad sort.

Garris: And now that I've gotten to know you I can safely say that if there is a female with more annoying ways than you anywhere in the galaxy I pray I never meet her.

Aber Garris ist ein Mann, der zu seinem Wort steht. Ivanova war mit ihm auf einem Date, und so lässt er die Klage fallen.

In der Folge selbst kommen jetzt noch die Szenen im Medlab, in denen es um Amanda Carters Hintergrund geht, Talia über Horn spricht und was er wollte, und in San Diego, wo die Psi-Corps-Telepathin einen Bericht über die Ereignisse auf Babylon 5 erhält.

Wertung von Kosh

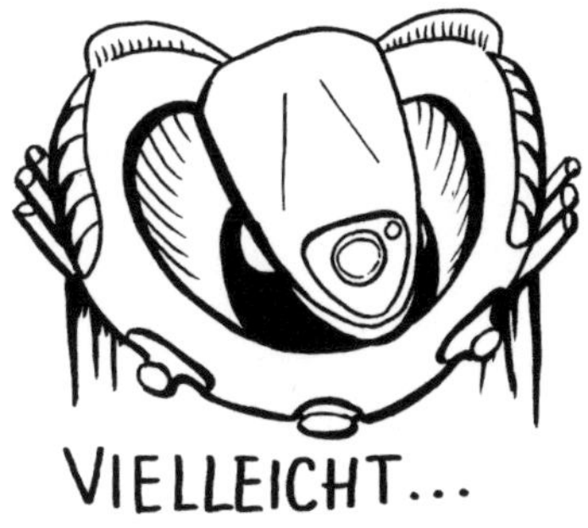

2.07
Soul Mates
(Drei Frauen für Mollari)

US-Erstausstrahlung: 14. Dezember 1994
Deutsche Erstausstrahlung: 11. Februar 1996
Regie: John C. Flinn III
Drehbuch: Peter David

Darsteller: Keith Szarabajka (Matthew Stoner), Lois Nettleton (Daggair), Blair Valk (Mariel), David L. Crowley (Lou Welch), Carel Struycken (Händler), Jane Carr (Timov)

Inhalt

Matthew Stoner kommt auf die Station – ein Telepath, dem das Unmögliche gelungen ist: Er konnte das Psi Corps verlassen. Nun bietet er Talia an, ihr dabei auch behilflich zu sein. Immerhin waren beide einmal verheiratet, wenn auch nur, weil das Psi Corps glaubte, dass aus ihrer Verbindung ein noch stärkerer Telepath hervorgehen würde. Stoner erklärt, er habe seine Fähigkeiten verloren, doch das war gelogen. Durch die Experimente des Psi-Corps, denen er sich unterzogen hat, haben sie sich verändert – er kann nun Menschen manipulieren.

Derweil erhält Londo Besuch von seinen drei Frauen Daggair, Mariel und Timov. Er erklärt ihnen, der Imperator habe ihm eine Gunst erwiesen. Er dürfe sich scheiden lassen, eine Frau müsse er jedoch zu Repräsentationszwecken behalten. Die Zeit der Entscheidung ist gekommen, weswegen sich zwei Frauen mächtig ins Zeug legen, nur nicht Timov, die Londo ihre Verachtung offen zeigt. Durch ein Geschenk von Mariel wird Londo fast tödlich verletzt, es ist jedoch eine Blutspende Timovs, die ihn rettet. Sie aber will, dass er das niemals erfährt. Dennoch entscheidet Londo sich für Timov, weil er bei ihr immer wisse, woran er sei.

Hintergründe

In der zweiten Staffel lud JMS einige Autoren ein, um Episoden zu übernehmen. Er wandte sich unter anderem an Peter David. David ist ein renommierter Comic-Autor, der aber auch Filmdrehbücher und jede Menge Romane geschrieben hat. Auf der San Diego Comic Con kamen JMS und David ins Gespräch. JMS outete sich als Fan von Davids Arbeiten und fragte ihn, ob er Lust hätte, eine Folge zu schreiben. Für David war das keine Frage, er stimmte sofort zu.

Monate später kontaktierte JMS ihn wieder und stellte eine spezifische Idee vor. In der Episode sollte es um Londos drei Frauen gehen, von denen der Botschafter sich scheiden lassen wollte. Der B-Plot sollte sich um einen Erstkontakt mit Außerirdischen drehen. David entwickelte eine Outline, zu der JMS einige Anregungen hatte. Dann machte er sich an die Arbeit und setzte diese Anregungen um, aber er hatte Probleme, die richtigen Stimmen für die drei Frauen von Londo Mollari zu finden. Erst als er auf Anraten von Harlan Ellison Clare Booth Luces Stück *The Women* las, formten sich in seinem Kopf die Persönlichkeiten der drei Frauen.

Ihm wurde nun auch bewusst, was JMS damit meinte, als er ihm sagte, die Geschichte sei zu sehr *Star Trek*. Denn am Ende der Geschichte hatte David den Status Quo wiederhergestellt – Londo behielt alle drei Frauen. Aber bei *Babylon 5* ging es immer um Veränderung.

Problematischer erwies sich für David der B-Plot um den Erstkontakt. Er bekam ihn nicht zu fassen. Als sich JMS schließlich wieder mit David traf, erklärte er, dass er die Story verworfen hätte. David wollte das nicht hinnehmen und schlug vor, eine neue Outline zu erstellen, aber das konnte JMS aufgrund der Regularien der Writers Guild of America nicht akzeptieren. Also bot David an, ein Spec Script zu schreiben, aber auch das lehnte JMS ab.

Doch David hatte nun die Stimmen der drei Frauen im Kopf – die von Hunger, Pestilenz und Tod. Tatsächlich wollte er die Folge auch *Famine, Pestilence and Death* nennen. Obwohl ihm jeder davon abriet, setzte er sich also hin und schrieb das Drehbuch. Den Erstkontakt-Plot verwarf er dabei aber völlig, sondern konzentrierte sich lieber auf Talia Winters und ihren bis dahin unbekannten Ex-Mann. Er empfand das als passend, weil damit der neue Titel *Soul Mates* auch stärker akzentuiert wurde, ging es nun doch in beiden Handlungsteilen um Beziehungen von Männern und Frauen.

Es war eine Sache, das Skript zu schreiben, eine andere, es JMS zu geben. Auch davon riet ihm jeder ab, darunter sein Agent. Aber David schickte es ihm dennoch, zusammen mit einem Brief, in dem er erklärte, dass DC ihn gebeten hätte, ein paar Hefte der *Babylon 5*-Comic-Serie zu schreiben und er auf Basis des Skripts die Hefte machen wollte. Also könne JMS es sich ja gleich ansehen, da er ohnehin auch die Ideen für den Comic abnicken müsse. JMS rief David also an und erklärte, dass er die Geschichte nicht im Comic sehen wollte. Das Skript gefiel ihm, er wollte es so umsetzen. Davids kleines Spiel hatte sich also ausgezahlt.

Als kleinen C-Plot hatte David noch die Geschichte um Delenns Haar eingebaut. Er hatte an einen ›Bad Hair Day‹ gedacht und sich gefragt, wie eine Außerirdische darauf reagieren würde, die niemals zuvor in ihrem Leben Haar hatte. Das war ein Plot, von dem David nicht sicher war, wie gut er bei Claudia Christian und Mira Furlan ankommen würde. Aber beiden gefielen diese seltenen Momente der Serie, in denen es darum geht, eben eine Frau zu sein. Was Mira Furlan nicht gefiel, war ihre letzte Dialogzeile, als sie Ivanova auf ihre Krämpfe anspricht, die sie zuvor nie hatte. Die Schauspielerin wollte die Zeile am liebsten loswerden. Sie empfand sie als billigen Gag, aber JMS ließ sich nicht erweichen. Peter David erklärte ihr, dass es eine wichtige Information war, die als billiger Gag verkleidet war, denn wenn Delenn nun menschliche Reproduktionsorgane hätte, dann könnte sie später auch mit Sheridan zusammenkommen und ein Kind bekommen. Das dachte sich David in just jenem Moment aus, aber er hatte recht. Diese Dialogzeile, die eigentlich nur ein Gag sein sollte, hatte durchaus Bedeutung.

Peter David nutzte die Gelegenheit, das Set während der Produktion der Folge mehrmals zu besuchen, etwas, das bei anderen Filmen und Serien nur selten der Fall war. Er war auch zugegen, als das Bankett zu Ehren von Londo gefilmt wurde. Tatsächlich ist er als einer der Statisten zu sehen. Die Idee, dass jeder hier barfuß sein musste, war ihm beim Schreiben gekommen, weil er etwas Besonderes für die Zeremonie wollte, aber nichts, das Kosten etwa bei der Kostümabteilung verursacht hätte. Darum entschied er auch, dass G'Kar seine Stiefel anbehalten sollte, da man dann keine Narn-Füße gestalten musste. Zudem ist es ein starker Gag, da G'Kar sich bewusst ist, wie beleidigend es ist, nicht barfuß zu erscheinen.

Die Dreharbeiten der Bankettszene waren außerdem zeitaufwendig. Für Regisseur John C. Flinn III waren sie besonders nervenaufreibend, denn er arbeitete gegen die Zeit. Um Mitternacht sollte Schluss sein, da sonst für die Schauspieler und die Statisten Überstundenzuschläge zu zahlen gewesen wären. Aber er brauchte mehr Zeit, die er sich nicht nehmen konnte. Die letzte Aufnahme sollte der Mastershot mit Bruce Boxleitner sein, der sich im Medlab meldet und Hilfe anfordert, nachdem Londo das Bewusstsein verloren hat. Boxleitner sagte seine Zeile, nannte sich aber nicht Sheridan, sondern Sinclair. Die Szene war verpatzt, es musste nun sowieso über Mitternacht hinaus gedreht werden. Auf diese Weise hatte Boxleitner dem Regisseur die Zeit verschafft, die er benötigte, um die Szene so zu drehen, wie sie sein sollte.

Die Besetzung der Gastrollen bei *Soul Mates* ist sehr schön. Für eine der Frauen hatte man Sandra Bernhardt angefragt, aber das ließ sich terminlich nicht umsetzen. Lois Nettleton, die am Broadway sehr aktiv war, übernahm den Part. Für den Part von Londos Frau Timov heuerte man die Britin Jane Carr an, die zuvor mit der Serie *Dear John (Mein lieber John,* 1988-1992) Erfolg gehabt hatte. Als Matthew Stoner wurde Keith Szarabajka besetzt, dessen tiefe Stimme einfach eindrucksvoll ist. Später wurde er als Holtz, Erzfeind des Titelvampirs in *Angel (Angel – Jäger der Finsternis,* 1999-2004) in Fankreisen bekannter.

Peter David kehrte zurück, um eine weitere Folge zu schreiben. Außerdem verfasste er mehrere *Babylon 5*-Comics und -Romane.

Kommentar

Das ist eine vergnügliche Folge, aber auch eine, die subtil auf die Zukunft verweist. Londo bezeichnet seine drei Frauen als Hunger, Pestilenz und Tod, drei der vier Reiter der Apokalypse. Das lässt ihm den Part des Krieges, der in diesem Jahr beginnt und in dem er eine herausragende Rolle innehaben wird.

Dass er überhaupt in der Lage ist, sich von zweien seiner drei arrangierten Ehen zu verabschieden, sagt aber auch viel aus. Londos Stern in der Centauri-Republik ist im Steigen begriffen – hin zu Einfluss, Geld und Macht. Das würde seinen Frauen auch gefallen, weswegen zwei sich so richtig ins Zeug legen. Aber es ist die, die ihn am meisten verabscheut, die er wählt. Der Grund ist einfach: Bei ihr weiß er immer, woran er ist. Das ist etwas, das für Londo zusehends wichtiger wird, denn je mehr er aufsteigt, desto weniger kann er irgendjemandem vertrauen. Vir ist sein einziger echter Vertrauter, Timov die Frau, bei der er zumindest weiß, dass sie an seiner Seite steht. So gesehen ist es schade, dass Timov in der ganzen Serie nicht wieder auftaucht.

Diesem ernsten Unterbau zum Trotz ist *Soul Mates* vor allem sehr vergnüglich. Peter Jurasik spielt lustvoll, wie Londo seine Frauen auflaufen lässt, weil er weiß, dass sie um seine Gunst buhlen werden.

Der zweite Plot ist etwas dramatischer. Auch er deutet auf die Zukunft hin, denn man erfährt, natürlich ohne dass Stoner es bestätigen würde, dass der Mann immer noch in Diensten des Psi-Corps steht. Das baut auf der Folge *Mind War* aus der ersten Staffel auf, in der Talias alter Freund Jason Ironheart zur Station kam. Auch dieser unterzog sich Experimenten des Psi-Corps, auch er hat sich verändert. Das illustriert sehr schön, wie aktiv das Psi-Corps daran arbeitet, die Fähigkeiten von Telepathen zu erhöhen oder ganz neue zu züchten. Es ist ein sinistrer Plot, der sich durch die Serie zieht, mit dem Psi-Corps als Organisation und Entität, die eigene Pläne verfolgt – und das im Geheimen. Denn die Regularien, die Telepathen betreffen, traten überhaupt nur in Kraft, um diese Menschen mit übermenschlichen Fähigkeiten in Zaum zu halten. Damit aber erschuf man erst das Monster, das schon bald den Kopf recken wird, da die Infrastruktur erzeugt wurde, um den Telepathen, die sich als nächste Stufe der Evolution begreifen, die Möglichkeit zu geben, sich über die Normalen zu erheben.

Das sind zwei interessante Handlungsebenen in dieser Folge. Sie ist im Grunde natürlich eine für sich stehende Episode, deren Verbindungen zum großen Storybogen eher peripher sind, aber sie brilliert dadurch, dass sie allerhand andeutet, was aber auch erst im Rückblick wirklich offenkundig wird.

Das Skript

In der ersten Version des Skripts ist es so, dass Garibaldi nur seines Instinkts wegen auf Stoner aufmerksam wird. Nur in der Folge beobachtet er, wie der Mann von jemandem angeschrien wird, der dann ganz plötzlich freundlich wird. Anders platziert wurde die Szene, in der Stoner ein Centauri-Artefakt verkauft und von Garibaldi angesprochen wird. Sie kommt hier noch im Teaser vor, ist in der Folge selbst aber erst später zu sehen.

Eine solche Veränderung der Platzierung erlebte auch die Szene, als Sheridan mit Talia Winters spricht. In der Folge geschieht dies, als Talia sich Erd-Antiquitäten ansieht, im Skript findet das alles im Zengarten statt. Außerdem ist die Szene im Skript im zweiten Akt, in der Folge aber im ersten Akt eingebettet.

Dieses Gespräch ist im Skript auch etwas länger. Sheridan fragt Talia hier, ob Stoner in der Lage sei, Emotionen zu manipulieren. Talia erklärt ihm, dass sie keine Ahnung habe, wozu er fähig sei.

Nur im Skript ist im zweiten Akt eine Szene mit Mariel, die über den Zocalo läuft. Man sieht die Reaktion der anderen auf sie. Danach folgt eine Szene mit Londo und Timov, nachdem diese einem Vierer nicht zugestimmt hat. Es geht hier darum, wieso er ihnen das antut.

Timov: Admit it. This humiliating treatment of us … this is because of Sandella, isn't it? Years ago, and you still haven't forgiven us. It wasn't our fault, Londo.

Londo: It was, and you know it was!

Timov: And we're paying for it now. By you're making us jump through hoops. I don't do tricks.

Der Dialog wurde wohl entfernt, weil man als Zuschauer keine Ahnung hat, worum es hier geht und was damals geschehen sein sollte.

Bei der Szene mit Garibaldi und Talia, als sie ihm erklärt, dass sie eine Chance habe, das Psi-Corps zu verlassen, ist der Dialog etwas umfangreicher. Sie sagt ihm, dass sie Stoner oberflächlich gescannt habe und bestätigen könne, dass er kein Telepath mehr sei.

Erweitert ist die Szene im Skript, in der Ivanova Sheridan erklärt, dass die Teilnehmer der Ascension-Day-Feier barfuß erscheinen müssten, was den Glauben der Centauri illustriere, dass man immer vorsichtig sein müsse, wohin man träte. Sheridan fragt Ivanova, ob sie neben der Friseurtätigkeit auch Pediküre anböte. Und dann dankt er ihr dafür, was sie für Delenn getan habe.

Die Party ist etwas länger. Nachdem G'Kar gegangen ist, drängt Timov Londo dazu, endlich zu erklären, für welche Frau er sich entschieden habe. Aber er meint nur, dass die Nacht noch jung sei.

Später gibt es eine erweiterte Szene mit Daggair und Timov, nachdem erstere erklärt hat, dass die Gesellschaft sie zu dem gemacht habe, was sie sei. Timov erkärt, dass Daggair kein Stück besser als sie sei, nur ihre Verachtung besser verberge. Etwas länger ist danach die Szene mit Lou Welch, der Garibaldi erzählt, dass der Gefangene früher als üblich sein Essen erhalten habe und Stoner einfach etwas an sich hätte, das einen dazu bringe, ihm nichts abzuschlagen.

Aus dem Skript entfernt wurde eine Szene, in der Londo sieht, wie Mariel das Quartier von G'Kar verlässt.

Wertung von Kosh

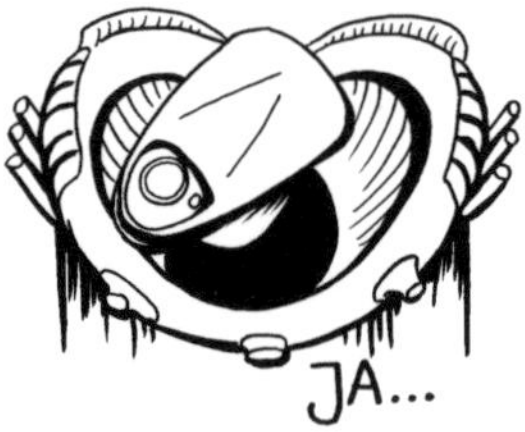

2.08
A Race Through Dark Places
(Der Gedankenpolizist)

US-Erstausstrahlung: 26. Januar 1995
Deutsche Erstausstrahlung: 18. Februar 1996
Regie: Jim Johnston
Drehbuch: J. Michael Straczynski

Darsteller: Apesanahkwat (Telepath #1), Brian Cousins (Rick), Diane DiLascio (Telepath #2), Walter Koenig (Alfred Bester), Kat Cressida (Kat), Judy Levitt (Psi Cop), William Allen Young (Jason Ironheart)

Inhalt

Immer wieder entziehen sich Telepathen dem Zugriff des Psi-Corps. Alfred Bester ermittelt, wie die Underground Railroad funktioniert. Die Spur führt zu Babylon 5. Dort ersucht er um Hilfe, die Sheridan einigermaßen widerwillig gewährt. Die Telepathen fühlen sich in die Ecke gedrängt und wollen Bester töten. Der Anschlag misslingt, aber Talia wird entführt. Die Telepathen zeigen ihr, was das Psi-Corps ihnen angetan hat. Der Leiter der Underground Railroad trifft sich mit Sheridan – es ist Dr. Franklin. Wenig später spürt Bester die Telepathen auf, die sich gegen ihn stellen, aber von Bester und Talia gemeinsam getötet werden. Oder besser: Das ist das, was Bester wahrgenommen hat, denn Talia und die Telepathen lassen ihn nur glauben, dass alle tot sind. Die Underground Railroad wird von Babylon 5 weg verlegt, Talia verabschiedet Bester. Aber ahnt er etwas?

Derweil sollen Sheridan und Ivanova für ihre etwas zu großen Quartiere Miete bezahlen. Das will sich der Captain nicht bieten lassen. Angenehmer ist da schon ein gemeinsames Essen mit Delenn. Talia sucht am Ende Ivanova auf – sie brauche jemanden zum Reden.

Hintergründe

JMS war bewusst, dass er im ersten Drittel der Staffel wieder auf das Telepathen-Thema eingehen müsse. Früh war klar, dass Bester zurückkehren würde. Walter Koenig war bei den Fans einer der beliebtesten Gaststars der ersten Staffel, und die Figur Alfred Bester ist grandios gespielt. Es war also an der Zeit, ihn wieder nach Babylon 5 kommen zu lassen. Im Teaser, als er den Mann verhört, ist eine andere Telepathin anwesend. Sie wird von Judy Levitt gespielt. Levitt ist seit 1965 mit Walter Koenig verheiratet.

Wichtig war aber auch die Entwicklung von Talia Winters. Im Pilotfilm war es noch Lyta Alexander, die durch ihre Geistbegegnung mit Koshs Verstand veränderte und erweiterte Kräfte gewann. Genau das benötigte JMS für den weiteren Verlauf der Serie. Da er mit Talia Winters aber eine neue Figur hatte, musste er beginnen, dieselbe Entwicklung für sie durchzuführen. Darum kam zuerst *Mind War* und dann diese Folge hier, da beide verdeutlichen, wie viel stärker Talia jetzt ist, nachdem sie in der ersten Staffel das Geschenk von Jason Ironheart erhalten hatte. Zugleich musste JMS aber auch darauf achten, sie nicht übermächtig erscheinen zu lassen, da sie dann die Fähigkeit gehabt hätte, praktisch jede Krise einfach so zu klären.

Dass er später gezwungen sein würde, zu seinem ursprünglichen Plan mit Lyta zurückzukehren, konnte er hier noch nicht ahnen. Auf jeden Fall wollte er das persönliche Leben von Talia und Ivanova weiter vorantreiben. JMS hatte sich immer Mühe gegeben, marginalisierte Gruppen in *Babylon 5* unterzubringen. So wie es in der zeitgenössischen Fernseh-Science-Fiction nur wenige asiatische Figuren gab, gab es noch weniger homosexuelle. Darum überlegte JMS, Talia und Ivanova auf subtile Art und Weise in eine Beziehung hineingleiten zu lassen. Die letzte Szene dieser Folge legt den Grundstein.

Zuvor sprach er jedoch mit beiden Schauspielerinnen, ob sie ein Problem damit hätten, da es möglich sein könnte, dass in manchen Szenen physischer Kontakt notwendig werden müsse. Claudia Christian und Andrea Thompson befanden sich gerade auf Bühne B. Erstere fragte JMS dann, ob er so etwas meinte, und begann Thompson zu küssen. JMS war perplex, die übrige Crew starrte, und dann gratulierten ihm beide Frauen, dass er eine derart mutige Geschichte erzählen wollte. Und mutig war sie in der Tat: Homosexuelle Figuren gab es nicht nur in der damaligen Science-Fiction nicht, sondern bei Fernsehserien generell kaum.

Wichtig ist *A Race Through Dark Places* aber auch, weil hier der Grundstein für die spätere Beziehung von Sheridan und Delenn gelegt wird. Die Date-Szene ist ziemlich gut geschrieben und umschifft auch die Schwierigkeit, dass im Jahr zuvor eher der Eindruck erweckt worden war, Delenn sei an Sinclair interessiert. Für sich selbst löste er den Konflikt so auf, dass Delenn Sinclair als religiösen Führer der Minbari und als vertraute Seele nicht nur schätzte, sondern bewunderte, dass sie in Sheridan jedoch einen Mann fand, den sie wirklich lieben konnte.

Amüsant ist auch der Plot um die Miete. Er kam zustande, weil JMS der Meinung ist, dass sich die Menschen in ein paar hundert Jahren nicht verändern werden. Vielmehr werden sie immer sein, was sie sind, und das gilt auch für Bürokraten, denen es um jeden Penny geht.

Kommentar

Als Delenn zum Essen mit Sheridan erscheint, trägt sie ein Kleid, wie es eine Frau auf der Erde tun würde. Die Minbari sind jedoch immer bedacht, niemanden zu brüskieren. So bittet sie sofort um Verzeihung, sollte ihn diese Form von kultureller Aneignung beleidigen – was sie nicht tut. Interessant ist, dass JMS hier vor Jahrzehnten schon ein Thema aufgriff, das heutzutage immer wieder hochkocht – das der kulturellen Aneignung durch Kleidung oder auch Frisuren, die mit bestimmten Ethnien verbunden sind. Sheridans Reaktion ist die einzig Richtige: Er nimmt daran keinen Anstoß, da dieses Vermengen der Kulturen auch gegenseitiges Verständnis fördert.

Das ist aber nur ein kleiner Aspekt dieser Folge, ebenso wie Sheridans Kampf gegen die Bürokraten, weil er keine Miete bezahlen will. Dieser kleine Plot ist dazu da, die Geschichte aufzulockern, denn die Haupthandlung ist schon relativ düster.

Die Underground Railroad – das ist ein Begriff aus der Antebellum-Zeit der USA, als über eine solche Trasse Sklaven aus dem Süden in den Norden des Landes gebracht wurden. Der Begriff ist auch hier passend. Die Telepathen sind im Grunde ebenso nur Sklaven des Psi-Corps. Überhaupt wird hier noch einmal klar definiert, wie die Menschen dieses Monstrum Psi-Corps aus Angst vor Telepathen erschufen, aber damit einer Organisation Vorschub leisteten, die weit gefährlicher ist, als jeder Telepath es auf individuelle Weise sein könnte.

Mit den Flüchtigen erfährt man unter anderem mehr über die Machenschaften des Psi-Corps. Experimente, die stärkere Telepathen hervorbringen sollen, erzwungene Ehen mit dem Ziel, noch stärkere Telepathen zu erzeugen, Mord an jenen, die gegen das System aufbegehren. Es hat schon seine Gründe, wieso Bester diese Flüchtlinge am liebsten tot sehen würde. Er kann nicht erlauben, dass weithin bekannt wird, was ihnen widerfahren ist.

Interessant ist, wie die Erkenntnis dieser Underground Railroad auf alle wirkt. Garibaldi ist ein Law-and-Order-Typ, der gemäß dem

Gesetz handelt, auch wenn er deswegen mit jemandem wie Bester zusammenarbeiten muss. Die Dynamik dieser beiden Figuren ist faszinierend, auch in Hinblick darauf, dass Bester sich als einer der Guten zu inszenieren versucht. Garibaldi verdächtigt Ivanova, die Underground Railroad zu leiten. Er liegt falsch, was vielleicht am meisten verwundert. Denn sie hat nun wirklich jeden Grund, das Psi-Corps zu verachten, nicht jedoch Telepathen an sich. Das zeigt sich sehr schön in der letzten Szene, als Talia Ivanov aufsucht. Dass die beiden einen besonderen Draht zueinander haben, konnte man schon in früheren Folgen sehen, hier wird das nochmals zementiert.

Eigentlich hätte *A Race Through Dark Places* vor *Soulmates* ausgestrahlt werden sollen. Die Reihenfolge wurde jedoch vertauscht, da die Bester-Folge noch mehr Arbeit benötigte. Beide Folgen drehen sich um das Psi-Corps; die Wirkung von *Soulmates* mit Matthew Stoners Rückkehr und seinem Versuch, Talia zum Verlassen der Station zu überzeugen, hätte nach *A Race Through Dark Places* aber eine weitere Dimension erhalten. Denn dann müsste man davon ausgehen, dass es Bester war, der Stoner geschickt hat. Am Ende dieser Folge schnappt jener etwas auf, vielleicht, dass Talia nun stärker ist, als sie sein sollte, letztlich jedenfalls etwas, das zu ihrem Untergang führen wird.

Das Skript

Im Drehbuch ist der Teaser ein kleines bisschen länger. Beim Verhör des Telepathen erklärt die ebenfalls anwesende Psi-Cop-Frau, dass der Mann selbst für einen P11 sehr stark sei und man konventionellere Methoden anwenden müsse, um ihn zu brechen. Man hat ihn 72 Stunden lang nicht schlafen lassen.

Besters Ankunft auf B5 ist im Skript etwas länger. Er wird von Talia begrüßt, und zwar telepathisch. Beide unterhalten sich so, bis sie ihn bittet, auf verbal umzusteigen, da sie den ganzen Tag in Verhandlungen mit Außerirdischen gewesen sei und Kopfschmerzen habe.

Nur im Skript ist danach ein kurzer Moment mit einem Lurker, der einem anderen sagt, dass sie nicht mehr lange aushalten. Den Establishing Shot im Korridor wollte man aus *Chrysalis* nehmen.

Die Szene, als Bester mit Sheridan, Garibaldi und Ivanova spricht, ist im Skript ein bisschen länger. Bester erklärt hier noch einmal, dass es die gesetzliche Pflicht des Psi-Corps sei, Telepathen aufzuspüren und dass diese ohne Einwilligung des Corps nicht reisen dürften. Ivanova fügt schnippisch an, welche Wahl gefundene Telepathen denn hätten.

Etwas länger ist im Skript die Szene, als klar wird, dass Talia entführt wurde und dies Bester nicht weiter interessiert. Nachdem er gegangen ist, gibt es einen kurzen Dialog zwischen Garibaldi und Sheridan.

Garibaldi: Jerk doesn't care about anybody but himself and the corps … everyone else is expendable.

Sheridan: All right, Michael, easy … I know you're upset.

Danach empfiehlt Sheridan ihm, nach den toten Schützen zu suchen, wo sie gewohnt haben, wo sie was bezahlt haben, denn Bester hätte durchaus recht damit, dass man so Talia finden könnte.

Als Sheridan auf Dr. Franklin trifft und merkt, dass er die Underground Railroad führt, spricht dieser davon, dass es Relocation Camps für Telepathen gibt, die kaum mehr als Konzentrationslager sind. Im Skript ist der Dialog ein bisschen länger.

Sheridan: Does the government know about this?

Dr. Franklin: Probably. Not that it matters. If they don't it's because they don't want to know. And if they do know, they sure as hell don't want anybody else finding out about it. The Psi corps takes care of the Telepath problem … and they don't care how it's done, as long as it's done. The only reason they get away with it is because these people had no one they could turn to. Until recently.

Etwas länger ist danach das Gespräch mit Talia, die erklärt, dass sie von den Machenschaften des Corps weiß, aber sich nicht offen gegen es stellen kann. Sheridan gefällt nicht, in welche Position er manövriert wurde.

Im Epilog gibt es eine kurze Szene, die nur im Skript existiert: ein Gespräch zwischen Delenn und Sheridan, in dem es darum geht, wie sehr sie den Abend genossen haben. Das wollen sie wiederholen, was auch Delenn gefiele. Sie erklärt, sie sei froh, dass angesichts der Minbari-Erd-Vergangenheit jetzt die Möglichkeit geschaffen wurde, eine vertrauensvolle Beziehung zu beginnen.

Als Sheridan geht, spricht Delenn aber noch mit Kosh.

Delenn: I wish there were another way to do this.

Kosh: He is not yet ready for the truth.

Wertung von Kosh

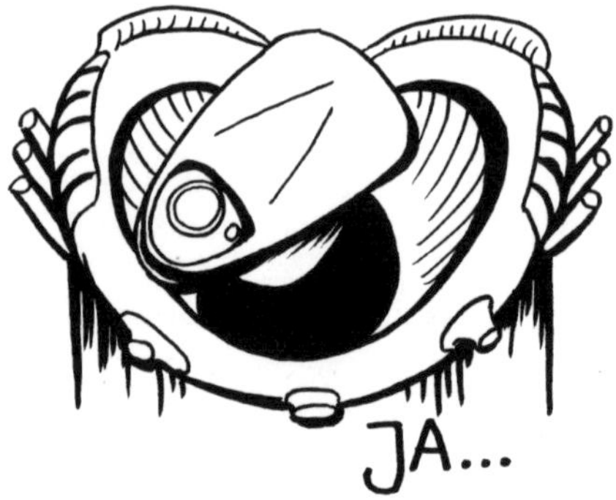

2.09
The Coming of Shadows
(Schatten am Horizont)

US-Erstausstrahlung: 1. Februar 1995
Deutsche Erstausstrahlung: 25. Februar 1996
Regie: Janet Greek
Drehbuch: J. Michael Straczynski

Darsteller: Fredric Lehne (Ranger), Malachi Throne (Centauri Prime Minister), William Forward (Lord Refa), Turhan Bey (Centauri Emperor), Michael O'Hare (Ambassador Jeffrey Sinclair), Neil Bradley (Kha'Mak)

Inhalt

Der Imperator der Centauri steht am Ende seines Lebenswegs und will Babylon 5 besuchen. Das erzürnt G'Kar, der plant, den Imperator zu töten. Doch dazu kommt er gar nicht, weil jener schwer krank ist und zusammenbricht. Das ist für Londo und seinen Verbündeten Refa das Zeichen, zuzuschlagen. Londo lässt Vir Mr. Morden suchen, der dem Botschafter einst angeboten hatte, dass er nur ein Ziel nennen müsse. Das tut er nun auch: die Kolonie der Narn im Quadranten 14. Die Schattenschiffe vernichten die Kolonie, und die Centauri übernehmen sie. Der sterbende Imperator lässt Dr. Franklin eine Botschaft an G'Kar ausrichten: Es tue ihm leid, was sein Volk den Narn angetan habe – er bittet um Vergebung und hofft auf eine Annäherung beider Völker. G'Kar ist hocherfreut und lädt sogar Mollari zu einem Drink ein, nicht ahnend, dass die Kolonie im Quadranten 14 bereits vernichtet wurde.

Als er davon erfährt, will er Londo töten, doch Sheridan hält ihn auf. Der Imperator stirbt, Refas Leute rücken in Positionen der Macht auf, und im Rat von Babylon 5 verkündet G'Kar, dass seine Regierung den Centauri offiziell den Krieg erklärt hat. Derweil bekamen Garibaldi und Delenn Besuch von einem Ranger, der ihnen eine Botschaft von Jeffrey Sinclair übermittelte.

Hintergründe

Als JMS sich daran machte, *The Coming of Shadows* zu schreiben, wusste er, dass dies die Folge sein würde, die knapp anderthalb Jahre an vorherigen Geschichten zu einem Höhepunkt führen würde. Hier zeigte sich, wie sehr die Serie bis zu ihrem logischen Ende konstruiert war, selbst an Kleinigkeiten wie den Rangers. Denn obwohl man hier erstmals einen sieht, ist das nicht der erste Auftritt. Der Ranger erklärt Garibaldi, dass sie seit einigen Monaten die Station beträten. Tatsächlich sind in früheren Folgen Rangers im Hintergrund von Massenszenen im Zocalo zu sehen. Das ist ein Maß an Vorbereitung und Aufbau, der für das Fernsehen der damaligen Zeit außergewöhnlich war. Die kleinen Elemente fügten sich alle zu einem großen Ganzen.

Damit ging auch ein kleiner Gastauftritt von Michael O'Hare einher, der weitestgehend geheim gehalten wurde. Es ist nur eine Videobotschaft, in der er zu sehen ist. Diese wurde nach dem Ende der ersten Staffel in einem Studio in New York, wo O'Hare wohnte, mit einem ganz kleinen Team aufgenommen und unter Verschluss gehalten – bis zu dem Moment, da JMS sie einsetzen konnte. Er wartete auf den richtigen Moment, und er brauchte diese Szene, weil Sinclair derjenige ist, dem Garibaldi glaubt, wenn er für die Ranger bürgt. Zudem war die Szene notwendig, um Sinclairs weitere Geschichte vorzubereiten, die später im Zweiteiler *War Without End* aufgelöst werden sollte.

Vorbereitet wird hier auch die weitere Geschichte von Londo und G'Kar. In der ersten Staffel erzählte Londo Commander Sinclair vom Traum seines Todes, mit G'Kars Händen an seiner Kehle. Hier sieht man das erstmals, wobei überlegt werden musste, wie alt Londo und G'Kar hier sein sollten und wie sich das alles gestalten würde. Neu war, dass G'Kar nur noch ein Auge hat. Für die Umsetzung der Szene weihte JMS Peter Jurasik und Andreas Katsulas ein klein wenig in die weitere Geschichte ein, damit sie verstehen konnten, was in dieser vorausschauenden Szene wirklich passiert. Es ist der Moment, in dem G'Kars und Londos gemeinsame Pfade kulminieren, aber auf eine etwas andere Art als gedacht – weil Londo längst nicht mehr die Fäden in der Hand hält.

Diese Folge ist groß, und das nicht nur wegen des Angriffs der Schatten auf die Kolonie. Aber darüber setzte JMS die für die visuellen Effekte zuständige Abteilung schon früh im Produktionsablauf der Staffel in Kenntnis, weil man viel Zeit brauchte, um die Sequenz zu rendern.

Man sieht aber auch Centauri Prime und noch dazu den Thronraum des Imperators. Da die Serie mit einem Budget von weniger als einer Million Dollar auskommen musste, war Kreativität immer gefragt. Produktionsdesigner John Iacovelli hatte die Idee, hier nicht mit Wänden zu arbeiten, sondern den Thronraum luftiger zu gestalten und mit Wandvorhängen und ähnlichem zu arbeiten. Diese ließen sich leicht und schnell auch in bestehenden anderen Sets anbringen, während ein Set mit Wänden sehr viel teurer und zeitaufwendiger zu bauen war.

Für den Part des Imperators wollte man einen Schauspieler, der Größe und Würde ausstrahlt. Man konnte Turhan Bey (1922-2012) engagieren. Der in Wien geborene Schauspieler kam in den frühen 1940er Jahren in die USA und spielte zuerst häufig exotische Schurken, dann aber auch Hauptrollen wie in *Ali Baba and the Forty Thieves (Ali Baba und die vierzig Räuber,* 1944). Zum Ende der 1940er Jahre war sein Stern jedoch im Sinken begriffen, und so kehrte in seine Heimat zurück, wo er als Modefotograf durchaus erfolgreich war. In den 1990er Jahren nahm er gelegentlich Gastrollen in Serien an. Zweimal war er bei *Babylon 5* dabei, letztmalig in der fünften Staffel, was auch seinen Schwanengesang als Schauspieler darstellt. Bei seinem zweiten Auftritt spielte Bey einen Minbari.

Am Set war er gern gesehen, da er die Crew und Kollegen gerne mit Geschichten aus seiner Zeit in Hollywood unterhielt, auch darüber, mit welchen Stars und Starlets er damals romantisch verkehrte. Im Skript hat die Figur des Imperators keinen Namen, in der Folge ebenfalls nicht. JMS erklärte aber später, dass der Imperator Turhan hieß.

Kommentar

Die Tragödie des Londo Mollari – so hätte man diese imposante Episode auch nennen können. Denn um nichts weniger geht es. Londo hatte bis zu dieser Episode immer die Chance und die Möglichkeit, sich eines Besseren zu besinnen, einen anderen Pfad einzuschlagen. Aber hier überwindet er den Punkt ohne Wiederkehr. Er ist nicht nur an einer Verschwörung beteiligt, den Führer der Centauri-Republik loszuwerden, sondern auch derjenige, der den folgenden Krieg überhaupt erst möglich macht. Die Tragik dieser Figur ist, dass sie um ihre Taten und um die Konsequenzen weiß. Einen Krieg anzuzetteln, endet mindestens im Tod Hunderttausender seiner Landsleute. Aber Ambition steht über allem, die Sehnsucht nach alter Größe, nach Bedeutung, nach einem Vermächtnis.

Dem gegenüber steht Londos Traum. Von den Schattenschiffen, die über ihn hinwegfegen, von seiner Krönung zum Imperator, von dem Moment, da er G'Kars Hände um seine Kehle spürt. Das ist das, was JMS am besten kann: Foreshadowing, das Verweisen künftige Ereignisse. Ein Luxus, den er sich erlauben konnte, weil er wusste, wie sich die die Geschichte entwickeln würde.

Im Rückblick erscheinen historische Ereignisse oftmals so, als hätte es gar keinen anderen Ausgang geben können. Aber der wäre immer möglich gewesen, wenn einzelne oder auch viele anders gehandelt hätten. In *The Coming of Shadows* sieht man, wie alle

Beteiligten von den Ereignissen mitgerissen werden. Aber sie sind die Konsequenz früherer Taten – man denke nur an *Midnight on the Firing Line*, als die Narn aggressiv expandierten und die Centauri sich zurückhalten mussten. Die Narn hatten die Oberhand; nun wird ihnen diese entrissen. Londo hat einen mächtigen Verbündeten, und über ihn haben diesen auch die Centauri. Aber es ist einer, der einer eigenen Agenda folgt. Londo nimmt das wissentlich in Kauf, um seine eigenen Ziele voranzutreiben.

Londo erklärt Vir, dass er keine Wahl habe. Aber die hat er, wie jeder sie hat. Er will die anderen Möglichkeiten nur nicht sehen, er will sich selbst davon überzeugen, dass er so handeln musste, nicht anders handeln konnte. Es ist eine Form von Selbsttäuschung, der man leicht erliegen kann, da sie einen auch von Schuld reinzuwaschen scheint. Wenn man keine andere Wahl hatte, wenn man nur so handeln konnte, dann trägt man auch weniger Verantwortung – so zumindest der das Gewissen beruhigende Gedanke.

Die Spirale von Hass und Gegenhass dreht sich weiter; der eine Mann, der vielleicht die Chance gehabt hätte, ihr Einhalt zu gebieten, ist der Imperator, noch so eine tragische Figur. Er ist jemand, der nie die Wahl hatte, der in seinen Stand und seine Position hineingeboren wurde, der tat, wovon er glaubte, man erwarte es von ihm. Als er eine Entscheidung allein treffen wollte, als er den Narn die Hand reichen und sie um Vergebung bitten wollte, war es bereits zu spät. Er war zu alt, zu schwach, zu krank, und die Intriganten um ihn herum hatten sich bereits in Position gebracht. Die letzte Reise des Imperators war zum Scheitern verurteilt. Und dieses Scheitern stürzt die Galaxie in einen Krieg.

Es ist *The Coming of Shadows,* mit der der die große Geschichte von *Babylon 5* wirklich beginnt. Alles zuvor diente dem Aufbau, dem Legen des Fundaments, der Aussaat. Die Früchte bringt JMS nun ein, und das mit einer extrem intensiven Episode, die verdientermaßen im Jahr 1996 den Hugo Award in der Kategorie ›Best Dramatic Presentation‹ erhielt und damit Konkurrenten wie *Apollo 13 (Apollo 13,* 1995) und *Twelve Monkeys (Twelve Monkeys,* 1995) ausstach.

Sehr schön ist auch das Wiedersehen mit Michael O'Hare, so kurz es hier auch gewesen sein mag. Aber es illustriert, dass JMS an seine Leute denkt, und er hat Sinclair zu einer wichtigen Figur gemacht, wenngleich im Hintergrund.

Das Skript

Im Skript ist das Gespräch zwischen Londo und Vir länger, nachdem Refa gegangen ist. Londo sagt in der Folge zu Vir, dass sie etwas gemeinsam hätten, wenn ihnen dieses Gespräch unangenehm ist. Im Skript erläutert das aber noch etwas mehr.

Londo: I am an old man … what is lost by trying? As the humans say ›who dares, wins.‹

Vir: Who dares sometimes gets his head cut off and stuck on a pike.

Ein interessanter kleiner Dialog, der vorwegnimmt, was Vir später zu Morden sagen wird: dass er eines Tages dessen Kopf auf einer Lanze aufgespießt sehen und ihm zuwinken will.

Aus dem Skript entfernt wurde eine Szene, in der Ivanova und Garibaldi über die Sicherheitsvorkehrungen sprechen. Sheridan macht sich wegen anonymer Drohungen Sorgen. Garibaldi erklärt, dass sie getan hätten, was möglich war, aber nichts und niemand einen Einzeltäter stoppen könne, dem egal sei, ob er den Anschlag überlebe oder nicht.

Im Skript gibt es eine Szene, die tatsächlich in der Folge überflüssig ist. Noch ziemlich am Anfang sieht man, wie der Ranger Delenn den Datenkristall gibt – eine Botschaft von einem alten Freund. Außerdem erkundigt er sich nach den Waffen, und Delenn erwidert, dass sie glaube, sie könne besorgen, was benötigt wird.

Die Szene, in der der Imperator auf Babylon 5 begrüßt wird, ist im Skript etwas länger. Sheridan lässt die Centauri-Hymne spielen. Später erklärt er dem Imperator, dass Kosh sich ihnen beim Empfang vielleicht anschließen würde, aber niemand das wirklich sagen könne. Erweitert ist danach die Szene mit dem Gespräch, das G'Kar mit der Heimat führt. Im Skript gibt ihm Na'Toth Bescheid, dass das kodierte Signal durchkomme. Er befiehlt ihr zu gehen; sie will aber bleiben, weil sie zu wissen glaubt, was er vorhat, und ihre Hilfe brauchen wird.

Das Gespräch zwischen Sheridan und dem Imperator im Sanctuary ist länger. Der Captain fragt, ob das Quartier nicht gut genug wäre, aber das ist nicht das Problem.

Imperator: The accomodations are fine. They lack for only one thing … I cannot see the stars from there. I was told this is a good place to look, to think … to pray. And since I must do all three … here I am. Is the rotunda prepared?

Etwas länger ist im Skript die Szene, als Garibaldi Sheridan und Ivanova von der alten Rasse erzählt, die wieder auf dem Vormarsch ist. Sheridan erzählt, dass man manchmal damit bluffen muss, was man wirklich weiß, wenn es notwendig ist.

Sheridan: I promised G'Kar I'd help him save the lives of his people, and if this is the only way, I'll take it. With luck, it'll help us influence the rest of the conflict.

Ivanova: Why do you think the attacks will continue?

Sheridan: The Centauri have tasted blood for the first time in long while … and they're going to discover they like it too much to stop. Which is why we have to send them a very different kind of message.

Erweitert ist im Skript dann eine Szene im Medlab. Dr. Franklin will, dass Londo und Refa seinen Patienten nicht belästigen, doch Refa erklärt, dass das Wohl des Volks der Centauri zuerst kommt und der Imperator ihm zustimmen würde.

Das Treffen des Rats von Babylon 5 ist ebenfalls länger. Delenn erklärt Londo, dass die Centauri den Rat vor den Angriffen auf die Narn hätten informieren müssen.

Londo: The point of a surprise attack, Delenn, is that no one's supposed to know about it ahead of time.

Später bietet sie Minbari-Schiffe an, um die überlebenden Narn von Quadrant 14 in ihre Heimat zu bringen.

Im Epilog gibt es noch eine Szene mit Ivanova und Sheridan, in der es darum geht, ob der Captain schon Earth Central von dem Ausbruch des Kriegs informiert hat. Sheridan nickt.

Sheridan: They're obviously concerned, but they know it takes time to build up a full-scale interstellar war; both sides have to assign ships, develop strategies, create supply lines … I'll figure we'll have some border skirmishes for the next few months before it builds to total war. With luck, we can negotiate this out before it reaches that stage.

Ivanova: I don't know … this time the Centauri have outside help, and for all we know they could be ready for total war now.

Sheridan: Leave it to you to find the black cloud behind every silver lining, Commander.

Ivanova: That's my job, Sir.

Wertung von Kosh

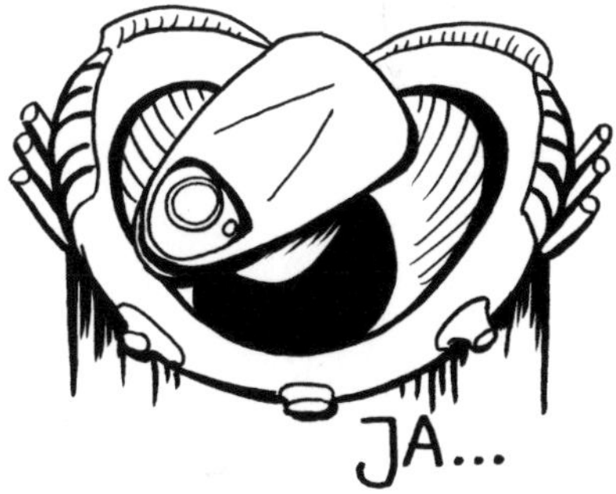

2.10
GROPOS
(Die Schlacht um Matok)

US-Erstausstrahlung: 8. Februar 1995
Deutsche Erstausstrahlung: 3. März 1996
Regie: Jim Johnston
Drehbuch: Larry DiTillio

Darsteller: Paul Winfield (Gen. Richard Franklin), David L. Crowley (Lou Welch), Ryan Cutrona (Sgt. Major Plug), Ken Foree (PFC Large), Morgan Hunter (Pvt. Kleist), Marie Marshall (PFC Elizabeth ›Dodger‹ Durman), Art Chudabala (Pvt. Yang), Josh Coxx (Tech David Corwin), Maggie Egan (Jane / ISN Anchor), Mowava Pryor (Tonia Wallace)

Inhalt

General Richard Franklin kommt mit 25.000 Gropos – Infanterie der Erdstreitkräfte – nach Babylon 5. Offiziell werden die Truppen nach Io verlegt, tatsächlich hat die Erde jedoch zugestimmt, auf einem außerirdischen Planeten bei der Niederschlagung einer Rebellion zu helfen – im Austausch für einen Stützpunkt im Sektor. Mitgebracht hat der General zusätzlich neue Verteidigungswaffen für die Station, die es nun auch mit einem Kriegsschiff aufnehmen kann. Die Soldaten genießen die Auszeit, Dodger hat ein Auge auf Garibaldi geworfen, und Keffer findet neue Freunde.

Derweil sucht Dr. Franklin ein aussöhnendes Gespräch mit seinem Vater. Keine einfache Sache, laufen ihre Gespräche doch immer in eine Richtung, da sie einander gegenseitig verletzen. Aber Ivanova ermutigt den Doktor, weil sie anders als er weiß, worum es bei der kommenden Mission des Generals geht. Die Schlacht um Matok wird von den Gropos siegreich geführt – aber mit hohen Verlusten. Unter ihnen befinden sich auch Garibaldis und Keffers neue Freunde.

Hintergründe

Während der Produktion von *Babylon 5* war Larry DiTillio mit einigen Schauspielern befreundet, darunter Richard Biggs, mit dem er häufig gemeinsam zu Mittag aß. Biggs war es auch, der ihm erzählte, dass sein Vater als Colonel in Vietnam gedient und die Familie immer vor dem Fernseher gesessen und sich Sorgen gemacht hatte, wenn von Kämpfen in Gegenden berichtet wurde, in denen jener sich aufhielt.

Diese Geschichten waren es unter anderem, die DiTillio auf die Idee zu *GROPOS* brachten. Er sprach mit Biggs darüber, da er dessen realen Background für Dr. Franklin nutzen wollte. Biggs war damit einverstanden.

Darum tragen Franklins Schwestern auch die Namen Maria, Celia, Juanita und Kathy – so wie Biggs‘ Schwestern heißen. DiTillio benutzte sogar ein Zitat von Biggs‘ Vater in der Folge. Es ist der Spruch, dass Franklin klug genug sein sollte, das zu tun, was ihm jemand aufträgt – genau das hatte Biggs‘ Vater zu ihm gesagt.
Diese Vater-Sohn-Geschichte war für Biggs darum eine sehr per-

sönliche. Das macht sie so authentisch. Authentisch ist die Folge aber auch in anderer Hinsicht.

Für die Rolle von Dodger heuerte man Marie Marshall an. Sie war die Beste aus einer Reihe von Frauen, die für den Part vorsprachen. Was keiner wusste: Sie war auch die Ex-Freundin von Jerry Doyle. Im Skript gibt es eine Sexszene mit Garibaldi und Dodger, was Doyle unangenehm war, da er zu der Zeit bereits mit Andrea Thompson zusammen war. Er fühlte sich unwohl dabei, Intimitäten mit einer Frau zu spielen, mit der er einmal zusammen gewesen war, auch wenn das in Hinblick auf die Fernsehstandards der 1990er Jahre ohnehin harmlos gewesen wäre. Dennoch: Er sprach mit DiTillio und wollte, dass dieser die Szene änderte. Aber der Autor entschied sich dagegen, weswegen Doyle mehrmals mit JMS sprach, bis dieser nachgab und Garibaldi eine Erklärung auf den Leib schusterte, wieso er nicht mit Dodger in die Kiste springen konnte. DiTillio mochte das nicht, nahm es aber letztlich hin, obwohl er der Meinung war, dass es zur letzten Szene mit Garibaldi und Dodger nicht mehr passte – denn dort ließ der Sicherheitschef durchblicken, dass sie nach ihrer Rückkehr doch noch Sex haben würden.

Für die Rolle des Generals wollte DiTillio am liebsten James Earl Jones. Die Produktion fragte den Schauspieler auch an, aber seine Gagenforderung hätte man nicht erfüllen können, schon gar nicht bei dieser Folge, die angesichts einer Vielzahl von Statisten und Gaststars ohnehin teuer war. Darum wählte man Paul Winfield (1939-2004), der SF-Fans als Captain Terrell in *Star Trek II: The Wrath of Khan (Star Trek II: Der Zorn des Khan,* 1982) bekannt ist. Winfield hatte bereits in einer Reihe anderer Klassiker mitgespielt, verfügte über ein imposantes Auftreten und eine ausdrucksstarke Stimme und brachte genau die Qualitäten ein, die die Rolle des Generals erforderte.

Für den Part des GROPOS Large wollte man eigentlich Tiny Ron, einen großgewachsenen Schauspieler, der meist auf Schurkenparts besetzt wird. Er sprach vor, entschloss sich aber, die Rolle als ständig betrunken anzulegen. Das missfiel DiTillio und den Kollegen, weswegen man sich für einen anderen Schauspieler entschied: Ken Foree. Der Mann wurde mit George A. Romeros *Dawn of the Dead*

(*Zombie,* 1978) bekannt und hat seitdem in einer Vielzahl von Horrorfilmen mitgewirkt.

DiTillio wollte mit dieser Folge der kaum benutzten Figur des Warren Keffer ein bisschen mehr zu tun geben. Er hatte aber das Gefühl, dass Robert Rusler als Schauspieler nicht viel zu bieten hatte – oder vielleicht nicht das richtige Material bekommen hatte. So hatte er eine große Szene für Keffer geschrieben, bei der er eine seiner Kriegsgeschichten zum Besten geben sollte. Aber das Ergebnis überzeugte nicht, weswegen sie sich in der Folge auch nicht wiederfindet.

In dieser Folge sieht man übrigen zum letzten Mal David L. Crowley als Garibaldis rechte Hand Lou Welch. Das war eine Rolle, die wenig später der bereits eingeführte Zack Allan übernehmen sollte.

Kommentar

Der Begriff GROPOS entstammt dem Slang der British Royal Navy für Royal Marines, die so genannten GROund POunderS. Im Kern ist dies natürlich eine für sich stehende Episode, aber sie deutet durchaus auf die größere Geschichte hin. Denn mit dem Narn-Centauri-Krieg sieht die Erde die Zeit gekommen, zu expandieren – wenn auch (noch) friedlich. Indem einer außerirdischen Spezies geholfen wird, erhält man den strategisch wichtigen Zugang zu einem Raumsektor, der nahe bei den Narn und den Centauri liegt. Hier ist Geopolitik am Werk, das aber im interstellaren Maßstab.

Man erfährt in dieser Folge, dass eine stärkere Militarisierung der Erde stattfindet, was auch für Babylon 5 gilt. Zudem sind General Franklins Ressentiments gegen alle Außerirdischen auch ein Indiz dafür, wie die generelle Meinung zuhause ist. Das sind alles eher Nebensächlichkeiten in dieser Folge, aber sie tragen dazu bei, das größere Bild auszuschmücken.

In erster Linie geht es in dieser Episode jedoch um Väter und Söhne. Oder besser gesagt: um die Franklins. Die Folge wurde nicht von JMS geschrieben, das Thema ist aber eines, das ihn immer beschäftigt hat. Er hat vielen seiner Figuren in der Serie starke Vaterfiguren gegeben. Das Spektrum reicht dabei von total zerrütteten Beziehungen bis hin zu idealisierten Vater-Sohn-Verbindungen, ein

Themenbereich, der JMS immer umtrieb, weil er selbst eine extrem schlechte Beziehung zu seinem Vater hat. In seiner Autobiographie *Becoming Superman* erzählt er ausgiebig, wie sein Vater ihn behandelte und wie er letztlich mit diesem und seiner ganzen Familie brach.

Die Figuren in *Babylon 5* mögen schlechte Beziehungen zu ihren Vätern haben, aber keine ist so wie die von JMS zu seinem Erzeuger. General Franklin ist ein Karriere-Militär, hart und streng. Sheridans Vater ist jemand, der den Sohn mit einem moralischen Kompass und strengen Prinzipien ausgestattet hat. Ivanovas Vater ist jemand, der in der Trauer um seine Frau die Tochter vernachlässigte. Garibaldis Vater war ein herausragender Soldat, an den sich sein Sohn gerne erinnert.

Der emotionale Kern dieser Folge ist darum das, was zwischen den Franklins passiert. Zugleich zeigt die Folge aber auch den Preis des Krieges. Man lernt die GROPOS hier kennen und findet sie – wie Garibaldi und Keffer – sympathisch. Umso härter trifft jeden das Ende, wenn die Verlustlisten auf Babylon 5 eintreffen. Die Mienen von Jerry Doyle und Robert Rusler hätten schon gereicht, um zu wissen, dass ihre Freunde gefallen sind. Die Folge selbst zeigt es uns aber noch, bevor sie mit einer stillen Note endet.

Das Skript

Eine Szene, die nur im Skript vorhanden ist, ist die erste Begegnung der Franklins in dieser Folge. Dr. Franklin behandelt gerade einen Minbari, als sein Vater auftaucht. Er sieht ihn nicht, hört ihn jedoch gleich.

General Franklin: Attention!

Dr. Franklin zuckt zusammen, dreht sich um, bereit zu salutieren, und sieht seinen Vater. Danach fehlt Sheridans Ankunft im C&C. Das ist in der Folge kombiniert mit der Szene, in der General Franklin erklärt, wieso die Erde sich entschieden hat, den Sh'lassans zu helfen, die Rebellion niederzuschlagen.

Das Gespräch zwischen Dr. Franklin und Ivanova, in dem er erklärt, wie es mit seinem Vater war, ist im Skript etwas länger. In der Folge erklärt er, dass sein Vater und er wieder miteinander zu reden begonnen hätten, als er sich der Earthforce angeschlossen habe. Im Skript wird dann klarer, wieso sie einander danach wieder nur angeschwiegen haben.

Dr. Franklin: Then I destroyed my research rather than let Earthforce use it to develop biogenic weapons against the Minbari. The General kept me from being court-martialed but made it clear I'd let him down.

Im Skript ist die Szene mit Delenn im Zocalo länger. Hier wird beschrieben, wie sie von allen angestarrt wird. Etwas länger ist auch der Moment, da die GROPOS, die sich geprügelt haben, wieder auf freien Fuß gesetzt werden. Laut Skript hätte man noch sehen sollen, wie sie sich die Hände schütteln. Länger ist ebenso die Szene, als Welch Garibaldi erklärt, dass er sich um alles kümmern werde und er nur mit Dodger mitgehen solle. Als beide gehen, hört man schon wieder Lärm von einer Schlägerei.

Die Szene in der Bar, als Large seine Kriegsgeschichten erzählt, ist länger. Denn auch Keffer sollte eine erzählen.

Keffer: Sure. I'll never forget the first time. We intercepted some Raider ships outside the Orion belt. They came at us so fast, I couldn't even think. I was sure I was going to get scragged any minute, so I just started firing. And then all of a sudden it was over. We'd gotten them all.

Die Szene endet damit, dass General Franklin Reparationen für die Schäden anbietet. Sheridan fragt Garibaldi, wer die Schlägerei begonnen habe. Er sagt, er glaube, es seien ein paar Händler gewesen.

Etwas länger ist im Skript noch die Szene mit dem Bericht von ISN. Hier wird General Franklin interviewt. Nur im Skript hört man diesen sagen, dass er glaube, die Verluste beliefen sich auf 60 Prozent.

Wertung von Kosh

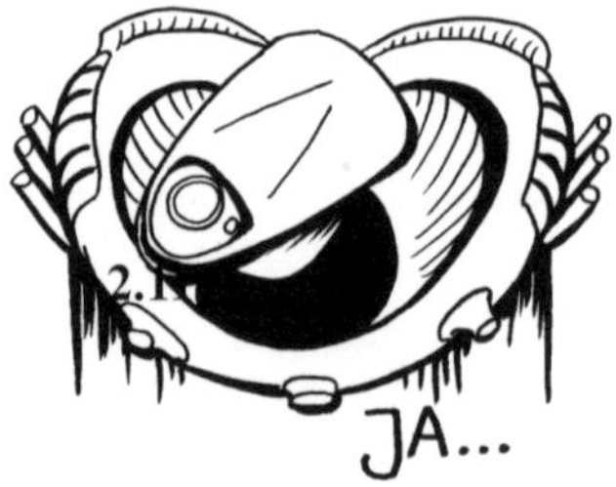

All Alone in the Night
(Alarm in Sektor 92)

US-Erstausstrahlung: 15. Februar 1995
Deutsche Erstausstrahlung: 10. März 1996
Regie: Mario DiLeo
Drehbuch: J. Michael Straczynski

Darsteller: Nick Corri (Lt. Ramirez), Marshall R. Teague (Ta'Lon), Robin Sachs (Hedronn), John Vickery (Neroon), Robert Foxworth (General William Hague), Josh Coxx (Tech David Corwin)

Inhalt

Delenn muss sich dem Grauen Rat stellen und erfahren, dass sie längst ersetzt worden ist – durch Neroon, ein Mitglied der Kriegerkaste. Damit ist das Gleichgewicht im Rat aus dem Lot geraten, da es drei Mitglieder jeder Kaste sein sollten, nun aber die Kriegerkaste vier Mitglieder im Grauen Rat hat. Man erlaubt Delenn jedoch, weiterhin Botschafterin auf Babylon 5 zu bleiben.

Sheridan unternimmt eine Patrouille mit zwei weiteren Starfury-Piloten. Unerwartet werden sie angegriffen. Eine Starfury wird vernichtet, eine kann entkommen. Sheridan wiederum wird von den Streib gefangen genommen und verschiedenen Tests unterzogen. Er muss mit anderen kämpfen. Derweil ist General Hague auf Babylon 5 angekommen, der die Agamemnon mitgebracht hat. Mit ihr spürt man Sheridan auf und schafft es auch, ihn zu retten. Hague spricht daraufhin mit Sheridan. Vieles zuhause liegt nach Präsident Santiagos Tod im Argen, eine kleine Gruppe von Patrioten beginnt jedoch, sich dagegen zu stellen. Sheridan weiht Garibaldi, Franklin und Ivanova ein, die bereit sind, ihn zu unterstützen.

Hintergründe

Eines gleich vorweg: Die Außerirdischen, die andere Wesen entführen, heißen nicht ohne Grund Streib. JMS benannte sie nach Whitney Strieber, dem Schriftsteller, der in verschiedenen seiner Arbeiten Entführungen durch Außerirdische thematisierte.
Das Ziel von *All Alone in the Night* war es, den Sender und das

Studio glücklich zu machen. Beide sind glücklich, wenn es handfeste Action gibt, etwas, das in den letzten Folgen zu kurz kam. Hier kann man Sheridan aber im Kampf mit einem Drazi und mit einem Narn sehen. Das erlaubte es auch Bruce Boxleitner, etwas physischer zu werden. Klassischer Kampf Mann gegen Mann – das liebt man einfach. Es ist also verständlich, dass JMS das hier einbaute. Aber es ist eben auch nur ein Vehikel, da die eigentlichen Geschichten dieser Folge weitaus interessanter sind.

Der Plot um Delenn funktioniert so gut, weil JMS in Betracht zog, woher Mira Furlan kam – aus dem vom Krieg zerrissenen Ex-Jugoslawien. Delenn findet sich nun wieder mitten in einem Krieg, noch dazu in einem, der das Zeug hat, zum Bürgerkrieg zu werden. Zumindest, wenn man Minbari und Menschen als verwandte Spezies begreift.

JMS hat viel vorausgeplant, aber manche Dinge ergaben sich auch. Er sah Lennier immer als eine Art Ritter in Ausbildung an. Und dieser Ritter bringt seiner Dame Delenn große Sympathie entgegen, wenn nicht gar mehr. Aber was, wenn mehr daraus wird? Es ist eine feine Linie hin zur romantischen Liebe, und die wird es sein, der Lennier verfallen wird. Aber wenn man Delenn als Guinevere sieht und Sheridan als Arthur, dann würde das Lennier zu Lancelot machen, zu einer tragischen Figur, wie sich später zeigt. Das Fundament dafür wurde hier gelegt und ergab sich aus dem Moment heraus.

Wichtig waren ebenso die Szenen mit General Hague, weil JMS hier die große Handlung vorantreiben und Sheridan neu definieren konnte. Denn er kam auch mit einer Geheimmission nach Babylon 5 – um zu evaluieren, ob seine Führungscrew auf Hagues und seiner Seite stehen würde oder nicht.

Während der Gefangenschaft von Sheridan hat dieser eine Vision, die auf vieles hindeutet, was später noch passieren wird. Auf Basis dieser Folge kann man das nicht wirklich aufdröseln; erst, wenn man alles kennt, nimmt die Vision an Bedeutung zu. JMS deutet hier Ivanovas latente Telepathie an, aber auch, dass Sheridan später Telepathen im Schattenkrieg einsetzen wird. Besonders wichtig war JMS jedoch der Moment, als Sheridan auf der Brücke steht und auf sich selbst hinabblickt, während der andere Sheridan nach oben schaut. Die Szene wird in *Sleeping in Light* praktisch wiederholt.

JMS verstand diesen Moment so, dass er illustriert, wie ein Mensch sich entwickelt, wie er auf sein vergangenes Ich blickt und erkennt, wie die Entscheidungen dieser vergangenen Version ihn zu dem gemacht haben, der er ist. Aber die Szene veranschaulicht auch, wie jemand in die Zukunft blickt, auf den Menschen, der er werden möchte oder, wenn es schlecht läuft, zu werden befürchtet.

In dieser Folge taucht erstmals Marshall Teague als Narn Ta'Lon auf. Zuvor war er Nelson Drake in *Infection,* danach taucht er noch viermal in der dritten und fünften Staffel auf. Der 1953 geborene Schauspieler war in mehr als 130 Filmen und Serien dabei.

Amüsant ist, dass der Starfury-Pilot Ramirez von Nick Corri gespielt wird. Dieser war *in A Nightmare on Elm Street (Nightmare – Mörderische Träume,* 1984) dabei, während Robert Rusler, der ebenfalls einen Starfury-Piloten spielt, im zweiten Teil der Freddy-Krueger-Filmreihe mitwirkte. Man muss wohl dem Traumdämon begegnet sein, um für eine Starfury gewappnet zu sein.

Kommentar

All Alone in the Night ist eine eher merkwürdige Folge. Sie treibt in Hinblick auf die große Geschichte vieles voran, aber sie wirkt dennoch reichlich losgelöst. Das liegt an den Streib, die hier eher wie ein Mechanismus wirken, um irgendeine Form von Action oder Spannung in die Geschichte zu bringen, aber keinen wirklichen Zweck erfüllen. Denn weitaus spannender ist, was ansonsten passiert.

Man hat bereits in *GROPOS* gesehen, dass Delenn von Menschen wegen ihres Aussehens angegriffen wurde. Nun zeigt sich, dass die Minbari nicht sehr viel weiter sind. Sie attackieren Delenn nicht, sehen nach ihrer Transformation aber eine Ausgestoßene in ihr, die zu keiner Spezies wirklich dazugehört. Zudem wird das Gleichgewicht im Grauen Rat verschoben, was im Verlauf der Serie noch Bedeutung haben wird.

Am interessantesten ist aber die Ankunft von General Hague. Mehr als je zuvor zeigt sich, dass es in den Erdstreitkräften eine Bewegung des Widerstands gibt, aufrechte Männer und Frauen, die wissen, dass Santiago ermordet wurde und Clark durch einen Putsch ins Amt kam. Faszinierend ist, dass Sheridan von Clark als

Commander von Babylon 5 ausgesucht wurde, weil er auf dem Papier wie ein Hardliner aussieht. Aber die Wahrheit könnte nicht weiter entfernt sein, wie schon der Kampf gegen den Narn auf dem Schiff der Streib zeigt.

Es ist der Beginn des Widerstands, der hier gezeigt wird, noch klein und unscheinbar, klandestin, sehr diskret. Erste Gespräche erfolgen, erste Übereinkünfte und erste Entscheidungen werden getroffen. Dies ist der Moment in der Serie, in der das Schicksal von Babylon 5 und allen auf der Station definiert wird.

Das macht *All Alone in the Night* zu einer wichtigen Folge. Und dennoch: Sie überzeugt eben nicht auf ganzer Linie. Keine Frage, sie ist unterhaltsam und hat eine Menge dramatisches Potenzial; die verschiedenen Elemente gehen aber nicht Hand in Hand.

Das Skript

Auf dem Weg vom Drehbuch zur fertigen Folge gab es nur zwei Änderungen – eine Szene, die komplett entfernt wurde, und eine andere, die im Skript länger ist. Sie kommen beide kurz vor dem Ende. Delenn spricht mit Ivanova und erkundigt sich, wie es Sheridan geht. Sie erklärt ihr auch, dass sie sich künftig stärker involvieren wird.

Delenn: It was my honor to do so. Lately, I have been thinking that I must become more involved in things here. I suppose it is because the last time I tried, I was too late. I knew that Sinclair was to be sent to my world, and went to him, told him that we had little time. But I had waited too long. I do not intend to be late again.

Danach sieht sie Lennier, der ihr kurz zuvor geschworen hatte, sein Leben lang an ihrer Seite zu bleiben.

Delenn: For as long as you live?
Lennier: For as long as I live.

Die Szene mit Sheridan und Dr. Franklin am Ende ist länger. Der Doktor ist nicht erfreut, dass Sheridan das Bett schon verlassen hat.

Dr. Franklin: Captain! I gave you strict orders to stay in … never mind. You people never listen, none of you.

Die Szene ist im Skript noch etwas länger. Sheridan fragt sich, wo die Fairness im Leben bleibe, wieso er lebe und der Starfury-Pilot Ramirez sterben musste.

Dr. Franklin: No, it's not. Death never is. I did everything I could and it didn't make a damn bit of difference. I couldn't save him. Sometimes it's just your time. I guess I've always had a hard time accepting that. At least he didn't die for nothing. I guess that counts for something.

Sheridan: I guess it has to, doesn't it?

Wertung von Kosh

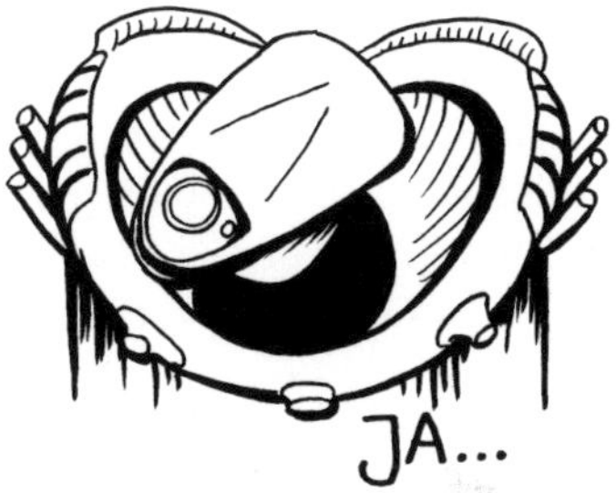

2.12
Acts of Sacrifice
(Auf dem Pulverfass)

US-Erstausstrahlung: 22. Februar 1995
Deutsche Erstausstrahlung: 17. März 1996
Regie: Jim Johnston
Drehbuch: J. Michael Straczynski

Darsteller: Paul Williams (Taq), Glenn Morshower (Franke), Ian Abercrombie (Correlilmurzon), Kat Cressida (Kat), Josh Coxx (Tech David Corwin)

Inhalt

Sheridan trägt Ivanova auf, mit Correlilmurzon zu sprechen, dem Vertreter der Lumati, mit denen die Erde noch keine nennenswerten Kontakte pflegt, und ein Abkommen auszuhandeln. Das ist leichter gesagt als getan, weil Correlilmurzons Volk die meisten anderen Außerirdischen als minderwertig betrachtet. Ohne dass sie es eigentlich plant, beeindruckt Ivanova den Außerirdischen jedoch, als dieser sieht, wie die unerwünschten Subjekte der eigenen Menschenspezies in den unteren Bereichen der Station von den anderen abgeschottet werden.

Derweil kommt es auf der Station immer wieder zu Konflikten zwischen Narn und Centauri. G'Kar versucht im Gespräch mit Sheridan und Delenn, die Menschen und die Minbari auf die Seite der Narn zu ziehen, deren Regierungen wollen sich aber nicht involvieren. Delenn und Sheridan möchten allerdings inoffiziell helfen – indem Narn-Zivilisten aus dem Kriegsgebiet gebracht und Hilfsgüter offeriert werden. Das ist weit weniger, als G'Kar erhoffte, der unter hohem Einsatz dafür sorgt, dass die Narn die Centauri auf der Station nicht angreifen. Londo ist derweil beliebt – jeder bittet um einen Gefallen. Aber einen echten Freund hat er nicht, außer – vielleicht – Garibaldi.

Hintergründe

Ein Autor lebt nicht im luftleeren Raum – er zieht Inspiration aus allem um ihn herum. So auch JMS. Der Krieg in Ex-Jugoslawien, ebenso der Genozid in Ruanda, waren im Jahr 1994 noch frisch und wirkten nach. Unter diesen Eindrücken schrieb JMS das Skript zu *Arts of Sacrifice.* Bei beiden Konflikten dauerte es zu lange, bis andere Nationen eingriffen. Es gab immer einen Grund, es nicht zu tun. Hier ist das ähnlich. Die Narn stehen allein da, weil die Erde und Minbar sich zurückhalten. Sie werden aber auch deshalb alleingelassen, weil sie mit ihrem Gebaren jeden dazu gebracht haben, nun zur Seite schauen zu können.

Der Konflikt zwischen Centauri und Narn resultiert aus hundert Jahren des Hasses, der stets erneut mit Hass vergolten wird. Es ist ein Kreislauf der Gewalt, der Eskalation, der nur dann durchbrochen werden kann, wenn eine Seite einen Schlag hinnimmt und nicht auf Vergeltung pocht, sondern den Versuch unternimmt, etwas zu verändern. Aber die Narn sind dazu nicht bereit, und die Centauri haben es nicht nötig.

Für JMS ging mit dieser Folge ein kleiner Traum in Erfüllung. Er konnte Paul Williams, den Schauspieler und Komponisten, in einer Rolle einsetzen. Als er hörte, dass Williams am Part des Taq interessiert war, machte er sofort ein Angebot. Warner war auch zufrieden. Immerhin hatte man einen namhaften Gaststar. Aber dass dieser unter dem Make-up gar nicht zu erkennen war, war für das Studio nicht nachvollziehbar. Man schickte JMS entsprechende Memos. Im Grunde hatte man recht. Wenn man schon einen Star hat, dann versteckt man ihn nicht.

JMS konnte dennoch zum Fanboy werden. Er ließ sich von Williams den Soundtrack von *Phantom of the Paradise (Das Phantom im Paradies,* 1974) signieren. Williams hatte 1977 den Oscar für den besten Originalsong für den Film *A Star is Born (A Star is Born,* 1976) gewonnen. Mehrfach war der 1940 geborene Künstler oscarnominiert.

Die Geschichte mit den Lumati ist natürlich vor allem witzig. Ihre Politik, sich nicht in die Evolution anderer Spezies einzumischen, auch wenn das bedeutet, sie sterben zu lassen, erscheint hier inhuman und arrogant. Amüsanterweise korreliert sie mit der Hauptdirektive der Sternenflotte in *Star Trek*, wenngleich man dort durchaus versucht, Planeten zu retten, wenn sie von der Vernichtung bedroht sind, nur merken darf es keiner. Die Lumati spiegeln mit ihrem Mindset zudem ein klein wenig die Schatten wider. Nicht mit der Nichteinmischung, wohl aber mit dem Glauben an höher- und minderwertige Spezies. Die Schatten propagieren Evolution durch Konflikt, ein darwinistischer Ansatz, der vorsieht, dass die Starken überleben, dass der Konflikt aber auch die Entwicklung vorantreibt. Die Inspiration hierfür fand JMS bei dem deutschen Philosophen George Wilhelm Friedrich Hegel (1770-1831), der argumentierte, dass der Krieg eine Notwendigkeit für einen gesunden Staatskörper sei, da es die Zeiten solcher Konflikte sind, die die Gesellschaft revitalisieren und voranbringen.

Kommentar

Die Geschichte mit den Lumati ist natürlich vor allem auf den Humor ausgerichtet und soll einen Kontrapunkt zur düsteren Haupthandlung bilden. Man denke nur daran, wie Ivanova Sex mit dem Außerirdischen hat, da dieser keine Ahnung hat, wie das wirklich aussieht. Also führt sie ihm eine Scharade vor. Aber es gibt durchaus einen ernsten Hintergrund bei diesem Plot. Er ist eine Reaktion auf die amerikanische Politik aus dem rechten Lager. Als der Lumati erklärt, wie clever die Menschen sind, dass sie die Minderwertigen ihres eigenen Genpools aus diesem entfernen, die Vermehrung vermindern und zugleich eine Arbeitskraft erschaffen haben, die sich nicht wehren kann, ist der Außerirdische voll des Lobs – und Ivanova erkennt, was unwillentlich hier wirklich passiert ist. In Downbelow, wo die Ungewollten leben, ist es genauso, wie der Lumati es beschrieben hat.

Noch weit ernster und tragischer ist jedoch die Geschichte mit G'Kar. Die Narn gaben sich in der Vergangenheit aggressiv und von ihrer eigenen Stärke überzeugt. Sie forderten die Centauri mehrmals heraus und obsiegten. Aber nun stehen sie auf verlorenem Posten, weil die Centauri mächtige Unterstützung haben, während die Zahl der Freunde der Narn fast gegen Null geht. Die anderen großen Machtblöcke halten sich zurück – in bester Realpolitik. Was bleibt, ist ein wenig humanitäre Hilfe, und diese nur unter absoluter Diskretion. Als G'Kar das erfährt und auf den Gang hinaustritt, lacht er hysterisch und weint dann. Er ist ein verzweifelter Mann, der erkennen muss, dass seine eigenen großspurigen und aggressiven Reden es erschwert haben, überhaupt Hilfe zu finden.

Auf der anderen Seite steht Londo. Er ist ein Mann, dem mittlerweile jeder in den Hintern kriecht und um eine Gefälligkeit buhlt. Alle anderen fürchten ihn, weil man nicht weiß, was er und die Centauri als nächstes machen werden. Londo Mollari war nie einsamer als hier. Die Szene, als er in der leeren Bar sitzt und immer noch darauf hofft, dass Garibaldi vorbeikommt, ist von immenser Traurigkeit. Londo beginnt zu verstehen, welchen Preis er für seine Ambitionen zu zahlen hat. Die Tage der Freude sind vorbei.

Das Skript

Auf dem Weg zur fertigen Episode machte das Skript ein paar Veränderungen durch. Insgesamt vier Szenen sind im Skript länger, die erste ist Szene 12 in Sheridans Büro. Es ist die Szene, als G'Kar von den Kriegsverbrechen der Centauri berichtet und um Hilfe ersucht. Nachdem er gegangen ist, geht es noch darum, dass die Narn so ziemlich jeden verprellt haben.

Dr. Franklin: You know Earth will say no. The Narns have burned too many bridges.

Garibaldi: Agreed. There are a lot of folks just waiting to see the Narns get taken down a peg or two.

Sheridan: So we have to find some way to finesse this, intervene on the behalf of civilians without it looking as if Earth is taking sides.

Dr. Franklin: Funny … When it comes to stopping people from murdering each other, I didn't know there were two sides.

Die erste Szene des dritten Akts ist länger. Dr. Franklin erklärt, dass der Centauri wahrscheinlich von einem Narn getötet wurde, er kann es aber nicht sicher beweisen. Garibaldi fragt, ob Franklin bestimmen könnte, welcher Narn der Täter ist – ausgehend von den durch den Griff verursachten blauen Flecken. Franklin erklärt, dass Narn keine Fingerabdrücke haben und dass ihre DNS schwerer zu isolieren ist.

Kurz darauf folgt die Szene, in der Sheridan mit Franke spricht und dieser ihm erklärt, dass die Erde sich nicht involvieren wird. Franke erklärt dabei, dass es Umfragen gab, die zeigen, dass die Menschen eine militärische Intervention ablehnen. Sheridan drängt auf humanitäre Hilfe und Schiffe, die Zivilisten aus dem Kriegsgebiet retten, aber nicht militärisch eingreifen.

Franke: That's a fine distinction; I don't think the average person will be able to follow it. Besides, once our ships are in the area, they risk being hit. Now, I'm not saying we should do nothing; we can file a grievance with the Centauri embassy, make them aware that we know what's going on …

Sheridan: Yes, well, that'll certainly scare the hell out of them. With luck, they'll get a paper cut when they open the envelope.

Die letzte veränderte Szene im Skript findet in Delenns Quartier statt. Delenn und Sheridan erkennen, dass ihre jeweiligen Regierungen nichts tun werden. Im Skript ist die Szene etwas länger. Die beiden sprechen noch darüber, mit welchen Geldern, die sie aus ihren Budgets entnehmen könnten, ihre Hilfsmaßnahmen umsetzbar wären.

Wertung von Kosh

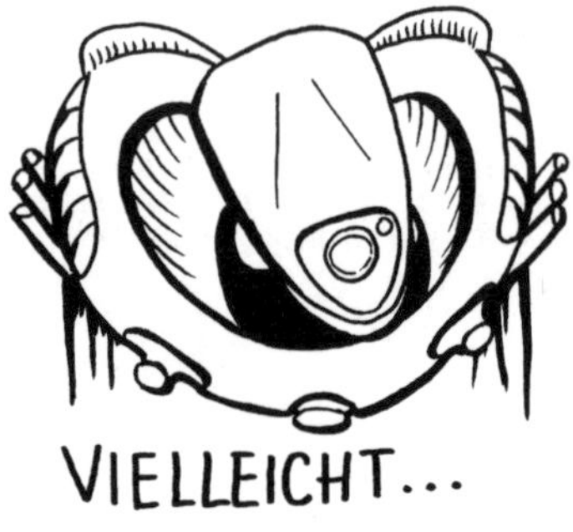

2.13
Hunter, Prey
(Der Arzt des Präsidenten)

US-Erstausstrahlung: 1. März 1995
Deutsche Erstausstrahlung: 24. März 1996
Regie: Menachem Binetski
Drehbuch: J. Michael Straczynski

Darsteller: Bernie Casey (Derek Cranston), Wanda De Jesus (Sarah), Tony Steedman (Dr. Everett Jacobs), Richard Moll (Max), Josh Coxx (Tech David Corwin)

Inhalt
Derek Cranston vom Geheimdienst kommt nach Babylon 5. Er fordert die Hilfe von Sheridan und seiner Crew an, da ein gesuchter

Mann auf die Station geflohen sein soll. Er ist Träger von Geheimnissen, die die Erdregierung stürzen könnten. Kurz darauf erhält Sheridan eine Nachricht von General Hague. Der gesuchte Mann ist Dr. Everett Jacobs, Leibarzt des verstorbenen Präsidenten, der beweisen kann, dass der jetzige Präsident Clark nicht krank war, als er beschloss, Earthforce One nicht zu besteigen – ein klares Indiz für einen Mordanschlag auf den Präsidenten Santiago. Nun müssen Sheridan und seine Leute alles daransetzen, den Mann und seine Informationen zu schützen. Doch die Schlinge zieht sich immer enger um seinen Hals. Sheridan muss Kosh um Hilfe bitten, nachdem er bereits mit ihm geredet hatte, da dieser ihm zuvor im Traum erschienen ist.

Hintergründe

Babylon 5 war eine der ersten Serien, die in großem Maß auf CGI zurückgegriffen hat. Das funktionierte teils besser, teils schlechter. Die Szene am Anfang, als Ivanova und Sheridan Koshs Schiff ansehen, gehört in die Kategorie ›teils schlechter‹. Es wurde vor Green Screen gedreht, und das sieht man. Die Szenerie lässt Tiefe vermissen, das Schiff wirkt flach, und der Kontrast zu den Menschen davor ist hart.

Aber nicht nur das störte JMS an der fertigen Folge. Im Grunde hat er sich später selbst gescholten, dass die Geschichte viel zu konventionell ist, was ganz allein seine eigene Schuld ist. Er hatte versucht, die Entwicklungen auf der Erde auf die Station zu bringen. Denn Szenen auf der Erde standen wegen des Budgets außer Frage. Also kam er auf die Idee, jemanden von der Erde fliehen und nach Babylon 5 kommen zu lassen. Das ist ein cleverer Schachzug, weil er so illustrieren konnte, wie das Clark-Regime auf der Erde ein immer strafferes Regiment führt und die eigenen Machtbefugnisse ausbaut. Zugleich konnte er aber auch zeigen, wie die Protagonisten auf der Station dessen immer mehr gewahr werden.

Wichtiger ist allerdings Kosh. Nicht nur erfährt man hier mehr über sein Schiff – nämlich, dass es organisch ist –, sondern man sieht den Botschafter zudem in größerer Kapazität. Dabei hatte die Produktion ein Problem, das sich schon in der ersten Staffel zeigte. Der Eindämmungsanzug von Kosh war so breit, dass er nicht durch die Türen der Station passte. Er hätte seitlich hindurchrutschen müsse, was nicht sehr elegant aussieht. Darum sieht man Kosh nie dabei, wie er einen Raum betritt oder verlässt, sondern immer nur, wie er auf einen zugeht.

Bei den Dreharbeiten litt Jerry Doyle an einer Grippe. Krankmelden war aber nicht drin. Der Drehplan war eng getaktet, und Doyle hatte einige Szenen mit Richard Biggs. Er warf also massenweise Medikamente ein, um den Drehtag durchzustehen.

Für die Folge konnte man ein paar namhaftere Schauspieler verpflichten. Bernie Casey (1939-2017) spielt den Geheimdienstoffizier; seine Darstellung ist jedoch etwas eigensinnig oder merkwürdig. Er hat einen eigentümlichen Sprachduktus gewählt. Casey war vor allem ein Charakterdarsteller, Science-Fiction-Fans kennen ihn aber auch aus *The Man Who Fell to Earth (Der Mann, der vom Himmel fiel,* 1976) und der Miniserie *The Martian Chronicles (Die Marschroniken,* 1980). Außerdem war er Felix Leiter im inoffiziellen James-Bond-Film *Never Say Never (Sag niemals nie,* 1983).

Der hünenhafte Richard Moll, der hier einer der Lurker in Downbelow ist, wurde 1943 geboren und als Gerichtsdiener in der Sitcom *Night Court (Harrys wundersames Strafgericht,* 1984-1992) bekannt. Mit seinen 2,03 Metern wurde er danach gerne in Schurkenrollen eingesetzt.

Mehrmals in der Serie ist Josh Coxx als Tech David Corwin dabei. Eine wiederkehrende Figur sollte er dabei nie sein. In den Drehbüchern heißt es immer nur ›Tech 1‹, da dies ein Bit-Part war, der einfach mit jedem Schauspieler besetzt werden konnte, aber man griff häufig auf Coxx zurück, weil er angenehm ihm Umgang und gut in der kleinen Rolle war. Von verschiedenen Seiten wurde JMS darum gedrängt, der Figur einen Namen zu geben. Er schob das immer wieder auf, bis Claudia Christian ihn am Parkplatz abpasste und verlangte, dass er jetzt einen Namen nennen solle. JMS wählte Corwin, weil er an seinen Freund, den Autor Norman Corwin, dachte. Christian forderte auch einen Vornamen, woraufhin JMS entgegnete: »Es ist eine Teilzeitrolle, also hat er auch einen Teilzeitnamen. Wenn er mehr zu tun bekommt, kriegt er auch einen Vornamen.« Später bekam er den auch: David.

Kommentar

Dies ist einer der seltenen Fälle einer Episode, bei der es nur einen Plot gibt. Schon aufgrund der Menge an Figuren sind die Folgen zumeist in verschiedene A- und B-, manchmal sogar C-Plots aufgeteilt, in *Hunter, Prey* ruht die Konzentration jedoch auf einem Handlungsbogen. Der ist auch von immenser Bedeutung, da man mehr über die Zustände zuhause herausfindet. Als Sheridan und seine Leute von der Suche nach dem Mann unterrichtet werden, erfahren sie, dass der Befehl ausgegeben wurde, diesen bereits bei geringster Gegenwehr zu erschießen. Tot oder lebendig, aber bevorzugt tot, ist hier die Lesart. Das überrascht Sheridan und Co., denn das ist gleichbedeutend mit der Todesstrafe, die es auf der Erde nur innerhalb des Militärs für Meuterei oder Hochverrat gibt. Allein das macht die Hauptfiguren auf Babylon 5 schon hellhörig.

Kompliziert wird die Handlung, weil Sheridan zu spät von der Wichtigkeit des Arztes unterrichtet wird. Wäre dies früher geschehen, hätte er effektiver helfen können. So muss Garibaldi seinen eigenen Leuten immer einen Schritt voraus sein. Das bringt ein klitzekleines bisschen Humor in die Handlung ein, nämlich dann, wenn man sieht, wie sich Garibaldi für die inoffiziellen Ermittlungen tarnt. Er trägt zivile Kleidung und setzt einen Hut auf, der auch in klassischen Krimifilmen gang und gäbe ist.

Zack Allan tritt hier erstmals ein klein wenig mehr in den Vordergrund. Er erweist sich als fähig, aber auch eifrig – JMS deutet hier schon an, wohin Zacks Weg gehen wird, weil er nur zu gerne bereit ist, zu glauben, was man ihm sagt, wenngleich er im richtigen Moment dann doch noch die Seiten wechseln wird.

Die Jagd auf den Doktor illustriert zudem sehr schön, wie groß die Station eigentlich ist. Sie ist ja nicht nur fünf Meilen lang, sondern hat auch einen immensen Durchmesser und allerhand Sektionen, in denen man leicht verschwinden kann.

Das wohl wichtigste Element dieser Folge ist aber der Beginn der Verbindung von Kosh mit Sheridan. Der Vorlone hat nur geringes Interesse für Sinclair gezeigt, vielleicht, weil er bereits wusste, wie es um dessen Schicksal beschieden sein würde. Aber an Sheridan ist er deutlich mehr interessiert. Der Captain sagt es selbst. Seit er an Bord ist, ist Kosh sogar häufig bei den Sitzungen des Rats dabei. Er spricht jedoch weiterhin in Rätseln und hält so das Mysterium um seinen Charakter aufrecht. Man erfährt aber, dass Sheridans Traum in *All Alone in the Night*, in der er auch Kosh sah, in Hinblick auf den Vorlonen bedeutungsvoll war – und noch sein wird. Denn dieser wird für Sheridan lebensbedrohliche Risiken eingehen.

Sheridan wiederum fragt sich, wie ein Vorlone wohl aussieht. Kosh antwortet, dass die anderen Völker noch nicht bereit seien, sie zu sehen. Und auch er, Sheridan, sei dazu nicht bereit. Das ist das von JMS so gern genutzte Foreshadowing, da man im Finale dieser Staffel Kosh tatsächlich sehen und dann auch verstehen wird, wieso dieser glaubt, dass die anderen Völker für den Anblick eines Vorlonen noch nicht bereit sind.

Das Skript

Vom ursprünglichen Skript wurde eine Szene entfernt, eine andere ist länger als in der fertigen Episode. Die erste Szene ist im Skript länger – sie findet statt, nachdem Max mit Cranston darüber gesprochen hat, was er für die Auslieferung von Dr. Jacobs haben will. Von seinem Assistenten erfährt Cranston, dass es nicht möglich ist, aufzuspüren, woher der Anruf kam. Cranston wiederum fragt sich, ob Dr. Jacobs etwas verraten haben könnte. Er beschließt, dass sie kein Risiko eingehen dürften und sowohl Dr. Jacobs als auch Max liquidiert werden müssten.

Entfernt wurde eine Szene, die man durchaus gerne in der Folge gesehen hätte. Sie findet im Epilog statt, als sich Sheridan und die anderen bei Koshs Schiff treffen, um den bewusstlosen Dr. Jacobs entgegenzunehmen.

Garibaldi spricht hier mit Sheridan und fragt ihn, ob er Kosh gesehen habe, seit Cranston die Station verließ. Das hat er, aber die Begegnung war wie immer kryptisch.

Garibaldi: So now that Cranston's gone, have you had a chance to see Kosh?

Sheridan: A few minutes ago. I thanked him for his help.

Ivanova: And he said …?

Sheridan: »All things have an and. Few things have a beginning.«

Ivanova: Of course … why didn't I think of that?

Wertung von Kosh

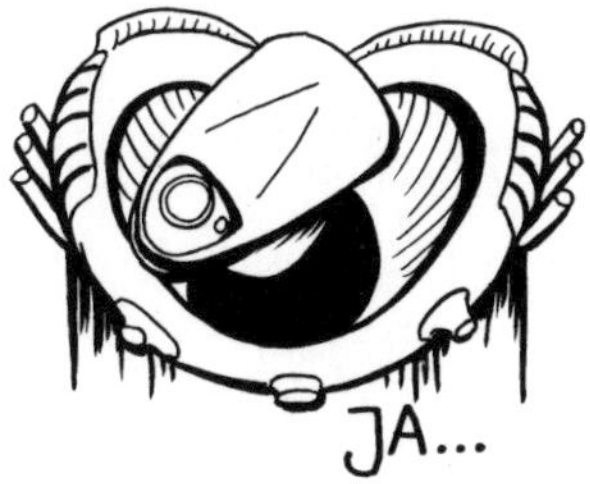

2.14
There All the Honor Lies
(Minbari lügen nicht)

US-Erstausstrahlung: 26. April 1995
Deutsche Erstausstrahlung: 31. März 1996
Regie: Michael Vejar
Drehbuch: Peter David

Darsteller: Julie Caitin Brown (Guinevere Corey), Sean Sullivan (Ashan)

Inhalt
Sheridan wird in eine Falle gelockt und von einem Minbari angegriffen. Er kann ihn töten, was von einem anderen Minbari beobachtet wird. Die Regierung der Minbari wirft Sheridan nun Mord vor, da der Zeuge Ashan behauptet, Sheridan hätte den Mann grundlos getötet. Garibaldi beginnt eine Untersuchung, Lennier in Delenns Auftrag ebenso. Wie sich herausstellt, können Minbari entgegen dem, was sie behaupten, durchaus lügen – wenn es zum Schutz von jemandem ist. Delenn und Sheridan bereiten alles dafür vor, dass Ashan sich sicher fühlt und eine Aussage macht, die den Captain von jeder Anschuldigung befreit. Aber der Captain beschließt, das Material nicht öffentlich zu machen, wenn die Minbari-Regierung eine Aussage von Ashan veröffentlicht, wie es wirklich war. Sheridan handelt deswegen so, weil Ashan zu Lenniers Klan gehört und Delenns Assistent damit ebenfalls entehrt würde.

Derweil wurde ein Souvenirshop auf Babylon 5 eröffnet, aber Londo hasst die anatomisch inkorrekte Puppe, die es von ihm gibt, und Sheridan den Teddybären, der seinen Namen trägt. Londo setzt sich zudem dafür ein, dass Vir sein Assistent bleiben kann.

Hintergründe

There All the Honor Lies ist das zweite Drehbuch von Peter David für die Serie. Die Idee mit dem Souvenirshop hatte er, weil er bei einer Firma, bei der man Teddybären selbst gestalten und produzieren lassen konnte, einen für Joe Straczynski anfertigen ließ – den Bearbylon aus dieser Folge. JMS ist aber wiederum kein großer Freund von niedlichen Geschenken. Darum baute er die letzte Szene im Skript ein, die zeigt, dass der Bär nun im All treibt. Das J.S. auf dem Trikot steht im echten Leben natürlich für Joe Straczynski.

Den Bären konnte man noch einmal sehen, aber nicht in *Babylon 5,* sondern in der Folge *Who Goes Where* der Serie *Space Cases,* ein Comedy-Sci-Fi-Format, das von Peter David und Bill Mumy gemeinsam entwickelt wurde und mit zwei Staffeln von 1996 bis 1997 lief. In der Folge findet Radu den Teddybären im All und rettet ihn. Darauf sagt eine andere Figur: »What kind of dope would toss a perfectly good earth bear into space?«

Später findet man heraus, dass der Bär von einer bösen Spezies namens Straczyn ins All geschossen wurde.

Das war Peter Davids amüsante Vergeltung dafür, dass JMS den Teddy einfach von Sheridan ins All hinausbefördern ließ.

David lässt Ivanova in einer Szene sagen: »This is demeaning. I mean we're not some deep-space franchise. This station is about something.« Ihr ging es um den Souvenirshop und was er bedeutet. Der Spruch an sich ist aber auch eine Spitze gegen *Star Trek: Deep Space Nine.* Eigentlich dachte David, dass er von JMS gestrichen werden würde, aber der ließ ihn drin. Zu der Zeit gab es Wortmeldungen der Produzenten beider Serien, die dem jeweils anderen Plagiarismus vorwarfen. Zum Ende dieser Staffel hin waren die Differenzen jedoch geklärt.

In der Gastrolle der Anwältin, die Sheridan vertreten soll, ist Julie Caitlin Brown dabei. Sie war in der ersten Staffel Na'Toth und hatte hier die Gelegenheit, eine Rolle ohne FX-Make-up zu spielen.

Kommentar

Es ist eine wirklich clevere Idee, Babylon-5-Merchandising mit einem Nebenplot um einen Souvenirshop auf der Station zu bewerben. Das sorgt für ein paar vergnügliche Momente, wenn z. B. Ivanova den Shop inspiziert, aber auch, wenn Londo dann mit seiner Puppe in der Hand vor Sheridan steht. Ebenso amüsant ist der Nachklapp, der vom Schicksal des Teddybären erzählt. Außerdem ergibt sich einer der seltenen Momente, in denen Warren Keffer in einer Geschichte eingesetzt wird.

Dem gegenüber steht eine stark auf Spannung setzende Haupthandlung – und ein Moment von enormer Schönheit. Sheridan trifft Kosh regelmäßig, um ein besseres Verständnis füreinander zu erhalten und um Lektionen zu erlernen, die er nicht versteht. Hier bringt ihn Kosh in die tiefsten Ecken von Downbelow, wo er etwas unglaublich Schönes sieht, Schönheit in der Dunkelheit, wie er zu Ivanova sagt. Hier agieren Außerirdische in Kutten, dazu kommt ein gregorianischer Gesang, und die Bewegung wird akzentuiert durch den gelungenen Einsatz von Licht. Das ist ein ganz und gar vor der Kamera entstandener Effekt, der darum auch nichts von seiner Wirkung verloren hat – im Gegensatz zu so manchem CGI-Effekt.

Interessant ist die Haupthandlung, weil sie darauf fußt, dass Sheridan der ›Starkiller‹ ist. Die Minbari haben zwar den Menschen zahlreiche Verluste zugefügt; der Verlust ihres Flaggschiffs, der Black Star, traf sie aber schwer, weil er ihrer Meinung nach auf ehrlose Weise geschah. Sheridan lockte die Minbari damals mit einem Notruf an, auf den sie reagierten, weil es Usus der Kriegerkaste ist, ein havariertes Feindschiff zu vernichten, auch wenn es keine Bedrohung mehr darstellt. So konnte Sheridan das Schiff ködern und zerstören, weil er eine Asteroidengruppe mit Nuklearwaffen vermint hatte, die er dann zündete. Bei den Minbari gilt dieser Sieg als ehrlos, bei den Menschen gilt er als findig und listig.

Diese Folge illustriert damit aber auch erneut, dass selbst ein gutes Jahrzehnt nach Ende des Krieges noch immer Animositäten bestehen. Das zeigt sich ebenfalls in der Art, wie Ashan Delenn behandelt – ihr wird mit einem Mal klar, dass sie nun eine Fremde unter ihresgleichen ist.

Das Skript

Bei Drehbüchern von Gastautoren gab es immer viel mehr Änderungen hin zur fertigen Folge als bei denen, die JMS selbst schrieb. Hier wurde eine ganze Reihe von Szenen entfernt, ein paar hinzugefügt, und einige sind im Skript länger.

Im Teaser fehlt eine ganze Szene, in der Sheridan mit Na'Toth in einer Bar im Zocalo einen Drink nimmt und ihr erklärt, dass die Earth Alliance nicht in den Narn/Centauri-Krieg eingreifen wird. Als Na'Toth schließlich geht, stolpert sie sogleich über Vir. In der Folge ist im Teaser zu sehen, wie Sheridan Ivanova von dem Souvenirshop erzählt. Er spricht auch über seine Lektionen mit Kosh, was im Skript nicht auftaucht.

Etwas länger ist dann die Szene, als Garibaldi meint, sie bräuchten reichlich Platz für all die Minbari, da Sheridans Beschreibung sehr allgemein sei. Sheridan erhält einen Anruf. In der fertigen Folge wird Talia Winters von Vir angerempelt. Das ist auch im Skript so; hier hat man aber vorher noch eine kurze Szene mit Talia, die als Telepathin bei einem Geschäftstreffen dient. Vir sagt hier etwas mehr als in der Folge und fragt sie, ob sie sich je darüber Gedanken gemacht hätte, ihren Kopf zu rasieren, da sie eine sehr schöne Centauri abgäbe.

Die Szene, als Vir in Londos Quartier den Anruf aus der Heimat entgegennimmt, ist nur in der Episode. Die Szene mit der Autopsie ist etwas anders. Im Skript führt Garibaldi noch aus, dass bei der PPG die Betäubungseinstellung ausgeschaltet war. In der Folge sprechen Garibaldi und Sheridan darüber, dass ein Minbari niemals eine Erdenwaffe benutzen würde.

Länger ist im Skript die Szene, als Sheridan von Delenn fordert, mit dem Zeugen sprechen zu können. Nur im Drehbuch vorhanden ist eine Szene in Londos Quartier. Talia sucht ihn auf und erklärt ihm, dass Vir Probleme habe und einen Freund gebrauchen könne.

Im Skript länger ist die Szene, als Delenn zu Lennier sagt, dass sie sich auf der Heimatwelt über den mutmaßlichen Zeugen erkundigen werde. Ebenfalls länger ist die erste Szene mit Guinevere Corey. Ivanova ist hier anwesend und erklärt, dass Sheridan auf sie hören solle, weil sie schon viele hochkarätige Fälle gewonnen habe. Nur in der Folge ist die Passage, dass die Erdregierung Sheridan als Commander von Babylon 5 abberufen werde, sollte es zum Prozess kommen.

Länger ist die Szene in Sheridans Quartier, als er mit Ivanova spricht und an sich selbst zweifelt. Im Skript erzählt er noch, dass er mit Senator Voudreau gesprochen habe, der ihm erklärte, die Minbari hätten gedroht, ihre Finanzierung von Babylon 5 zu stoppen.

Die Szene mit Kosh, der Sheridan für seine Lektion abholt, ist nur in der Folge vorhanden. Die Szene in Downbelow mit der Schönheit im Dunkeln ist ebenfalls nur in der Folge. Gleiches gilt für Garibaldi, der Zack den Auftrag gibt, Ashan zu beobachten. Und natürlich die nachfolgende Szene mit Sheridan und Ivanova im Lift, als sie meint, er rede schon wie ein Vorlone.

Nur im Skript ist eine Szene, in der Garibaldi mit Na'Toth spricht. Sie erklärt, sie habe an Sheridan keine PPG gesehen, aber die Drinks schienen ihm zugesetzt zu haben, und er habe aggressiv gewirkt. Corey meint, dass Na'Toth eine tolle Zeugin für die Anklage wäre. Auch nur im Skript ist danach eine Szene, die zeigt, wie Na'Toth mit Ashan spricht. Sie will sicherstellen, dass sie nicht als Mitwisserin von Ashans Plan kompromittiert wird. Zack berichtet Garibaldi, dass er Ashan mit jemandem reden sah, aber nicht wisse, wer es war.

Nur in der Folge ist die Szene, als Delenn in ihrem Quartier Lennier zeigt, was sie über ds mutmaßliche Minbari-Opfer herausgefunden hat. Länger ist die Szene, in der Sheridan von Londo erfährt, dass Minbari durchaus lügen können. Nur im Skript ist die Szene, in der Garibaldi Zack findet, nachdem dieser von Lennier niedergeschlagen wurde. Jemand hat seinen Comlink aktiviert, damit er gefunden werden konnte.

Im Drehbuch sagt Sheridan zu Delenn, die Minbari-Regierung wolle, dass Ashan nach Hause komme und dort auf den Einsatz als Zeuge beim Prozess warte. In der Folge ist es so, dass Sheridan erklärt, es könne keinen Prozess geben, wenn der Zeuge weg sei. Nur in der Folge überzeugt Sheridan Delenn, dass seine Glaubwürdigkeit auf dem Spiel stehe.

In einer Szene, die nur im Skript ist, erklärt der Souvenirshop-Besitzer Ivanova, dass er die letzte Londo-Puppe und eine PPG-Spritzpistole an einen Centauri verkauft habe. Danach sieht man Vir mit einer Tüte des Souvenirshops.

Im Skript verläuft Ashans Geständnis anders. Delenn benutzt ihren Gravitätsring, um ihn zu einem Geständnis zu bewegen. Die Lösung in der Folge ist deutlich eleganter. Hier spricht Lennier mit Ashan und nimmt das Gespräch auf. Nur in der Folge ist danach die Szene, als Sheridan erklärt, dass man diese Aussage nicht öffentlich machen müsse, wenn es eine andere gäbe.

Nur im Skript flieht Ashan und stolpert über Vir, der vor Londos Quartier die Londo-Puppen aufgestellt hat. Ashan greift nach der PPG. Er nimmt Vir als Geisel. Londo kommt aus seinem Quartier und bietet sich im Austausch für Vir als Geisel an. Sheridan stellt sich vor Delenn und erklärt Ashan, dass er ihn töten müsse, wenn er an Delenn heranwolle. Ashan erklärt, dass diese noblen Akte weder Londo noch Sheridan zu etwas Besserem als ihm machen, und gibt auf.

Vir greift nach der PPG, denkt, es sei die Spritzpistole, und feuert sie ab. Doch sie ist echt. Erst da erkennt er, dass er in echter Gefahr war. Eine Szene im Skript zeigt dann noch den Dieb von Sheridans Comlink, der mit einer verhüllten Gestalt spricht und erklärt, er müsse von der Station weg. Doch der Mann tötet ihn. Es stellt sich heraus, dass es Neroon ist, der das alles inszeniert hat.

Im Skript ist es so, dass Vir beschließt, auf Babylon 5 zu bleiben, weil er erkannt hat, dass Londo besser ist, als er gedacht hatte. In der Folge sind die Umstände anders, weil es hier Londo ist, der es Vir ermöglicht, an Bord zu bleiben. Außerdem gibt es noch eine Szene mit Sheridan und Delenn, die gemeinsam in ihrem Quartier essen. Sie erklärt ihm, dass er sehr tapfer gehandelt habe. Er entgegnet aber nur, er habe das Gefühl, dass sie zu wichtig sei und eine Bestimmung habe.

Wertung von Kosh

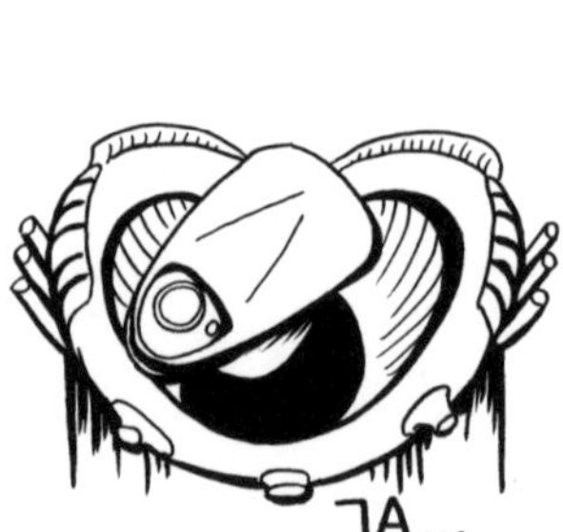

2.15
And Now For a Word
(36 Stunden auf Babylon 5)

US-Erstausstrahlung: 3. Mai 1995
Deutsche Erstausstrahlung: 14. April 1996
Regie: Mario DiLeo
Drehbuch: J. Michael Straczynski

Darsteller: Kim Zimmer (Cynthia Torqueman), Christopher Curry (Ronald Quantrell), Granville Ames (Psi-Cop), John Christian Graas (Johnny), Leslie Wing (Mutter), Josh Coxx (Tech David Corwin), Jose Rey (Eduardo Delvientos)

Inhalt
Die ISN-Reporterin Cynthia Torqueman hat 36 Stunden auf Babylon 5 verbracht. Dies ist die Sendung, in der sie mit der Besatzung, aber auch mit den Botschaftern spricht. Außerdem kommt ein Senator zu Wort, der den Wert von Babylon 5 anzweifelt, da er fürchtet, die Erde könne in Konflikte hineingezogen werden, die sie nichts angingen. Die Sendung scheint dem auch Nachdruck zu verleihen, denn just bei der Ankunft des Teams bei der Station wird man Zeuge davon, wie ein Narn-Schiff auf eines der Centauri feuert und es zerstört. Laut Botschafter G'Kar transportierte es Massenvernichtungswaffen. Die spätere Inspektion der Trümmer bestätigt dies. Weitere Kämpfe brechen aus, werden aber von Sheridan unterbunden und die Centauri-Schiffe in Gewahrsam genommen. Da taucht ein Kriegsschiff der Centauri auf, und Londo fordert die Rückgabe der Schiffe. Aber das Schiff wird zerstört, als ein Schlachtkreuzer der Narn auftaucht. Sicherlich kein gewöhnlicher Tag für Babylon 5, aber 36 Stunden, die aufregender nicht sein könnten.

Hintergründe
Als Model für die fiktive Sendung nutzte JMS das Format *Nightline* des US-Networks ABC. Dort gibt es auch die Einleitung, dann den zuvor produzierten gefilmten Teil und schließlich noch eine Einordnung des Gesehenen durch verschiedene Parteien. JMS fand

das von jeher faszinierend, weil derlei Sendungen häufig nur eine Version der Wahrheit präsentierten oder aber mit einer Agenda an den Start gingen. Denn man kann praktisch alles erdenkliche Filmmaterial so schneiden, dass Kontext geändert oder die Wahrnehmung der Zuschauer in eine bestimmte Richtung gelenkt wird.

Bei Sendungen im Fernsehen ist es schwierig zu sagen, was einer Agenda folgt und was nicht, weil man häufig zum ersten Mal mit dem präsentierten Thema in Berührung kommt. Zudem ist es oft so, dass man nicht unbedingt alle Hintergrundinformationen parat hat. Bei *Babylon 5* hat man sie jedoch, sodass man sehr gut sehen kann, wie die Wahrheit verdreht oder in eine bestimmte Richtung geführt wird.

Dazu passt der Werbespot für das Psi-Corps: Dort ist eine Art sublime Botschaft enthalten, die man aber kurz aufflackern sieht. Das widerspricht eigentlich dem, wie diese Botschaften angeblich funktionieren. Sie sollen bewusst gar nicht wahrgenommen werden, sondern nur auf einer unbewussten Ebene. Aber das war nicht möglich.

Solche Botschaften verstoßen nämlich gegen die Regeln der FCC, der Federal Communications Commission, selbst dann, wenn sie offensichtlich nicht echt sind.

Die Produktion setzte sich also mit der FCC in Verbindung, um auszuloten, was möglich und machbar war. Die perfekte Länge dafür wären zwei Bilder pro Sekunde gewesen. Dann hätte man es nicht mehr wahrgenommen, doch das war nicht erlaubt. Aber drei Bilder waren möglich. So ist es kurz wahrnehmbar, ohne dass man bewusst lesen konnte, was da genau stand.

Für die Crew und die Besetzung war die Folge insbesondere herausfordernd, weil sie anders gedreht werden musste. Normalerweise werden Szenen in viele kleine Einzelteile zerlegt, so dass ein Schauspieler manchmal nur einen oder zwei Sätze sprechen muss. Aufgrund des dokumentarischen Ansatzes, bei dem mit Handkamera dem Geschehen teils mehrere Minuten gefolgt wird, musste vorher intensiv geprobt werden, weil die gesamte Szene in einem Rutsch aufgenommen werden musste.

Wie gut das funktionierte, zeigt die Szene während der Ratssitzung, als viele schnell durcheinanderreden und sich dabei auch bewegen, während die Kamera immer wieder im genau richtigen Moment schwenken muss.

Kommentar

»Niemals wieder« – diese Worte spricht G'Kar gegenüber der Reporterin aus und bezieht sich auf die Erdhistorie, genauer: den Holocaust. Den haben die Narn selbst erlebt, durch die Hand der Centauri, nur dass sie zurückschlugen. Dennoch ist es eine machtvolle Szene, die die Vergangenheit der Narn illustriert, aber auch das Gefühl aufkommen lässt, dass es wieder passiert. Denn eines wird in dieser Folge klar: Der Krieg verläuft für die Narn sehr schlecht.

Interessant ist, wie die verschiedenen Botschafter in der Sendung wegkommen. G'Kar wirkt übermäßig emotional, Delenn wird völlig aus der Fassung gebracht; nur Londo versteht es perfekt, die richtigen Knöpfe zu drücken. Er ist in der Beziehung der weitaus bessere Diplomat, wenngleich er nur Lügen präsentiert, die sowohl die Historie verfälschen als auch die Taten der Gegenwart rechtfertigen sollen.

Der Ansatz, eine komplette Episode als Sondersendung von ISN zu zeigen, ist sehr clever, denn diese Folge erzählt im Grunde mehr über das, was auf der Erde vor sich geht, als über Babylon 5. Man erfährt von neuen Regierungsorganisationen, dem Büro für die öffentliche Information und dem Büro für die öffentliche Moral. Beide sind Propaganda-Organisationen, bei denen schon der Name zeigt, in welche Richtung es geht. Aber auch Senator Quantrells Erklärung, man brauche auch künftig solch fähige Journalistinnen wie Cynthia Torqueman, spricht Bände – insbesondere, wenn man bedenkt, wie ISN immer mehr unter staatliche Kontrolle gerät und zu einem weiteren Propaganda-Mittel wird.

Dabei biedert sich Torqueman den neuen Machthabern bereits an. Die Dokumentation gibt sich den Anschein, unvoreingenommen und ergebnisoffen zu sein, aber die Agenda ist spürbar. Das Narrativ, das aus den Interviewzitaten, aber auch den Ereignissen gesponnen wird, macht eines klar: Die Zuschauer sollen den Eindruck bekommen, dass die Kosten für Babylon 5 ihren Nutzen weit überschreiten.

Interessant ist dabei ebenso die Selbstüberschätzung, die hier zum Tragen kommt. Im Bericht pocht man auf die Kolonien, die errichtet wurden, aber sie erscheinen nicht allzu zahlreich, wenn man das Imperium der Vorlonen, die Republik der Centauri oder die Föderation der Minbari zum Maßstab nimmt. Die Erde und ihre Kolonien sind dagegen klein und unscheinbar, aber die Offiziellen klopfen sich auf die Brust. Senator Quantrell erklärt, er sei sicher, dass der Erd-Minbari-Krieg heute anders verlaufen würde. Das ist Hybris angesichts etwas besserer Technik. Aber Sheridan sieht es richtig. Der Krieg würde nun ebenso verloren, wie er das damals war. Dann ist da wieder Cynthia Torqueman, die einwirft, die Erde hätte den Krieg ja gewonnen. Aber dass die totale Auslöschung der Menschheit nur der unerwarteten Kapitulation der Minbari zu verdanken ist, verschweigt sie.

So sagt diese ganze Dokumentation mehr über den Status zuhause als auf der Station aus. Passend dazu gibt es einen Werbespot für das Psi-Corps, der ausgesprochen widerlich ist. Eine unterschwellige Botschaft blitzt ganz kurz auf: »The Psi Corps is your friend. Trust the Corps.«

Des Weiteren wird Senator Hidoshi erwähnt, der mehrmals in der Serie dabei war und als Verbündeter Sheridans gewertet werden konnte. Zumindest folgte er der Vision von Präsident Santiago. Hier erfährt man jedoch, dass er nicht mehr Senator ist.

Das Skript

Auf dem Weg vom Skript zur fertigen Episode gab es nur zwei Änderungen an zwei Szenen, die im Skript ein wenig länger sind. Im Skript ist es bei dem Ratstreffen Sheridan, der ausführt, welche Waffen sich an Bord des zerstörten Centauri-Schiffs befanden. In der fertigen Folge ist dies Teil des Dialogs von G'Kar.

Bei einer weiteren Szene gab es nur eine Änderung, wer etwas sagt – und zwar bei dem Werbespot für das Psi-Corps. Im Skript ist es die Mutter, die die Zuschauer drängt, das Corps zu rufen, wenn sie jemanden für einen Telepathen halten oder glauben, selbst einer zu sein. In der Episode erfolgt der Aufruf durch den Psi-Cop.

Wertung von Kosh

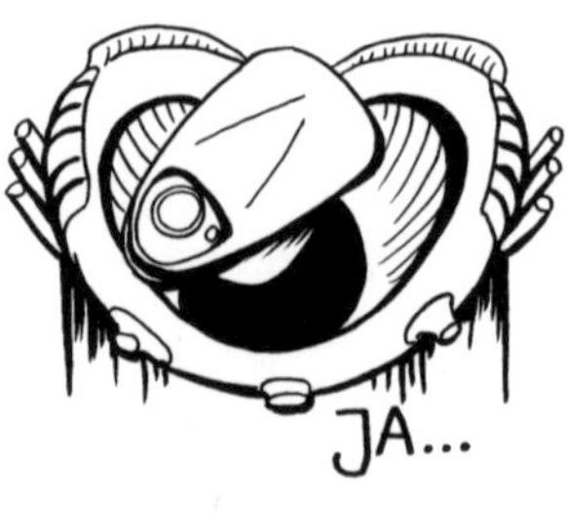

2.16
In the Shadow of Z'ha'dum
(Das Geheimnis von Z'ha'Dum)

US-Erstausstrahlung: 10. Mai 1995
Deutsche Erstausstrahlung: 28. April 1996
Regie: David J. Eagle
Drehbuch: J. Michael Straczynski

Darsteller: Alex Hyde-White (Pierce Macabee), Ed Wasser (Morden)

Inhalt

Mr. Morden übergibt Vir einen Datenkristall für Londo, der nicht auf der Station weilt. Wenig später findet Sheridan per Zufall heraus, dass Morden auf der Ikarus war, jenem Expeditionsschiff, auf dem sich auch seine Frau Anna befand. Jeder auf diesem Schiff sollte tot sein, wieso also nicht Morden? Er lässt ihn verhaften und beginnt, den Fremden zu verhören. Aber Morden hat immer eine Ausrede parat. Mehrheitlich erinnert er sich an nichts. Garibaldi tritt von seinem Dienst zurück, weil Sheridan Morden weiterhin festhalten will. Vir sucht Sheridan auf und erklärt, dass die Centauri Mr. Morden diplomatische Immunität gewähren, aber das ist Sheridan egal.

Erst Delenn und Kosh können ihn umstimmen. Sie erzählen ihm, für wen Mr. Morden arbeitet. Delenn klärt Sheridan über die letzten zwei großen Schattenkriege auf – der letzte war vor 1.000 Jahren, und die Allerersten kämpften hier noch Seite an Seite mit den Minbari. Doch sie sind nun weg, außer den Vorlonen. Die Schatten wissen aber noch nicht, dass die Minbari und die Vorlonen von ihrer Rückkehr wissen. Um zu gewährleisten, dass sie ihre Angriffspläne nicht beschleunigen, muss Morden freigelassen werden. Sheridan trifft die richtige Entscheidung und lässt Morden gehen. Garibaldi tritt wieder seinen Dienst an.

Hintergründe

JMS wusste, dass dies eine wichtige Folge ist. Sie benötigte auch einiges an CGI, da man Z'ha'dum sehen würde. Eigentlich war hier sehr viel mehr geplant. Die Welt sollte um einiges verheerter wirken. Die Ruinen von Gebäuden sollten klar zu erkennen sein. Man musste aber Kompromisse eingehen, und so wurden aus diesen Ruinen spitze Gebäude, die leichter zu animieren waren.

Lange war auch unklar, wie die Schatten selbst aussehen sollten. Hier bekommt man sie als Begleiter von Mr. Morden erstmals zu sehen. Die ursprüngliche Idee war, dass sie reptilienartig sein sollten. In der fertigen Version wirken sie aber eher spinnenartig, was auch zu den Schatten-Schiffen passt, die man bisher gesehen hat.

Mit dem Ministry of Peace wollte JMS zeigen, wie ein totalitäres System schleichend entsteht, indem zuerst Dinge gesagt werden, denen vernünftige Menschen durchaus zustimmen können. Das ist der Weg, um Anhänger Stück für Stück zu motivieren. Man zieht sie hinein, während die radikaleren Ideen erst später kommen, die dann, wenn der Betreffende bereits Teil des Konstrukts ist, weniger abstoßend erscheinen. JMS nutzte Zack Allan, um das im Verlauf der Serie zu illustrieren. Zugleich zeigte er aber hier schon, wie sich das Leben auf der Erde verändert. Mit der Nightwatch ist zudem nun eine Organisation am Start, die die Earth-Force-Mitglieder beobachtet und protokolliert, was passiert – es ist ein Kader der Denunzianten.

JMS dachte lange darüber nach, ob die Nightwatch-Armbinde, die an die Nazi-Armbinde erinnert, zu offensichtlich sei. Aber ihm fiel nichts Besseres ein, weil er ein Abzeichen brauchte, das sich schnell entfernen ließ, wenn es notwendig war.

Eigentlich sollte in der Folge Londo zu Sheridan gehen und sich für Mr. Morden einsetzen, aber Peter Jurasik stand in der Woche nicht zur Verfügung, weswegen diese Szene Vir zufiel. Ein Glücksfall nicht nur für Stephen Furst, sondern auch für die Figur, denn Vir zeigt sich hier stärker denn je. Zugleich ist seine Moral erkennbar. Er fing als tollpatschiger und trotteliger Assistent von Londo Mollari an, aber im Verlauf der Serie ist er weit, weit mehr geworden.

Die anfängliche Szene mit den auf der Station ankommenden Narn sieht größer aus, als sie ist. Denn tatsächlich konnte sich die Produktion nur wenige Statisten im Narn-Make-up leisten, weswegen man tricksten musste. Man ließ dieselben Statisten mehrmals auf der Station ankommen.

Für die Verhörszene wollte JMS eigentlich einen richtig langen Tisch. Morden und Sheridan sollten körperlich voneinander getrennt sein und sich immer näherkommen, je hitziger das Gespräch wurde. Das ließ sich aber nicht umsetzen – der für die Produktion besorgte Tisch war einfach zu klein. Aber auch das hat seinen Reiz, weil Sheridan auf diese Weise schon in den persönlichen Bereich von Mr. Morden vordringt und ihm so zusetzt.

In der Folge sorgt Sheridan zudem dafür, dass Talia ungewollt einen Blick in Mr. Mordens Gedanken werfen kann, was für sie ausgesprochen unangenehm ist. Als der Captain sich später bei ihr entschuldigen will, verpasst sie ihm eine Ohrfeige. Die war nicht gestellt: Andrea Thompson schlug wirklich zu, was den verdutzten und überraschten Gesichtsausdruck bei Boxleitner erklärt. Eigentlich wollte man später für die Ohrfeige einen Soundeffekt einbauen, das echte Geräusch war aber viel besser.

Nachdem Bruce Boxleitner das Skript und vor allem die letzte Szene mit Kosh gelesen hatte, fragte er JMS, ob Sheridan wirklich nach Z'ha'dum gehen würde. JMS bejahte das, worauf Boxleitner wissen wollte, was dann passiert. »Sheridan stirbt«, war seine Antwort. »Kosh sagt, wenn Sheridan nach Z'ha'dum gehe, werde er sterben. Vorlonen bluffen nicht.«

Glücklich war Boxleitner über diese Enthüllung nicht, aber JMS wollte ihn beruhigen und erklärte ihm, dass Sheridan erst in der vierten Staffel nach Z'ha'dum gehen würde.

Kommentar

In the Shadow of Z'ha'dum ist die wohl wichtigste Folge der zweiten Staffel, weil hier unheimlich viel vorbereitet wird. Man denke nur an Virs Antwort, als Morden ihn fragt, was dieser wolle. Er wolle dabei sein, wenn Mordens Kopf abgeschlagen und auf einen Pfahl gespießt würde, damit er ihm zulächeln und zuwinken kann. Das ist eine starke Szene, die sich später genau so ergeben wird. JMS wusste, wie es um Mordens Schicksal aussah, er konnte darum auch perfekt darauf zu arbeiten. Für sich genommen ist dies einfach nur eine starke Szene, aber im Rückblick, wenn man weiß, dass Virs Wunsch erfüllt werden wird, ist sie umso packender.

Es tut sich unglaublich viel in dieser Episode. Vor allem zeigt sie eine neue Seite von Sheridan. Er hat bei jeder bisherigen Krise nachdenklich und besonnen agiert, hier jedoch schießt er über das Ziel hinaus – weil es ihn selbst betrifft, aber mehr noch, weil der Tod seiner Frau eine Wunde zurückgelassen hat, die niemals heilte. Als sie starb, nahm sie den besten Teil seiner Selbst mit sich, erklärt Sheridan Ivanova – in jeder Szene dieser Folge spürt man das.

Aber Sheridan muss eine Wahl treffen, dieselbe, die er G'Kar kurz zuvor erklärt hatte. Er kann auf Rache sinnen oder darauf verzichten und im Hinblick auf das Wohl seines Volks agieren – eigentlich sogar aller Völker. Denn Morden muss freigesetzt werden, womit Sheridan zurückstecken muss. Zugleich wird er aber noch stärker in den kommenden Konflikt hineingezogen. Nicht nur, weil er nun eine persönliche Motivation hat, sondern auch, weil Delenn und Kosh ihn ins Vertrauen ziehen. Stark ist die letzte Szene mit Kosh und Sheridan. Der Captain erklärt, dass er früher oder später nach Z'ha'dum gehen werde. Dann werde er sterben, erklärt Kosh. Auch das ist eine Vorausschau auf das, was kommen wird.

Imposant ist das Verhör, und zwar nicht nur, weil es toll geschrieben und gespielt ist. Die Szene illustriert zudem, dass starkes Schauspiel und ein packendes Skript auch budgetäre Limitierungen überwinden können. Sheridan und Morden sitzen sich hier an einem extrem winzigen Tisch gegenüber – einem, wie man ihn in der Gartenabteilung von Baumärkten finden könnte. Das sieht eigentlich billig und schäbig aus, aber die Szene ist so stark, dass es nicht ins Gewicht fällt.

In dieser Folge lernen manche Figuren etwas, was wir als Zuschauer bereits wissen. Virs Intervention, um Morden zu befreien, zeigt Sheridan und damit auch Delenn und Kosh, dass die Centauri mit den Schatten paktieren. Die beiden Botschafter wussten das bereits vorher, Sheridan nicht.

JMS konzentriert sich aber nicht nur auf diese große Geschichte, er hat zusätzlich einen Nebenplot eingebaut. Mit Pierce Macabee kommt ein Vertreter des neuen Ministry of Peace, des Friedensministeriums, auf die Station. Er spricht zu den Earth-Alliance-Angehörigen und erzählt von der Nightwatch, einer Unterorganisation, die für Ruhe und Ordnung sorgen soll. Etwas mehr Geld gibt es dafür auch, weswegen Zack gerne die Armbinde der Nightwatch trägt. Alex Hyde-White ist exzellent als Macabee. Die Rede, die er hält, ist praktisch perfekt. Was er sagt, ist eigentlich hässlich, aber wie er es sagt, ist mitreißend – und seine Worte fallen auf fruchtbaren Boden. Er spricht davon, es sei das Ziel der Nightwatch, »die Gesellschaft vor Desinformation und schädlichen Ideen zu schützen.«

Aber wer definiert, was schädlich, was Desinformation ist? Die Regierung, der damit ein weiteres Propagandamittel an die Hand gegeben wird. JMS hat den Namen des übergeordneten Ministeriums nicht zufällig gewählt. Das Ministry of Peace gibt es auch in George Orwells *1984*. Dort ist es aber genau das Gegenteil, nämlich ein Kriegsministerium, das für einen konstanten Kriegszustand sorgt, weswegen die Menschen gar nicht dazu kommen, ihr Leben zu hinterfragen.

Zack Allan hat in dieser Folge einmal ein bisschen mehr zu tun. Jeff Conaway spielt ihn sympathisch, aber auch etwas einfältig. Oder anders gesagt: Zack ist ein Mann, der Autorität nicht in Frage stellt. Darum sagt er nichts gegen Sheridans illegale Inhaftierung von Morden, und darum ist er ideal für die Nightwatch. Er ist der geborene Befehlsempfänger. Ein interessanter Nebenplot ist darum im nächsten Jahr, wie Zack immer weiter in die Fänge der Nightwatch gerät und eine moralische Zwickmühle entsteht, wenn er entscheiden muss, wem seine Loyalität gehört.

Ein weiterer Nebenplot ist Dr. Franklins Überarbeitung. Mit den vielen verletzten Narn, die an Bord kommen, schläft er immer weniger und beginnt, Stims zu nehmen, mit denen er weiterarbeiten kann. Hier passiert das zum ersten, aber nicht zum letzten Mal. Er begibt sich auf einen Pfad, der in die eigene Vernichtung führen könnte und den JMS in den kommenden Jahren noch genauer ausführen wird.

Das Skript

Auf dem Weg vom Skript zur fertigen Folge wurden drei Szenen komplett entfernt; eine ist im Skript länger. Die erste Szene, die nur im Skript ist, findet zu Beginn des zweiten Akts statt. Dem Schiff Andromeda wird der Start erlaubt, während Garibaldi auf einem Monitor Sheridan und Morden beobachtet. Zack Allan erklärt, dass er sich um ein Problem gekümmert habe. Dann fragt er, wie lange Sheridan Morden schon verhöre. Fünf Stunden sei er dabei; worum es geht, erklärt Garibaldi seinem Untergebenem aber auch auf Nachfrage nicht. Zack fragt dann, ob er eine halbe Stunde aussetzen könne, weil er sich die Ansprache von Pierce Macabee vom Ministry of Peace anhören wolle. Garibaldi hat nichts dagegen.

Dass diese Szene weichen musste, ist nicht überraschend. Sie bietet keine Informationen, die sich durch andere Szenen nicht gleichermaßen ergeben.

Das gilt auch für die zweite entfernte Szene. In dieser spricht Ivanova Garibaldi an, als sie gehört hat, dass er seinen Dienst niedergelegt habe.

Garibaldi: It's not a rumor. Figured it might shock the captain out of this obsession of his. Didn't work.

Daraufhin verlangt Ivanova, dass er ihr alles erzählt. Der Inhalt dieser Szene ergibt sich später in der Folge aus jener, in der Ivanova mit Sheridan spricht.

Die Szene im Medlab, in der Franklin zu Sheridan sagt, dass er wisse, was Trauer Menschen antun kann und dass sie sich alleine fühlen können, selbst wenn sie es nicht sind, ist im Skript etwas länger. Franklin zeigt hier Verständnis, dass Sheridan sich uncharakteristisch verhält, weil die Wunde des Verlusts noch nicht geheilt sei. Sheridan erklärt, dass er sich auf seine Art darum kümmern müsse.

Franklin: But is it your way? I may not know you as well as Ivanova, but even I can recognize that this isn't you. This is the part of you that closed off after the death of your wife and hasn't healed … that still thinks you could have done something to stop it.

Die letzte Szene, die nur im Skript ist, wäre auch in der Folge schön gewesen – und ist sehr kurz. Nachdem Morden entlassen wurde, sieht man ihn beim Verlassen der Station. Er zeigt der Wache seine Identicard und sagt: »See you next time.«

Der Sicherheitsmann hört kurz dieses insektenartige Summen der Schatten, die Morden begleiten.

Wertung von Kosh

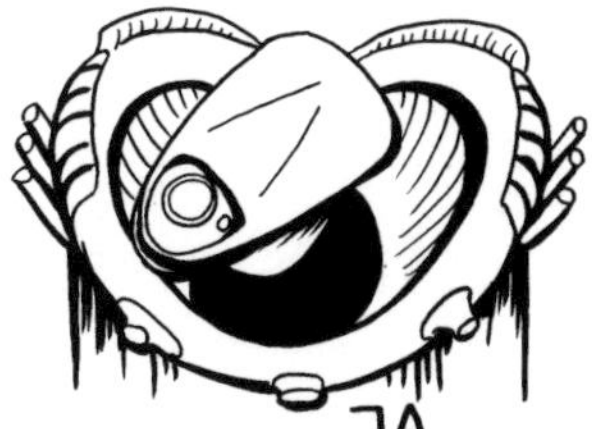

2.17
Knives
(Duell unter Freunden)

US-Erstausstrahlung: 17. Mai 1995
Deutsche Erstausstrahlung: 21. April 1996
Regie: Stephen L. Posey
Drehbuch: Larry DiTillio

Darsteller: Carmen Argenziano (Urza Jaddo), William Forward (Lord Refa), Josh Coxx (Tech David Corwin)

Inhalt
Sheridan findet einen toten Markab. Als er diesen berührt, springt etwas auf ihn über. Er hat in gewisser Weise Visionen, doch erst, als ihm Garibaldi von Babylon 4 erzählt, wird ihm klar, was er tun muss. Mit einer Starfury fliegt hinaus in den Sektor, in dem Babylon 4 verschwunden ist; das Wesen, das in ihm steckte, kann nach Hause zurückkehren. Derweil erhält Londo Besuch von Urza Jaddo, mit dem er seit Jugendtagen befreundet ist. Urza benötigt Londos Hilfe, denn im Centaurum wird eine Resolution vorbereitet, die ihn als Verräter brandmarken und sein Haus zerstören soll. Londo versucht zu intervenieren. Als Urza jedoch erfährt, dass er sich an Lord Refa wandte, fordert er ihn zum tödlichen Duell. Denn Refa ist es, der Urza vernichten will. In dem Duell hat Urza die Oberhand, nötigt Londo jedoch, ihn zu töten, weil seine Familie nur so überleben kann. Nach alter Tradition geht sein Haus in den

Besitz von Londo über, wodurch seine Familie vor Repressalien geschützt ist.

Hintergründe

Knives ist die letzte Folge, die von jemand anderem als JMS geschrieben wurde – bis zu *Day of the Dead* in der fünften Staffel, aber dieses Gastskript kam auch nur zustande, weil JMS gerne mit Neil Gaiman arbeiten wollte. Als Larry DiTillio das Skript schrieb, wusste er noch nicht, dass dies sein Abschied von *Babylon 5* sein würde. Erst einige Zeit nach den Dreharbeiten rief JMS seinen Freund in sein Büro und erklärte ihm, dass sein Vertrag für die dritte Staffel nicht verlängert würde. Es war sicherlich kein angenehmes Gespräch. Wer möchte schon einen Freund feuern? Aber für JMS war es notwendig, da die Geschichte von *Babylon 5* in den kommenden Staffeln so ineinander verzahnt war, dass er zu dem Schluss gekommen war, es wäre am einfachsten, alle Drehbücher selbst zu schreiben. Eine wahrhaft herkulische Aufgabe.

DiTillio hatte sich bei seinem ersten Skript *Born to the Purple* besonders mit Londo beschäftigt; da war es nur passend, dies auch bei seinem letzten Skript zu tun. Er wusste dies damals zwar noch nicht, aber das ist zumindest Symmetrie, wie Zathras sagen würde.

Was DiTillio schon lange machen wollte, war, eine centaurische Oper in eine Folge zu integrieren. Seit er von Stephen Furst gehört hatte, dass dieser ein Faible für Opern hatte, wollte er das zu einer Eigenschaft von Vir machen und darüber hinaus auch von Londo. Die Szene, da beide eine Arie schmettern, ist eines der großen Highlights der Serie. Den Text in Centauri verfasste DiTillio selbst, die Musik dafür schrieb jedoch Christopher Franke. Was auffällt: Sowohl Peter Jurasik als auch Stephen Furst haben eine tolle Gesangsstimme.

In *Knives* wollte DiTillio zeigen, wie Londo erkennt, welchen Pfad er beschritten hat und wie viel Blut an seinen Händen klebt. Es ist eine wichtige Folge, umso mehr, weil Londo beschließt, dass er nicht umkehren kann.

Für die Rolle von Londos altem Freund wurde Carmen Argenziano angeheuert. Sci-Fi-Fans wurde er später vor allem durch eine andere Rolle bekannt. Er spielt in *Stargate SG-1* Jacob, den Vater von Sam Carter, der später durch einen Symbionten gerettet wird. Der 1943 geborene Schauspieler hat in mehr als 200 Filmen und Serien mitgewirkt. Bei *Stargate SG-1* war er in insgesamt 25 Folgen dabei.

Die zweite Handlungsebene um Sheridan kam zustande, weil DiTillio sich mit dem Captain der Station befassen wollte. Seine ursprüngliche Idee sah vor, dass Sheridans Vater ihn besucht. JMS verwarf das jedoch, da es schon zu viele Väter gab, die in der Serie aufgetaucht waren. Er ist aber noch vorhanden. In einer Halluzination sieht Sheridan seine beiden Eltern. Die Schauspieler, die hier benutzt wurden, sollten nie wieder auftauchen, obwohl Sheridans Vater später doch noch einen Auftritt in der Serie hatte – da wurde er dann von Rance Howard gespielt.

Die Idee, Sheridan auf einem Baseballfeld beim Schlagen zu zeigen, kam daher, dass DiTillio sich mit Bruce Boxleitner darüber unterhalten hatte, was dieser gerne zur Entspannung tat – und das war Bälle schlagen. Das andere war Bogenschießen, was DiTillio ebenfalls in Betracht gezogen hatte, aber das wäre in der Umsetzung zu aufwendig gewesen. Ursprünglich hatte DiTillio an eine Sci-Fi-Variante von Baseball gedacht, bei der Bälle aus Licht geschlagen werden, aber das mit CGI umzusetzen, wäre noch teurer gewesen als das Baseballfeld. Das sieht heutzutage auch schon nicht mehr besonders toll aus, aber solche in die Jahre gekommenen Computeranimationen nimmt man bei der Serie gerne hin.

Die Folge sollte ursprünglich vor *In the Shadow of Z'ha'dum* laufen, musste aber danach ausgestrahlt werden, weil man für die CGI-Effekte länger brauchte, hier wohl vor allem für das Biest, das Sheridan in seinem Quartier angreift. Da dieser bei einer seiner Visionen die explodierende Icarus sieht, hätte das auf die nächste Folge mit Morden hingewiesen. Aber es funktioniert auch so, quasi als Echo dessen, was Sheridan in der Folge zuvor erfahren hat.

Kommentar

Beide Handlungsebenen verlaufen unbeteiligt voneinander. Die Geschichte um Sheridan fühlt sich dabei wie reines Füllmaterial an. Sie ist weder besonders spannend noch in irgendeiner Weise interessant. Man merkt ihr an, dass ihre einzige Existenzberechtigung ist, den menschlichen Hauptfiguren der Serie etwas zu tun zu geben.

Die Centauri-Handlung ist da weitaus besser. Man erfährt mehr über die Bräuche und Traditionen der Centauri, sogar über ihre Musik. Eine der schönsten Szenen ist, als Londo und Vir wetteifern, welche die populärste Oper ist, um dann vereint eine Arie zu schmettern. Das ist einer der wenigen Momente im Leben des Londo Mollari, die man als glücklich bezeichnen könnte. Doch dieses Glück währt nicht lange, denn Londo wird in dieser Folge ein paar schmerzhafte Erkenntnisse gewinnen.

Er hat eine Position der Macht erreicht, in der er kaum noch Freunde hat, eher gar keinen, wenn man von einem absieht: Vir Cotto. Vir ist der Einzige, der Londo den Spiegel vorhält, der dessen Moral in Frage stellt, der darum weiß, dass Londo gut sein könnte, wenn er es nur wollte. Die Tragik des Londo Mollari ist, dass er diesen Pfad längst verlassen hat. Das erkennt er am Ende. Erstmals hat er den Preis gesehen, den die Macht mit sich bringt, und wahrhaftig erkannt, wohin die Reise führt. Aber er hat nicht das Gefühl, dass er sich noch auf einen anderen Weg begeben könnte. Wie auch immer es endet, für Londo ist klar, dass er dem einstmals eingeschlagenen Pfad folgen muss.

Die Szene, in der Londo und Urza feiern, ist vergleichbar mit der Ruhe vor dem Sturm. Denn Londo muss erkennen, dass sein Freund nicht nur als Freund gekommen ist, sondern zugleich um eine Gefälligkeit bittet, die Londo gewähren kann, weil er mittlerweile ein einflussreicher Mann ist. Der Ausdruck auf Peter Jurasiks Gesicht ist eindrucksvoll. Der Schmerz über die Erkenntnis, was die Macht mit sich bringt, zeigt sich in seiner versteinert wirkenden Miene.

Londo erkennt, dass er zulange ignoriert hat, was auf der Heimatwelt passiert. Nicht, weil er es übersehen hätte, sondern weil er es nicht wissen wollte. Hätte er es wissen wollen, hätte er früher erkennen können, wie es um Urza Jaddo steht. Er hätte intervenieren können, als das noch möglich war. Aber Urza Jaddo ist auch jemand, der sich gegenteilig zu Londo entwickelt hat. Er weiß um den Wunsch des verstorbenen Imperators Turhan nach Frieden, und er verurteilt den Krieg mit den Narn, in den die Centauri das andere Volk gezwungen haben. Vor allem aber weiß er, wie Lord Refa und die Seinen den jungen Cartagia auf den Thron bugsiert haben. Alles Dinge, die Londo nicht weiß und die er auch gar nicht wissen wollte.

Aber nach dieser Folge, nach der Erkenntnis, was die Ignoranz ihm brachte, ändert sich Londos Verhalten dahingehend, dass er einen genauen Blick auf die Heimatwelt wirft. Nur ist es bereits zu spät – sie alle haben sich auf den Pfad ihrer Vernichtung begeben, und davon abzuweichen, ist unmöglich.

Das Skript

In der ersten Version des Skripts wollte DiTillio die Sheridan-Geschichte noch ganz anders erzählen. Anstelle des Baseballfelds hätte er hier mit einem Bogen auf ein Ziel geschossen, aber der Dalai Lama wäre erschienen, hätte den Pfeil gefangen und den Captain gefragt, ob er er verstehen würde. Das tat er nicht, woraufhin der Dalai Lama erklären sollte: »Das ist ein guter Anfang.«

Dann hört Sheridan Delenns Stimme und findet sich in einer anderen, von dem außerirdischen Wesen in ihm ausgelösten Vision. Er ist an Bord der Agamemnon, und Delenn, die nun gänzlich Mensch ist, ist seine Erste Offizierin. Sie sehen zu, wie die Black Star zerstört wird. Wieder wechselt die Vision. Man ist nun auf der Brücke der Black Star. Delenn ist auch hier die Erste Offizierin, aber in einer Uniform der Kriegerkaste. Der Captain: Sheridan als Minbari. Sheridan wacht auf, seine Augen glühen, die wahre Delenn sieht ihn an. Er will zu Franklin, aber sie erklärt ihm, dass der Arzt nicht helfen kann. Erst mit einem Gerät der Minbari ist es Sheridan dann möglich, mit dem Wesen in seinem Inneren in Kontakt zu treten.

Er nimmt eine Starfury, und das Wesen verlässt ihn im Hyperraum – formt jedoch noch ein riesenhaftes Sheridan-Gesicht und stößt einen markerschütternden Schrei aus.

Diese Version wurde von JMS komplett gestrichen. Nicht nur, weil das Ganze einigermaßen verwirrend war, sondern weil all die neuen Sets das Budget überstrapaziert hätten. So kam DiTillio auf die Version der Sheridan-Geschichte, die man nun in der Folge sieht.

Von der letzten Version des Skripts hin zur fertigen Folge gab es nur zwei Änderungen. Zwei Szenen sind im Skript ein wenig länger.

Als Urza und Londo einander zuprosten und trinken, tauschen sie ein paar freundschaftliche Beleidigungen aus. Vir entschuldigt sich dann und geht.

Vir: If you'll excuse me, Ambassador …

Londo: Yes, yes, Vir, go, go … And try to develop a more positive attitude.

Und zu Urza gewandt:

Londo: He's a good attaché. But he has strange ideas.

Urza: Youth's folly always seems strange when looked on through old eyes like ours.

Londo: Old! Pah! You've not aged a day; and I, I am as fit as I ever was. Fitter.

Urza: And fatter as well!

Später ist eine weitere Szene mit Urza und Londo länger. Bevor Londo nach Urzas Frau fragt, erzählt er seinem alten Freund davon, wie er sich von zweien seiner drei Frauen hat scheiden lassen.

Wertung von Kosh

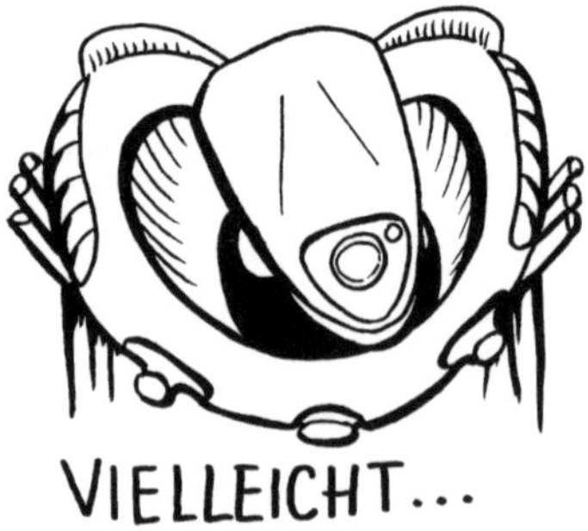

2.18
Confessions and Lamentations
(Das Ende der Markab)

US-Erstausstrahlung: 24. Mai 1995
Deutsche Erstausstrahlung: 5. Mai 1996
Regie: Kevin G. Cremin
Drehbuch: J. Michael Straczynski

Darsteller: Jim Norton (Dr. Lazarenn), Maggie Egan (Jane / ISN Anchor), Josh Coxx (Tech David Corwin)

Inhalt

Es sterben erstaunlich viele Markab auf der Station an einer natürlichen Ursache. Wie sich herausstellt, ist es aber doch nicht so natürlich. Eine Seuche rafft die Markab dahin, die vor Jahrhunderten schon einmal da war und von der die Markab glauben, dass sie nur die Unmoralischen erwischt, weswegen niemand an einem Heilmittel geforscht hat. Das muss nun Dr. Franklin tun, da die Gefahr besteht, dass die Seuche auf andere Spezies übergreifen könnte. Sheridan stellt die Station unter Quarantäne. Die Markab werden isoliert. Delenn und Lennier erbitten die Erlaubnis, im Isolationstrakt den Markab beistehen zu können. Dr. Lazarenn erkrankt, wodurch Dr. Franklin in der Lage ist, den Krankheitsverlauf zu dokumentieren. Als dann ein Pak'ma'ra stirbt, findet man eine Übereinstimmung und ein Heilmittel. Doch es ist zu spät. Die Markab sind tot – nicht nur auf der Station, sondern auch auf ihrer Heimatwelt.

Hintergründe

Erst viel später – lange, nachdem diese Folge ausgestrahlt worden war – erfuhr JMS davon, dass die Church of Scientology an eine »Marcab Confederacy« glaubt. Er wurde später mehrmals darauf angesprochen, ob das Volk der Markab ein Kommentar darauf sein sollte. Das verneinte er stets und erklärte, dass er die Church of Scientology abstoßend fand und den Namen der Markab geändert hätte, wenn er davon gewusst hätte.

Mit *Confessions and Lamentations* wollte sich JMS dem Thema Religion auf zwei sehr unterschiedliche Arten nähern und praktisch die gute und die schlechte Seite zeigen. Die Minbari sind hier die Vertreter der guten Seite. Nicht nur, weil ihre Religion und ihre Rituale darauf abzielen, positiv ihre eigene Identität zu stärken, sondern auch, weil Delenn und Lennier ihr eigenes Leben riskieren, um Trost zu spenden. Die Szene am Ende, als beide sich inmitten der toten Markab erheben, ist von immenser Wirkkraft.

Die Markab wiederum stehen für die dunkle Seite der Religion. Bei ihnen ist es ein ›Wir gegen Sie‹. Die einen sind die Reinen, die Moralischen, die Aufrechten, die natürlich von einer gottgeschickten Seuche verschont werden. Die anderen, die Kranken, sind die Unreinen, die Unmoralischen und die Verderbten. Aber das verschwimmt, als immer mehr der Moralischen ebenfalls erkranken.

JMS hat das zum logischen Ende durchdacht, so wie es bei einer Seuche – die zu 100 Prozent tödlich und ansteckend ist – eben sein muss. Alle Markab sind tot. Darum musste im Nachgang dem Make-up-Department ganz klar gemacht werden, dass künftig in den Hintergründen keine Markab mehr zu sehen sein durften. Allerdings hielt man sich mit der ISN-Nachrichtensendung am Ende ein Türchen offen, denn da heißt es, dass außerhalb der Kolonien vereinzelt Markab überlebt haben könnten, wenn sie keinen Kontakt zu anderen Mitgliedern ihres Volks hatten.

Dies ist übrigens eine der wenigen Folgen der zweiten Staffel, in der die Figur Warren Keffer vorkommt. Hier ist er der Pilot, der mit anderen einen im All treibenden Frachter der Markab findet. Und man erfährt, dass er in seiner Freizeit im Hyperraum nach dem seltsamen Schiff sucht, das er einmal zuvor gesehen hat.

Kommentar

Confessions and Lamentations ist eine gänzlich für sich stehende Episode. Das macht sie nicht schlecht, es ist nur so, dass sie für den größeren Handlungsbogen bedeutungslos ist. Allenfalls für das größere Ganze interessant ist das Essen von Delenn und Sheridan und seine Besorgnis, als sie sich entscheidet, in den Isolationsbereich zu gehen. Erstmals merkt man hier, dass Sheridan mehr für

Delenn empfindet. Das andere Element, das aber hier nicht neu ist, ist Franklins Missbrauch von Stimulanzien. Das wurde im Verlauf der Staffel immer wieder einmal angesprochen, hier nimmt es aber fast schon überhand.

Die Haupthandlung ist eine, die man gerade bei Science-Fiction-Formaten immer wieder gesehen hat. Der Kampf gegen eine Seuche ist ein spannendes Story-Element, und das umso mehr, wenn man wie hier auf eine Friede-Freude-Eierkuchen-Endsequenz verzichtet. Die Rettung der Markab kam zu spät, wohl auch deswegen, weil die Markab glauben, dass nur die Unmoralischen von der Seuche getötet werden. Wer reinen Herzens ist, der ist sicher, und jeder denkt, er sei reinen Herzens.

JMS kommentiert hier in Richtung religiöser Verblendung und zieht eine Parallele zur Pest, die im Mittelalter in Europa wütete. Auch damals dachten die Menschen, es sei eine Strafe Gottes, nur dass die Markab schon das Raumfahrtzeitalter erreicht haben und es eigentlich besser wissen müssten.

Trotzdem untersucht die Folge aber auch die Dynamik, die mit einer solchen Seuche einhergeht. Menschen suchen nach einem Sündenbock, nach jemandem, der für das Leid verantwortlich ist. Wer das ist, ist fast schon nebensächlich. Es ist vielleicht ein Urinstinkt oder die pure Angst, die die Leute antreibt. Aber sie kann jeden packen. Sehr schön ist die Szene, als Garibaldi einen Markab gegen einige Schläger verteidigt. Aber als der Markab die Hand ausstreckt, damit Garibaldi ihm hochhilft, zögert der Sicherheitschef einen Moment lang, weil auch er nicht frei von der Angst ist. Nicht vor einem Markab, sondern vor dem Virus, jenem unsichtbaren Feind, gegen den man sich nicht wehren kann.

Die Folge war in den 1990er Jahren schon gut. Aus heutiger Sicht – und unter dem Eindruck einer Pandemie, die wir alle erlebt haben – ist sie sogar noch prägnanter, weil sie sehr präzise zeigt, wie die menschliche Dynamik angesichts einer solchen Bedrohung nur allzu oft aussieht. Die Serie mag mehr als 250 Jahre in unserer Zukunft spielen, aber das war nicht genug Zeit, damit die Menschen sich ändern. Es wird nie genug Zeit dafür gewesen sein.

Das Skript

Vom Skript zur fertigen Folge gab es einige Veränderungen. Sechs Szenen sind im Skript länger oder dort überhaupt enthalten, während sie in der Episode selbst fehlen; drei andere sind in der Folge gänzlich anders. Die erste Szene kommt ziemlich am Anfang, als Warren Keffer mit einer Starfury im Hyperraum unterwegs ist und von Ivanova gerufen wird. Sie befiehlt ihm, zurückzukehren.

Nur im Skript ist die Szene mit dem Botschafter der Markab länger, der sich bei Sheridan über die Behandlung beschwert. Im Skript spricht Sheridan zuvor noch kurz mit Garibaldi, der ihm einen Bericht über den roten Sektor gibt. Nur in der Folge selbst erklärt der Botschafter, dass die Markab sich selbst isolieren werden.

Im Skript ist die Szene länger, in der Franklin mit Lazarenn in seinem Labor spricht. Nachdem sie sich darüber unterhalten haben, wie die Leute überall im Universum auf Seuchen reagieren, fragt Franklin den Doktor, ob er von seiner Familie zuhause gehört habe.

Franklin: Any word form your family?

Lazarenn: I've tried to get through to them, but all communication in or out has been cut off. If it's this bad here I can only imagine what's happening back home right now.

Franklin: If things clear up … I'll try to get a message through for you, if you want.

Lazarenn: That would be good. Thank you.

Verändert ist Szene Nummer 50. Im Skript kommt einer der Ärzte zu Franklin und erklärt ihm, dass der Pak'ma'ra an einer natürlichen Ursache gestorben ist. In der Episode erklärt derselbe Arzt, dass es die Seuche ist.

Im Skript deutlich länger ist die Szene, als Delenn das kleine Mädchen tröstet, während Lennier nach dessen Mutter sucht. Sie erzählt, wie sie in einem Tempel von ihren Eltern getrennt wurde. Das Mädchen möchte wissen, wie Delenn wiedergefunden wurde. Delenn erzählt die Geschichte.

Delenn: Hours passed, and the temple was cold, and deserted. I fell asleep. When I woke up, there was another standing over me. He looked down at me and smiled, and my fear went away. He stood there, bright against the darkness, and said that I was going to be all right, and that if I believed, then my parents would find me. He said, »I will not allow harm to come to my little ones here, in my great house.« Just then the door opened and my parents came running.

Das Mädchen will dann wissen, wie Delenn von ihren Eltern gefunden wurde. Delenn erzählt es, auch, dass sie glaube, es sei Valens Geist gewesen, der ihr beistand.

Delenn: They said they heard me callling them … but I have no memory of doing so. Besides, the walls of the temple are very thick; I could have cried out all day and never been heard. And the man was gone. I have always believed it was the spirit of Valen that reached out to me in my hour of need, and helped me.

Eine komplette Szene fehlt, die auf dem Zocalo spielt. Er ist verlassen. Sheridan erzählt Ivanova, dass auf der Markab-Heimatwelt pures Chaos herrsche, Millionen gestorben seien und Panik sich ausbreitee. In dem Dialog wird außerdem klargestellt, dass die Seuche nur innerhalb der Markab grassiere. Darum wurde sie wohl auch entfernt.

Sheridan: I guess they're all hiding.

Ivanova: Until this is over. One way or another. I put the word out that it doesn't seem to be transmissible outside the Markabs … but they're afraid anyway. Any word from Dr. Franklin?

Sheridan: No. He's been at it all night. I've been monitoring the news … the Markab homeworld is falling apart. Millions of dead. No power, no water, panic in the streets … terrible. Terrible. All the things we faced here, the battles, the threats … but none of them compare with this. You can't see it, smell it, touch it … until it's too late. I just hope …

Dann wird er von Franklin unterbrochen, der ihn in Medlab Eins treffen will. In der Folge selbst erhält Franklin vom sterbenden Lazarenn einen Hinweis auf die gelben Zellen. Im Skript stirbt Lazarenn off-screen, während Franklin erklärt, wie die Seuche den Körper angreift und wie sich das umgehen lässt.

Die letzte Szene des Skripts ist komplett herausgefallen. Schade, denn JMS hat Sheridan hier eine lange Rede gegeben, in der er die Mitglieder des Rats daran erinnert, dass Furcht und Schweigen ebenso tödlich wie jede Seuche sein können. Wenn die Völker sich daran erinnern, bewirkt der Untergang der Markab vielleicht etwas.

Sheridan: The Narn and Centauri ambassadors send their regrets. Due to their ongoing war, they are unable to attend. I suppose there's another lesson there somewhere, but today isn't the time to explore ist. (Pause) Some say that the only meaning life has is that which we choose to give it. I don't know if that's true or not. At a time like this, it's hard to make sense of anything. But if we can ascribe meaning to our lives then it is perhaps even more important that we ascribe meaning to our death. We must learn from it … or else what was all this for?

Sheridan steht auf, geht durch den Raum und versucht, jeden dabei anzusehen.

Sheridan: In the last seven days, we learned that an entire race can judge itself to death. That fear and silence can be as deadly as the plague that spawned it. We've learned that there is no such thing as someone else's problem, that in the end, we are all connected. (Pause) A human writer, John Donne, wrote: »No man is an island, entire of itself. Any man's death diminishes me, because I am involved in mankind. Therefore never send to know for whom the bell tolls. It tolls for thee.« If we can remember that lesson, then all this might not have been in vain, and their deaths will have meaning.

Wertung von Kosh

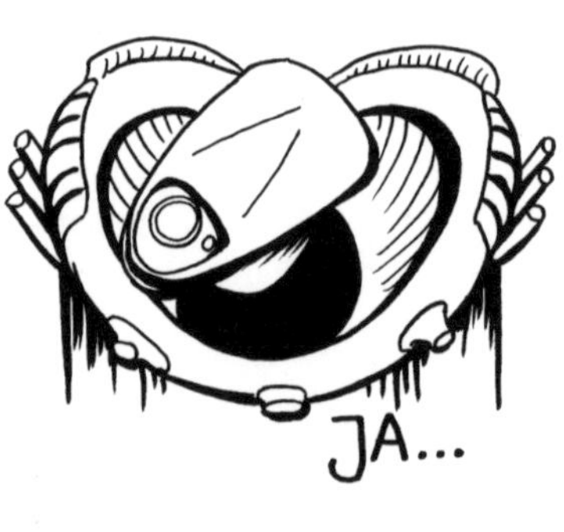

2.19
Divided Loyalties
(Verräter ohne Schuld)

US-Erstausstrahlung: 11. Oktober 1995
Deutsche Erstausstrahlung: 12. Mai 1996
Regie: Jesús Salvador Treviño
Drehbuch: J. Michael Straczynski

Darsteller: Patricia Tallman (Lyta Alexander), Josh Coxx (Tech David Corwin)

Inhalt
Lyta Alexander kommt auf die Station. Sie konnte dem Psi-Corps entfliehen und hat eine wichtige Nachricht, doch alle Führungsoffiziere müssen sich versammeln. Danach erklärt sie Sheridan und den anderen, dass einer von ihnen ein Verräter sei. Das Psi-Corps hat bei einem eine Persönlichkeit integriert, die unter der eigenen liegt, kaum entdeckt werden kann und Informationen sammelt und weitergibt. Lyta hat ein telepathisches Passwort, mit dem die Persönlichkeit erweckt wird, woraufhin von der eigentlichen Person nichts mehr übrig bleibt.

Sheridan entscheidet, dass Lyta jeden testen soll – mit Ausnahme von Ivanova, die ihm gestanden hat, dass sie eine latente Telepathin ist. Doch keiner ist der Schläfer-Agent. Man entfernt sich immer weiter vom Zentrum der Macht. Dann taucht Talia Winters auf, und Lyta sendet das Passwort. Talia ist die Schläfer-Agentin, die nun nicht mehr sie selbst ist. Etwas, das Ivanova schmerzlich feststellen muss, bevor Talia von der Station weggeschickt wird.

Hintergründe
JMS hat die fünfjährige Geschichte so angelegt, dass er im Bedarfsfall Anpassungen vornehmen könnte. Diese waren schon nach dem Pilotfilm nötig, denn eigentlich hatte er geplant, dass Laurel Takashima die Schläfer-Agentin sein sollte. Als Tamlyn Tomita nach dem Pilotfilm nicht mehr dabei war, entschied er, dass die neue Telepathin Talia Winters diese Rolle übernehmen würde.

Auch Talia Winters war eine Änderung des Plans. Denn eigentlich sollte Lyta Alexander die Telepathin der Serie sein. Ihre Begegnung mit dem Geist des Vorlonen Kosh wollte JMS nutzen, um ihre Kräfte auf gigantische Weise zu steigern, etwas, das im späteren Verlauf des Schattenkriegs notwendig war. Als er aber Lyta Alexander verlor und dafür Talia Winters erhielt, musste er einen Weg finden, deren Power-Level zu steigern. Und dann verlor er Talia Winters.

Andrea Thompson war unzufrieden mit ihrer Rolle. Sie fühlte sich zu wenig eingesetzt. Aber das ist die Crux einer Serie mit derart vielen Hauptfiguren. Manche haben mehr zu tun, bei anderen wird es teils mehr und teils weniger. Das hatte JMS auch allen erklärt. Jede der Figuren hat Bedeutung, und für jede war eine große Geschichte vorgesehen, immer im Rahmen der fünfjährigen Geschichte, die er erzählen wollte. Das verhinderte aber auch, dass er einer Figur mehr zuschieben konnte, als ihr an diesem Punkt der Geschichte zustand. Andrea Thompson wollte dennoch mehr zu tun haben. JMS erklärte es und sagte ihr, dass ihre Figur nicht nur mit der Ivanova/Talia-Beziehung tolle Szenen bekommen würde, sondern in der vierten Staffel besonders bedeutsam sein würde.

Aber ihr reichte das nicht. Über ihren Agenten ließ sie darum bitten, aus ihrem Kontrakt entlassen zu werden. JMS ließ sie also ziehen. Für Thompson durchaus eine gute Entscheidung, da sie von 1996 bis 2000 in der erfolgreichen Serie *New York Cops: NYPD Blue (NYPD Blue,* 1993-2005) dabei war.

Für JMS war es ebenfalls eine Chance, weil er nun Lyta Alexander zurückbringen konnte, die Telepathin, die er von Anfang an gewollt hatte, die aber nach dem Pilotfilm aus der Serie geflogen war, weil Warner ihre Honorarforderungen nicht hatte erfüllen wollen. JMS rief sie darum an und bat sieihr, dass sie es diesmal nicht versauen möge.

Mit Talia Winters‘ Weggang endete aber auch die Beziehung mit Ivanova. JMS hatte eigentlich vor, diese zu einem fortlaufenden Nebenhandlungsbogen zu machen, weil er es toll gefunden hätte, wenn *Babylon 5* die erste Science-Fiction-Serie gewesen wäre, in dem ein gleichgeschlechtliches Paar Teil des Kaders der Hauptfiguren ist. Während die Telepathen-Handlung, die rund um Talia geplant war, locker auf Lyta umverteilt werden konnte, war das bei der Beziehung nicht möglich. Sich Lyta in Ivanova verlieben zu lassen, hätte sich nicht nur falsch angefühlt, es wäre auch völlig holprig gewesen. Schweren Herzens musste sich JMS also von dieser Geschichte verabschieden.

In der Folge selbst sieht man keinen Kuss der beiden Frauen. Eine Szene impliziert ihn jedoch. Zudem erklärte JMS, dass die Szene, in der die erwachte Talia die Hand im Bett ausstreckt und niemanden neben sich findet, schon so zu verstehen ist, dass dort eigentlich Ivanova gelegen hätte.

Hätte Andrea Thompson die Serie nicht verlassen, wäre es Kosh gewesen, der später Talia Winters‘ gute Persönlichkeit wiederherstellt, und zwar mit Hilfe der Daten, die in einer Nebenhandlung von *Deathwalker* in der ersten Staffel gesammelt wurden.

Kommentar

Natürlich erwartet man nicht, dass eine der Hauptfiguren der Schläfer-Agent ist. Dennoch gelingt es JMS, ein gewisses Gefühl des Unbehagens heraufzubeschwören, weil er in seinem Storytelling bisher so mutig war, nicht immer den einfachen Weg zu gehen, und weil eines seiner großen Themen die Konsequenzen unserer Entscheidungen sind. Paradoxerweise ist es hier keine Entscheidung, die getroffen wurde. Talia ist ein Opfer, so wie es ihr Ivanova in einer ihrer ersten Begegnungen bereits sagte, nur dass sie das nicht verstand.

Eine gewisse Zeitlang ist man tatsächlich versucht zu glauben, dass Ivanova die Schläfer-Agentin sein könnte. Die Enthüllung, dass es Talia ist, kommt dann durchaus mit Wucht daher, die noch dadurch akzentuiert wird, dass die Beziehung von Ivanova und Talia hier auf die nächste Stufe gestellt wurde.

Die ganze Staffel über tanzten die beiden Figuren bereits umeinander. Man spürte die gegenseitige Anziehung, und hier, als Talia bei Ivanova übernachten muss, weil sie nicht in ihrem Quartier bleiben kann, kommt der Moment, da die nächste Stufe erklommen wird. Das ist eine subtile Art, eine LGBTQIA+-Beziehung in die Serie einzuarbeiten. Es ist schade, dass dies erst am Ende von Talias Zeit auf Babylon 5 kam. Man hätte gerne etwas mehr gesehen, aber im Fernsehen der 1990er Jahre war das schon bemerkenswert, weil man dort homosexuelle oder lesbische Beziehungen kaum zu sehen bekam. JMS erklärte später, dass diese Nacht in Ivanovas Quartier das erste Mal darstellt, dass die Frauen miteinander intim wurden.

Die Serie wurde von konservativen Stimmen für die Darstellung dieser Beziehung gescholten; von LGTBQIA+-Seite aus mahnte man an, dass man nicht weit genug gegangen sei. Im Grunde nutzt JMS hier das ›Toter Schwuler‹-Klischee. Es kommt häufig vor, dass gerade homosexuelle Figuren getötet werden, um dem heterosexuellen Ensemble eine Art von Offenbarung zu ermöglichen. Heutzutage versucht man, auf dieses Klischee zu verzichten, und hier gilt es im Grunde sowieso nur, weil Talias Persönlichkeit tot ist, auch wenn der Körper lebt.

Man spürt, dass Ivanova ganz knapp davor stand, Talia die Wahrheit über sich zu sagen. Sie vertraute der Telepathin, was am Ende ein großer Fehler gewesen wäre. Die Talia, in die sie sich verliebt hatte, existiert am Ende nicht mehr. Auswirkungen für die restliche Crew sind eher zu vernachlässigen, weil die neue Talia dem Corps nichts enthüllen konnte, was dieses nutzen könnte, ohne sich selbst zu kompromittieren. Aber die Enthüllung der Schläfer-Agentin kam zum letztmöglichen Zeitpunkt, da Sheridan und Co. davor standen, Talia in ihren inneren Kreis aufzunehmen.

JMS wusste von Anfang an, dass Talia die unwissentliche Agentin sein würde. Darum hat er in früheren Folgen immer wieder Momente eingebaut, in denen sie sich selbst im Spiegel ansieht. Es ist ein starker Symbolismus, der noch besser wirkt, wenn man weiß, wie es um das Schicksal der Figur bestellt ist, weil man das Gefühl hat, dass die echte Talia immer spürte, dass es noch eine andere gab und sie diese im Spiegel sehen konnte.

Das Skript

Im Skript gibt es zwei Szenen, die länger sind, und eine, die entfernt wurde. Die erste ist die Szene, als Lyta dem Führungsstab von Babylon 5 erzählt, dass es unter ihnen einen Verräter gibt. Die Telepathin besteht darauf, dass jeder von ihnen eine PPG erhält, da die enthüllte Schläfer-Persönlichkeit alles tun würde, um sich zu verteidigen. Darum müssten sie bewaffnet sein, um diese auszuschalten.

Garibaldi: There. Four PPGs, charged and ready, just like you asked for. Now do you mind telling us what this is about?

Lyta: After everyone takes one of the guns.

Ivanova: This is nuts … if you didn't vouch for her, Garibaldi …

Garibaldi: I didn't vouch for her. I just … know her. And if it's the only way she'll talk …

Ivanova: All right, all right …

Garibaldi hat bereits eine Waffe, nimmt sich aber eine weitere.

Franklin: You've already got a gun. Now you've got two.

Garibaldi: Yeah, well, me and math, you know how it is …

Sheridan: All right. We're all armed. Now, if you don't mind, Ms. Alexander, I'd like an explanation.

Danach ist ein Gespräch zwischen Sheridan und Garibaldi länger. Der Sicherheitschef erklärt, dass das Psi-Corps Lyta aus persönlichen Gründen freigestellt habe, dass sie nicht geflohen sei, aber das würde man wohl auch nicht zugeben.

Ein kurzer Moment fehlt direkt am Ende, der durchaus schön gewesen wäre. Talia Winters verlässt die Station und geht durch einen Gang, der mit Sicherheitsleuten gesäumt ist. Auch Garibaldi ist da. Sie sieht ihn an, er blickt weg. Dann sieht auch er sie an, aber sie kann in seinem Gesicht erkennen, dass er keinerlei Gefühle mehr für sie hat.

Wertung von Kosh

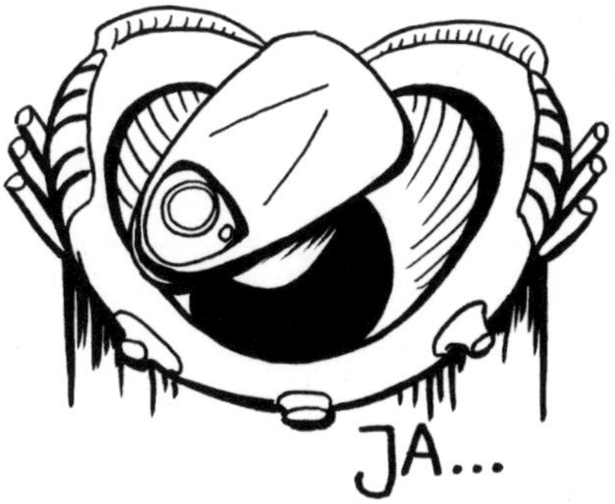

2.20
The Long, Twilight Struggle
(Die Armee des Lichts)

US-Erstausstrahlung: 18. Oktober 1995
Deutsche Erstausstrahlung: 19. Mai 1996
Regie: John C. Flynn III
Drehbuch: J. Michael Straczynski

Darsteller: John Schuck (Draal), Riff Hutton (ISN Reporter), William Forward (Lord Refa), William Morgan Sheppard (Warleader G'Sten), Josh Coxx (Tech David Corwin)

Inhalt

Der Krieg verläuft für die Narn schlecht. Warleader G'Sten weiht G'Kar in einen riskanten Plan ein. Der Großteil der Flotte wird einen Planeten angreifen, über den die Centauri den Nachschub organisieren. Aber damit ist die Heimatwelt verwundbar. Londo wird nach Centauri Prime gerufen. Lord Refa erklärt ihm, dass man Funksendungen abgefangen habe, die den Angriff auf den Nachschubplaneten betreffen. Er möchte, dass Londos Verbündete die Narn-Schiffe dort erwarten, während die Centauri die Narn-Heimatwelt direkt angreifen. Londo ist widerwillig, tut es aber. Die Narn-Schiffe werden vernichtet, und die Centauri beschießen die Narn-Welt mit Massebeschleunigern, einer verfemten Waffe. Tage später müssen die Narn kapitulieren. Zuvor hat G'Kar jedoch den Befehl erhalten, auf Babylon 5 um Asyl zu ersuchen, das Sheridan auch gewährt.

Sheridan wird derweil von Draal auf dessen Planeten eingeladen. Er weiß um die Verschwörung gegen die eigene Regierung, der Sheridan vorsteht. Zudem bietet er eine Allianz an. Als er wieder auf der Station ist, weiht Delenn ihn in weitere Vorgänge ein, die den kommenden Krieg betreffen. Er erfährt von den Rangers, die nun ihm ebenso wie Delenn unterstehen. Die Armee des Lichts wächst.

Hintergründe

Für JMS waren die gemeinsamen Szenen von Peter Jurasik und Andreas Katsulas immer etwas Besonderes. Er nahm sich Zeit vom Schreibprozess und seinen anderen Aufgaben während eines Drehtags, um sich die beiden live anzusehen. Anfangs dachten Jurasik und Katsulas noch, er würde nicht mögen, was sie taten, und wäre aus dem Grund da, um eingreifen zu können. Später erklärte er ihnen, wie inspirierend ihr Spiel für ihn war, um sich dann wieder an die Tasten zu setzen und weiterzuschreiben.

Die Transformation des Londo Mollari von der Witzfigur zur tragischen Figur wird auch durch die Kostüme illustriert. In der ersten Staffel hatte er noch einen Mantel mit kräftigem Lila und goldenen Ornamenten, der Farbton wurde im Lauf der Zeit aber immer dunkler. Hier wirkt es schon, als würde Londo einen schwarzen Mantel tragen. JMS nutzte das auch als Metapher dafür, wie Londos Seele sich immer mehr verdunkelt.

Überhaupt hat der Showrunner im Lauf der Serie immer sehr gern auf Symbolismus gesetzt. Man denke an die Spiegelungen von Talia Winters, aber auch an die Kerzen, die immer wieder auftauchen. Bei JMS ist Kerzenlicht ein Symbol für das Leben. Der Kampf der Narn gegen die Schattenschiffe bei Gorash 7 zeigt darum immer wieder Gegenschnitte auf G'Kar in seinem Quartier. Die Kerzen flackern, so wie die Leben der Narn bei Gorash 7 flackern. Bei der letzten Einstellung von G'Kar sieht man dann, wie er die letzte Kerze löscht – und das letzte Schiff der Narn wird vernichtet.

Als Warleader G'Sten wurde William Morgan Sheppard angeheuert. Er war in der ersten Staffel als Seelenjäger in *Soul Hunter* zu sehen. Was nicht jeder weiß: Sheppard hatte auch für G'Kar vorgesprochen und war einer der letzten Kandidaten, die JMS für die Rolle in Betracht zog. Sieht man sich G'Sten jetzt also an, kann man ein Gefühl dafür entwickeln, wie Sheppard den Botschafter der Narn gespielt hätte. Sicherlich anders als Andreas Katsulas, bestimmt nicht besser, aber gewiss gut. Dennoch: An Andreas Katsulas reicht niemand heran. Er hat hier unglaubliche Szenen. Ein besonderes Highlight ist jene, als er Sheridan widerwillig um Asyl bittet.

Der Kampf der Narn mit den Schatten war eine große FX-Sequenz, die einige Vorbereitung nötig machte. Besonders arbeitsaufwendig war die Gestaltung der Soundeffekte. Denn JMS hatte erkannt, dass Christopher Franke sehr stark mit Perkussionsinstrumenten arbeitete und deren Beats häufig genau mit Momenten korrelierten, wenn ein Schiff etwa die Waffen abfeuerte oder zerstört wurde. Er machte es sich darum zur Aufgabe, bei der Vertonung genau darauf zu achten, dass Musik und Soundeffekte zu einer Einheit wurden – teils waren es Effekte, die die Musik ersetzten, teils war es andersherum. Im Ergebnis trägt das aber auch zur immensen Dynamik der Weltraumschlachten von *Babylon 5* bei.

Draal wurde zuvor von Louis Turenne gespielt, nun von John Schuck. Er hat in der dritten Staffel einen weiteren Auftritt. Eigentlich hätte es noch mehr geben sollen, aber Schuck war wegen eines Broadway-Engagements unabkömmlich. JMS dachte darüber nach, die Figur später erneut neu zu besetzen, jünger zu machen und zu erklären, dass dies das Werk der Maschine sei, entschied sich aber dagegen und übertrug die Draal-Aufgaben Zathras.

Der Titel

JMS hat mit *The Long, Twilight Struggle* einen Titel gewählt, der in den USA starke Resonanz hervorruft. Es ist ein Zitat aus der Antrittsrede von Präsident John F. Kennedy: »Now the trumpet summons us again – not as a call to bear arms, though arms we need. Not as a call to battle, though embattled we are – but a call to bear the burden of a long twilight struggle, year in and year out, rejoicing in hope, patient in tribulation. A struggle against the common enemies of man: tyranny, poverty, disease and war itself.«

Kommentar

The Long, Twilight Struggle ist eine monumentale Episode. Der Krieg zwischen Narn und Centauri, der das ganze Jahr über ausgefochten wurde, findet ein Ende – und das könnte dramatischer kaum sein. Es gibt zwei Szenen, die über allem stehen. Die eine zeigt Londo an Bord des Centauri-Kriegsschiffs, als er zusieht, wie Massebeschleuniger gegen den Planeten eingesetzt werden. Peter Jurasiks Miene ist versteinert, eingefroren, seine Mundwinkel sind nach unten gezogen. Dies ist ein Mann, der vom Ausmaß dessen, was er entfesselt hat, erschüttert ist, der erkennt, was seine Ambition für Konsequenzen mit sich bringt: den Tod von Hunderttausenden, wenn nicht gar Millionen.

Aber das ist die eine Seite des Londo Mollari. Die andere ist die des Sprachrohrs der Centauri-Republik. Als solches verliest er vor dem Stationsrat die Bedingungen, denen die Narn zustimmen mussten, darunter die drakonischen Strafen. Wird nur ein Centauri durch einen Narn getötet, werden dafür 500 Narn exekutiert. Londo ist hier der starke Mann, derjenige, der die Forderungen stellt, und kaum jemand bietet ihm die Stirn. Die einzige Ausnahme ist hier Sheridan, als Londo fordert, dass G'Kar sofort den Rat verlassen müsse. Aber Londo ist auch der Mann, der erkennt, was er angerichtet hat, und der die Konsequenzen daraus trägt. Seine Rolle des Botschafters, der die Taten seiner Regierung vertritt, ist so etwas wie eine Selbstbestrafung.

Die zweite große Szene ist G'Kars Rede, bevor er den Rat verlässt, darüber, dass kein Diktator und keine Armee ein Volk, das nach Freiheit strebt, für immer unterwerfen kann. Das sei eine Lektion, die die Centauri bereits einmal gelernt hätten und die die Narn sie ein weiteres Mal lehren würden.

Zwei Männer, Vertreter ihres Volks, der eine oben, der andere unten. Aber würdevoller ist G'Kar, der nun nicht mehr Botschafter, sondern nur noch Bürger ist.

Der Narn-Centauri-Krieg ist vorbei, die angrenzenden freien Welten rund um das Narn-Gebiet werden von den Centauri nun aber als Protektorate annektiert. Der große Krieg steht erst noch bevor – der Narn-Centauri-Krieg war nur das einleitende Scharmützel.

Das Skript

Im Gegensatz zur Folge hat das Skript zwei längere sowie eine entfallene zu bieten. Die erste, die entfallene, ist nicht besonders wichtig. Sie besteht nur aus einem kurzen Dialog von Garibaldi und Ivanova, die beide nicht erfreut darüber sind, dass der Captain nach Epsilon 3 fliegt.

Garibaldi: I still don't like it.

Ivanova: Neither do I. But we don't have much choice. Station Three, keep an eye on the planet's surface. At the first sign of a weapons system being activated warn the captain; don't wait to let me know first.

Tech #1: Confirmed.

Weit besser ist eine Szene am Ende der Folge. G'Kar hört einen Bericht aus der Heimat, dann erhält er Besuch von Sheridan. In der Folge bietet Sheridan seine Hilfe an. Davor gibt es aber einen starken Dialog über die Macht der richtigen Worte zur richtigen Zeit.

Narn #3: … mass arrests continue to … lines for food since … can't risk keeping this channel open any longer … will have to shut down or be discovered. You are alone now, G'Kar. Goodbye.

Ein Signal von der Tür.

G'Kar: Yes …?

Sheridan: I just wanted to see how you were doing.

G'Kar: I live.

Sheridan: What you said in the council … I think it got through to a lot of people.

G'Kar: Words. Just words. I will believe in them tomorrow. Now …
Sheridan: You're right. Just words. But good words. And you can go far on that. Empires and governments have been built, and thrown down, by the right words, in the right place, in the right moment.

Danach ist die Szene länger, in der Sheridan von Delenn das Ko-Kommando über die Ranger übertragen wird. Im Skript taucht Draal noch einmal auf und erlaubt Sheridan Zugriff auf die Große Maschine. Auch darf er auf den Planeten, soll aber nur wenige Leute dorthin mitnehmen.

Draal: Captain.

Sheridan: Draal.

Draal: When you return to your quarters you will find a password that will let you access my system directly, whether I'm actually available or not. You will find the information and resources quite … impressive. Our weapons system is also at your disposal … everything I have is yours, with one proviso: no one but you and a few others are allowed on the planet's surface. As long as that promise is kept, I am with you.

Wertung von Kosh

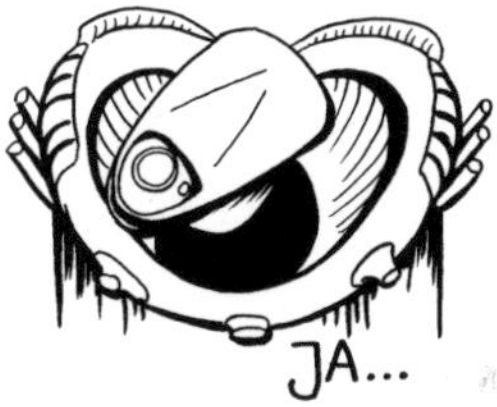

2.21
Comes the Inquisitor
(Das Verhör des Inquisitors)

US-Erstausstrahlung: 25. Oktober 1995
Deutsche Erstausstrahlung: 2. Juni 1996
Regie: Michael Vejar
Drehbuch: J. Michael Straczynski

Darsteller: Wayne Alexander (Sebastian), Jack Kehler (Mr. Chase), Josh Coxx (Tech David Corwin)

Inhalt
G'Kar besorgt Waffen für den Kampf in der Heimat, seine Leute auf der Station sind aber nicht überzeugt, dass er seine Versprechen einhalten kann. Sie fordern einen Beweis: Er soll für einen von ihnen Nachricht von seiner Familie aus der Heimat besorgen. G'Kar bittet Sheridan um Hilfe, der die Rangers nutzt, um die Nachricht zu besorgen. Damit ist G'Kar als Anführer seiner Leute bestätigt.

Derweil kommt Sebastian auf die Station. Er ist ein Inquisitor der Vorlonen, ein Mensch, der Delenn befragen und feststellen soll, ob sie der kommenden Aufgabe gewachsen ist. Denn Kosh ist ihrer unsicher. Doch dies ist nicht nur ein Test für Delenn, sondern auch einer für Sheridan. Beide sind bereit, sich füreinander zu opfern, als es hart auf hart kommt. Genau das wollte Sebastian sehen. Die beiden haben bestanden, und er geht, aber Sheridan stellt ihn noch einmal zur Rede. Er hat herausgefunden, wer Sebastian ist: ein Mann, der von seiner göttlichen Mission überzeugt war, der glaubte, er habe recht, und die Welt irre sich, der von den Vorlonen deswegen gewählt wurde, weil er um die Hybris selbsternannter Auserwählter weiß. Und er büßt für das, was er 1888 in London getan hat – als man ihn als Jack kannte.

Hintergründe

JMS ist ein Ripperologe. Wie viele Menschen ist er von Jack the Ripper, dem bekanntesten Serienkiller der Welt, fasziniert. Diese Faszination ergibt sich auch daraus, dass die Identität des Rippers nie bekannt wurde. Theorien gibt es viele; JMS hängt jener an, dass ein gewisser Reverend Samuel Barnett der Killer war. Dieser war religiös-fanatisch, Antisemit, und eines der Opfer des Rippers hatte Barnetts Sohn die Syphilis angehängt. Er ist ein guter Verdächtiger. Für JMS war er die Inspiration für Sebastian, weil er in Samuel Barnett als Ripper einen Mann sah, der sich auf einer Mission wähnte, der glaubte, er könne mit dem Schmutz und der Amoral aufräumen, so wie Sebastian.

Den Schauspieler Wayne Alexander für diese Rolle zu bekommen, war ein Glücksgriff. Alexander, Jahrgang 1943, war nie ein bekannter Schauspieler. Er hatte in Film und Fernsehen nicht viele Auftritte. Aber er ist ein exzellenter Bühnendarsteller. Das bringt er in diese Folge ein, die über weite Strecken ein Zwei-Personen-Stück ist und genauso auf einer Bühne hätte dargeboten werden können. Übrigens ist Alexander kein Brite. Sein britischer Akzent, der nach Upper Class klingt, ist jedoch exzellent. Als die Folge in Großbritannien ausgestrahlt wurde, vermutete dort niemand, dass Alexander tatsächlich Amerikaner war.

Die Idee, dass Sebastian Delenn immer wieder fragt, wer sie ist, kam JMS, weil dies praktisch das Gegenstück zu Mordens Frage ist, was man will. Die Vorlonen und die Schatten arbeiten im Grunde mit demselben Instrumentarium. Allerdings ist die Frage der Vorlonen deutlich schwieriger zu beantworten. Mit dem Stellen der ständig gleichen Frage, auf die es keine richtige Antwort gibt, hat JMS die Techniken von psychologischen Seminaren aus den 1970er Jahren übernommen, in denen Menschen samt und sonders dekonstruiert, man könnte auch sagen, gebrochen wurden.

Bis zur Ausstrahlung der Folge blieb ein Fehler unbemerkt. Als die Folge in den USA zum ersten Mal lief, sagt Sheridan, die Morde wären im Londoner West End begangen worden. Tatsächlich liegt Whitechapel jedoch im East End. Für spätere Ausstrahlungen und für die DVD wurde der Satz von Bruce Boxleitner noch einmal nachsynchronisiert. Wenn man genau hinsieht, kann man aber erkennen, dass sein Mund »West« und nicht »East« formt.

Kommentar

Die vorletzte Folge dieser Staffel ist aus vielerlei Gründen ausgesprochen stark, oberflächlich wegen der grandiosen Dialoge und der imposanten Darstellung von Wayne Alexander als Jack the Ripper. Tatsächlich sagt es aber vor allem viel über die Vorlonen aus, dass sie einen berüchtigten Serienkiller wie Jack the Ripper in ihre Dienste aufnahmen. Die Begründung ist einfach: Sebastian ist all das, was die Vorlonen in ihrem Kampf gegen die Schatten nicht gebrauchen können. Sie müssen darauf vertrauen, dass ihre Mitstreiter aus den richtigen Gründen agieren, nicht verblendet oder größenwahnsinnig sind. Aber dieser Test sagt ebenso viel über die Vorlonen aus wie über Delenn und Sheridan.

Die Vorlonen bestehen ihn nicht. Sie sind eine Spezies, bei denen der Zweck die Mittel heiligt, bei denen das Endergebnis auch moralische Verfehlungen auf dem Weg erlaubt. Das wird einem in dieser Folge gar nicht so bewusst, aber es ist eine Tatsache. Die Vorlonen sind weniger die Partner der jungen Rassen als eine weitere Bedrohung. Zum Ende des Schattenkriegs wird das immer klarer, wenn sie ihren Modus Operandi beim Kampf gegen die alten Feinde ändern.

Sie sind auch einer gewissen Selbstherrlichkeit schuldig. Man erfährt durch Sebastian, dass sie Welten besucht haben, die noch nicht zu den Sternen aufgebrochen sind, dass sie Menschen entführt und verändert haben. Bei wem außer Sebastian sie das getan haben? Niemand weiß es, und niemand wird es je erfahren.

Sebastian ist wiederum eine tragische Figur, jemand, dem der Fehler seiner Wege aufgezeigt wurde und der seit knapp 400 Jahren dafür büßt. Denn in der Aufgabe, die die Vorlonen ihm stellen, sieht er auch immer sich selbst, muss sich seiner eigenen Unzulänglichkeit und seiner Verfehlung stellen. Es ist eine drakonische Strafe, wenngleich nicht sicher ist, dass die Vorlonen dies so vorgesehen haben. Vielleicht nutzen sie Sebastian nur seiner Fähigkeiten wegen.

Das ist von Wayne Alexander, der später als Lorien zur Serie zurückkehrt, exzellent gespielt. Man merkt ihm an, dass er schauspielerisch am Theater trainiert wurde. Eine gewisse Theatralik kann er nicht verhehlen, aber er spielt ausgesprochen intensiv und mitreißend.

Die Nebenhandlung ist kein Stück schlechter. Dass G'Kar sich beweisen muss, ist eine Sache; vor allem aber zeigt sich, dass Sheridan ihn fast schon als einen Verbündeten sieht und Garibaldi seine Sympathie für die Verliererseite im Narn-Centauri-Krieg zeigt. Die mit Abstand beste Szene ist jedoch, als Vir den Lift betritt und G'Kar dort begegnet. Dieser blickt den Centauri nur an. Vir ist nervös, und dann sagt er, es täte ihm Leid. G'Kar zieht den Dolch, schneidet sich in die Handfläche, lässt das Blut tropfen, und bei jedem einzelnen Tropfen sagt er »tot«. Danach fragt er Vir, wie jener sich bei den Toten entschuldigen könne. Das kann er nicht, weswegen G'Kar auch nicht vergeben kann.

Es bedarf in diesem Moment aber auch keiner Vergebung. Diese Szene zeigt nur, dass es ebenso die anderen, die anständigen Centauri gibt, jene, die nicht Kriegstreiber und -gewinnler sind. Natürlich rettet das die Toten nicht, natürlich gibt es bei ihnen keine Entschuldigung und bei deren Nachkommen nur die vage Möglichkeit einer Form von Wiedergutmachung. Aber Vir geht einen Schritt auf G'kar zu – und das ist wichtig.

Das Skript

Ein Unterschied vom Skript zur Folge ist, dass die Reihenfolge mancher Szenen sich verändert hat. Die G'Kar/Garibaldi-Szene ist im Skript im ersten Akt, in der Folge dann aber im zweiten Akt. Das hat wiederum die Vir/G'Kar-Szene nach hinten verschoben.

Eine Szene am Anfang ist nur im Skript vorhanden. Entfernt wurde sie, weil sie in gewisser Weise redundant ist. Bei einer Besprechung erfährt Sheridan, dass keine Nachrichten von Narn mehr eintreffen, dass die Drohung, 500 Narn für jeden ermordeten Centauri zu töten, für eine gewisse Ruhe auf der Welt der Narn gesorgt hat, und dass weniger Verwundete auf der Station ankommen.

Es ist eine relativ lange Szene mit sehr viel Dialog. Sie hätte viel Zeit eingenommen, die anderweitig besser genutzt werden konnte. Eine besonders interessante Stelle gibt es aber schon, nachdem Garibaldi erklärt hat, dass die Drohung mit den 500 Narn, die getötet werden, auch dafür gesorgt hat, dass auf der Station kaum Gewalttaten zwischen Narn und Centauri stattfinden.

Franklin: Did you have a chance to talk to Londo before he took of for Centauri Prime?

Garibaldi: Just briefly. Naturally, he denied having anything to do with the attack on the Narn homeworld. Ten minutes later, he denied having said *that.* He's denied everything and then denied denying it. There's only one thing he said he can't deny.

Sheridan: Your serve.

Ivanova: All right, what didn't he deny?

Garibaldi: I don't know. He couldn't tell me.

Verändert wurde die Szene, in der Delenn sich ankleidet und mit Sheridan über den Monitor spricht. Der Dialog dieser Szene ist in der Folge vorhanden; er erfolgt, als Delenn zu Sebastian geht, und wird als Voice-Over eingesetzt.

Die Szene, als Sheridan das Verhör unterbricht, ist im Skript länger. Sebastian konfrontiert Sheridan mit der Frage, wer Delenn für ihn ist. Und er erzählt ihm davon, wer sie zu Beginn des Erd-Minbari-Kriegs war.

Sebastian: Did you come because she's in pain? There's a universe of pain all around you, Sheridan. What makes her pain special?

Sheridan: You're killing her.

Sebastian: If she dies then she's not the one. I repeat, what is she to you? Look at her … a sad, pathetic creature, driven to what she thinks is her destiny. Do you know why? She was there at the start of the war. She was on the council that fought the war. She has the blood of a quarter million humans on her hands … and she thinks she can make up for it, wash it all away, be sinner and savior, redeemer and redeemed all in one convenient package. Selfishness. Indulgence. Corruption.

Eine Szene, die nur im Drehbuch ist, ist Lennier vorbehalten. Er spricht mit Kosh über Delenn und seine Angst, dass sie diese Prüfung nicht übersteht.

Lennier: Ambassador Kosh … I have not heard from Ambassador Delenn since yesterday afternoon. Is she still being … questioned?

Kosh: Yes.

Lennier: Has she slept? Eaten?

Kosh: No.

Lennier: I do not mean to show disrespect, but I don't understand how this …

Kosh: No. You do not.

Lennier: Ambassador … please. Has anyone ever passed this … inquisition?

Kosh: No.

Lennier: Then … how do you know he's doing it right? He could be misusing his authority. Have you talked to any of them afterward?

Kosh: No.

Lennier: Why not?

Kosh: No one has ever survived.

Später folgt im Skript eine Szene auf dem Zocalo mit Lennier und Vir, die über ihre Probleme sprechen, ohne wirklich miteinander zu sprechen. Diese Szene wurde aus *Comes the Inquisitor* entfernt und in *The Fall of Night* untergebracht.

Nur im Skript ist eine Szene, in der Garibaldi auf dem Zocalo von einem Ranger aufgesucht wird, der ihm den Datenkristall gibt und erklärt, er hoffe, der Inhalt sei den Preis, der bezahlt werden musste, auch wert. Die Implikation ist, dass Ranger für die Erlangung dieser Information ihr Leben lassen mussten.

Wertung von Kosh

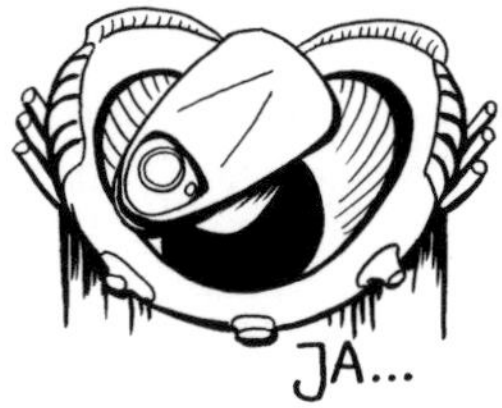

2.22
The Fall of Night
(Ein Pakt mit dem Teufel)

US-Erstausstrahlung: 1. November 1995
Deutsche Erstausstrahlung: 9. Juni 1996
Regie: Janet Greek
Drehbuch: J. Michael Straczynski

Darsteller: Roy Dotrice (Frederick Lantz), Rick Hamilton (Mitch Harvey), Robin Sachs (Warleader Na'Kal), John Vickery (Mr. Welles), Donovan Brown (Pak'ma'ra-Botschafter), Kim Strauss (Drazi-Botschafter), Josh Coxx (Tech David Corwin)

Inhalt

Frederick Lantz vom Ministry of Peace kommt auf die Station. Als Vertreter der Erde soll er mit den Centauri verhandeln. Sheridan glaubt – wie viele andere – dass die Erde die Taten der Centauri verurteilen wird, denn diese haben begonnen, nach dem Krieg mit den Narn Planeten anderer Völker zu annektieren. Doch weit gefehlt: Lantz soll einen Nichtangriffspakt mit den Centauri aushandeln. Erschwert wird ihm das, weil Sheridan einem beschädigten Schlachtschiff der Narn Zuflucht gewährt hat. Als Londo das herausfindet, taucht wenig später ein Kriegsschiff der Centauri auf. Sheridan schickt ein Geschwader los, um das Narnschiff auf dem Weg zum Jumpgate zu schützen. Die Centauri eröffnen das Feuer auf die Schiffe und auf die Station, ihr Schiff wird jedoch durch den Gegenbeschuss zerstört. Die Narn können fliehen.

Sheridan soll sich für seine Taten bei den Centauri entschuldigen. Bevor es dazu kommt, wird ein Anschlag auf ihn verübt, der Kosh zwingt, seinen Eindämmungsanzug zu verlassen. Er rettet Sheridan, und jeder sieht, wie die Vorlonen aussehen: für jeden anders, wie ein Engel ihrer jeweiligen Zivilisation. Mit Inkrafttreten des Nichtangriffspakts weiten die Centauri ihre Angriffe gegen die Planeten der Liga der blockfreien Welten aus.

Warren Keffer spürt ein Schiff der Schatten im Hyperraum auf und macht Aufnahmen, wird danach aber angegriffen und getötet. Die Aufnahmen gelangen jedoch zu ISN.

Hintergründe

Das Skript für *The Fall of Night* datiert auf den 26. März 1995. Als sich JMS daransetzte, wusste er eines: Warren Keffer würde sterben. Die Figur war ihm aufgezwungen worden; er wurde nie so recht warm mit ihr. Aber es fiel ihm trotzdem schwer, Robert Rusler zu sagen, dass seine Figur das Zeitliche segnen würde. Im Skript ist das darum auch vage gehalten: Es wird nicht explizit gesagt, dass er stirbt. Der Grund: JMS brachte es nicht über sich, Rusler zu sagen, dass diese Folge Keffers Schwanengesang sein würde. Es kam ja noch die Wrap Party, und die hätte er damit für jeden versauen können.

Eine Szene aus *Comes the Inquisitor* fand nun den Weg in *The Fall of Night:* das Treffen von Vir und Lennier in der Bar. Die Dialoge sind dabei bewusst so geschrieben, dass sie austauschbar sind. Jede der beiden Figuren hätte den Text der anderen sprechen können, und es hätte nach wie vor funktioniert. Es ist nur eine kleine Szene, die für das große Ganze nicht wichtig ist, die aber zeigt, in welcher Position die Assistenten der Botschafter wirklich stecken.

Was die Drehbücher betrifft: JMS hat in ihnen die pak'ma'ra immer klein geschrieben. Bis zu diesem Zeitpunkt hat die für die Script Coordination verantwortliche Frau immer Pak'ma'ra daraus gemacht. JMS wies sie schließlich an, dass sie das unterlassen solle. Als sie wissen wollte, wieso, erklärte er ihr, weil das nun mal die Art sei, wie die pak'ma'ra sich schreiben. Und wer würde sich mit pak'ma'ra-Grammatik besser auskennen als JMS?

Bei dieser Folge mussten alle Handlungsfäden des zweiten Jahres kulminieren. Zugleich war es eine Herausforderung, Londo nicht als Sympathieträger zu verlieren. JMS musste zeigen, dass der Botschafter das Gefühl habe, gar nicht mehr anders handeln zu können. Das Gleiche gilt für Zack Allan, der hier einen Teil seiner Seele an die Nightwatch verkauft. Auch er hat das Gefühl, dass er nicht mehr zurück kann.

Da die Folge ausgesprochen viele CGI-Momente hat, musste lange im Vorfeld mit der Produktion begonnen werden. Zum Ende hin wurde es aber dennoch eng, insbesondere bei der Enthüllungsszene von Kosh, mit der JMS nie so ganz zufrieden war. Die Dreharbeiten waren für Bruce Boxleitner alles andere als angenehm. Er hing an Kabeln, damit er schwerelos erschien. Was fehlte, war eine Windmaschine. Darum bewegt sich Sheridans Haar auch nicht.

Kurzfristig musste JMS eine Szene schreiben, die zuvor nicht geplant war. Es geht um das Gespräch zwischen Ivanova und Mr. Welles. Während der Dreharbeiten zeichnete sich ab, dass die Folge zu kurz werden würde. Eigentlich hatte JMS gedacht, dass sie überlang sei. Nun brauchte es jedoch noch etwas wertiges Material. Das kam in Form dieses Gesprächs, das sehr schön einen Kontrapunkt zu der Zack-Allan-Handlung setzt. Denn die Nightwatch zeigt ihr wahres Gesicht, und Ivanova ist nicht nur abgestoßen, sondern stellt sich auch klar gegen sie. Es ist ein starker Moment der Integrität.

JMS hat bei der Kampfsequenz militärischen Jargon eingebracht. Sheridan befiehlt beim Feuern der Station auf das Centauri-Schiff ›time on target‹. Diese Begrifflichkeit sagt aus, sämtliches Feuer so aufeinander abzustimmten, dass der Einschlag aller abgeschossenen Objekte zeitgleich erfolgt, womit die maximale Durchschlagskraft erzielt wird, während bei Schüssen, die hintereinander auftreffen, die Abwehrmechanismen des Schiffs diese etwas abschwächen könnten.

Die beiden Gaststars John Vickery und Robin Sachs (1951-2013) spielen noch andere wiederkehrende Rollen, letzterer sogar gleich drei davon. Vickery war zuvor und wird wieder als Delenns Gegner Neroon zu sehen sein *(Legacies, All Alone in the Night, Grey 17 Is Missing, Rumors, Bargains and Lies und Moments of Transition).* Sachs ist Na'kal in *The Fall of Night* und *Walkabout,* Hedronn vom Grauen Rat in *Points of Departure* und *All Alone in the Night* und der Narn Na'Tok in *Movements of Fire and Shadow* und *The Fall of Centauri Prime.*

Nur in dieser Folge ist Roy Dotrice (1923-2017) dabei, ein britischer Schauspieler, der einem großen Publikum als Vincents Vater in *The Beauty and the Beast (Die Schöne und das Biest,* 1987-1990) bekannt wurde. Später spielte er eine sehr schöne Rolle in David E. Kelleys bahnbrechender Serie *Picket Fences (Picket Fences – Tatort Gartenzaun,* 1992-1996). In 15 Folgen der Serie wirkte er mit.

Kommentar

Das Finale der zweiten Staffel hat es wirklich in sich. Die Enthüllung, wie Kosh aussieht, ist großartig, denn man bekommt den wahren Kosh gar nicht zu sehen. Vielmehr sieht jeder eine engelsgleiche Gestalt, die im Grunde nur ein weiterer Anzug ist, den Kosh trägt. Interessant: Er erscheint den verschiedenen Völkern als Engel, nicht als Gottheit, wohl aber als ein Wesen des Lichts. Sheridan sieht darin jedoch noch mehr. Er erkennt, dass die Vorlonen die Menschen und andere Spezies seit Jahrzehntausenden manipuliert haben, und zwar dahingehend, dass sie alle in den Vorlonen göttliche Wesen sehen. Delenn will dies lieber als Führung denn als Manipulation sehen, aber angesichts der Ereignisse von *Comes the Inquisitor* muss man zumindest die Motivation und die Agenda der Vorlonen hinterfragen.

Die Szene mit der explodierenden Bahn und Sheridan, der langsam in Richtung Boden gleitet, bis er gerettet wird, sieht heutzutage nicht mehr besonders toll aus. Ehrlicherweise muss man aber sagen, dass der Effekt im Jahr 1995 auch schon nicht besonders eindrucksvoll war. Aber die Geschichte ist es, die Enthüllung ist es. Immerhin hat man zwei Jahre darauf gewartet, zu erfahren, wie ein Vorlone aussieht.

Die Vorlonen sind nun enthüllt, ebenso aber auch die Schatten. Die Aufnahmen des Schiffs im Hyperraum führen jedem vor Augen, dass es einen weiteren Machtfaktor gibt, von dem bisher niemand etwas wusste. Es ist wunderbare Symmetrie, dass Vorlonen und Schatten in derselben Folge der Öffentlichkeit enthüllt werden.

Der Tod von Warren Keffer ist nur konsequent gewesen, insbesondere, da JMS diese Figur überhaupt nie haben wollte. Er hat sie deshalb nur spärlich eingesetzt, was gegenüber Robert Rusler sicherlich nicht fair war. Aber zumindest hat seine Figur einen echten Zweck erfüllt. Ohne Keffer wären die Schatten den Völkern des Universums noch unbekannt.

Die politische Ebene dieser Folge ist hochinteressant. JMS zieht hier historische Parallelen. Er lässt Frederick Lantz von »Frieden in unserer Zeit« sprechen, ein direktes Zitat von Neville Chamberlain, dem britischen Premierminister, der mit seiner Appeasement-Politik gegenüber Nazi-Deutschland scheiterte. Als weitere Analogie zum Zweiten Weltkrieg schließen die Erde und die Centauri einen Nichtangriffspakt, so wie es Deutschland und die Sowjetunion ebenfalls getan haben. Ein solcher Pakt sei immer brüchig, gibt Sheridan zu bedenken. Er stößt jedoch auf taube Ohren, weil die Erde die gewonnene Zeit benötigt, um sich selbst auf den großen Krieg vorzubereiten.

In dieser Folge wird erstmals richtig deutlich, wie sehr sich die Erd-Allianz zu einem Überwachungsstaat entwickelt hat. Mr. Welles, der Führer der Nightwatch, will Ivanova rekrutieren, damit sie den Kommandostab ausspioniert, beißt sich an ihr aber die Zähne aus. Mehr Erfolg hat er bei Zack Allan. Dieser hat die Mitgliedschaft in der Nightwatch bislang nur als willkommenen Gehaltszuschuss gesehen, ohne dass er dafür etwas hätte tun müssen; jetzt muss er jedoch. Es ist eine starke Szene, in der Mr. Welles – immer freundlich, immer bestens artikuliert – vor den anderen Nightwatch-Mitgliedern mit Zack spricht. Dieser hadert damit, dass er Ladenbesitzer wegen aufrührerischer Worte melden soll, aber Mr. Welles zieht ihn immer weiter ins Netz der Nightwatch hinein, indem er es ihm leicht macht. Zack solle nur bestätigen, was die Nightwatch ohnehin schon wisse. Damit denunziere er niemanden, da eh schon alles bekannt ist. Unter dem Druck der anderen Nightwatch-Mitglieder um ihn herum gibt Zack dann nach. Das ist von Jeff Conaway hervorragend gespielt. Sein Zack Allan ist ein Mann, der auf Autoritätsfiguren hört, der sie nicht in Frage stellt, der aber ein Gewissen hat. Das führt zu einem starken Handlungsfaden für seine Figur in der dritten Staffel.

Die letzte Szene der Folge zeigt Ivanova, wie sie die Kerzen der Menorah anzündet. Der Symbolismus ist klar. Wo in vielen anderen Folgen das Löschen von Kerzen für das Ende der Hoffnung und den Tod stand, ist es hier anders. Mehr Licht, mehr Hoffnung, auch wenn die große Erwartung, dass Babylon 5 die letzte, beste Hoffnung für den Frieden sei, gescheitert ist. Aber schon bald wird die Station zu etwas anderem werden: die Hoffnung auf den Sieg.

Das Skript

Das Drehbuch entspricht genau der fertigen Folge, wenn man davon absieht, dass die Vir/Lennier-Szene aus dem vorherigen Skript übernommen wurde und die Ivanova/Welles-Szene erst nachträglich geschrieben wurde. In der Originalversion des Skripts sind beide Szenen nicht enthalten.

Wertung von Kosh

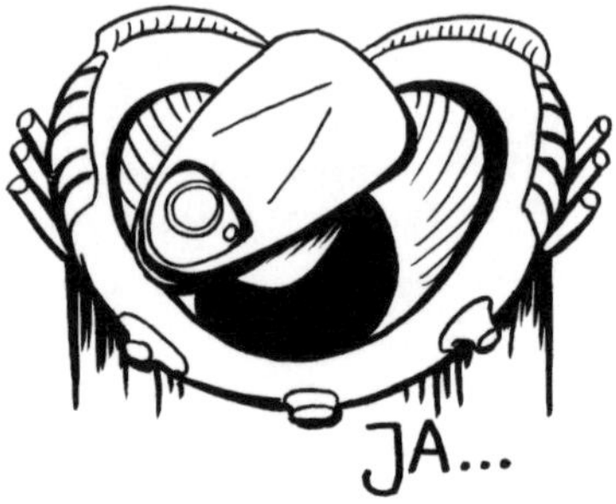

STAFFELFAZIT

Die zweite Staffel unterscheidet sich von der ersten schon, weil mit Captain Sheridan ein neuer Commander an Bord der Station kommt. Die Umstände hatten JMS gezwungen, eine neue Figur zu etablieren und die große Geschichte etwas anzupassen. Aber als er die fünfjährige Geschichte von *Babylon 5* entwickelte und festlegte, was jeder Figur widerfahren würde und wie das auf die Hauptgeschichte wirken würde, ließ er sich immer wieder Möglichkeiten offen, beides anzupassen, weil er immer damit rechnen musste, dass ein Schauspieler nicht mehr zur Verfügung stand oder andere unvorhergesehene Ereignisse eine Anpassung nötig machten.

Er hat entsprechende Möglichkeiten eingebaut, einerseits, um die Geschichte von Jeffrey Sinclair im Verlauf der Serie zu einem Abschluss zu bringen, andererseits, um John Sheridan aufzubauen. Auch als Andrea Thompson ihm erklärte, dass sie aus ihrem Vertrag entlassen werden wollte, hatte er Ausweichmöglichkeiten. Es erlaubte ihm, Lyta Alexander zurückzubringen, die von Anfang an seine bevorzugte Telepathin war.

JMS musste aber auch Zugeständnisse machen. Eines davon war Lt. Warren Keffer, eine Figur, die der Sender unbedingt wollte, die JMS dann aber so spärlich einsetzte, dass kaum jemand bemerkte, dass sie überhaupt vorhanden war. Schlecht für Schauspieler Robert Rusler, der in jeder Folge als Hauptdarsteller genannt wird, aber nur in ganz wenigen Episoden dabei ist. Er gab sein Bestes. Die Figur ist auch nicht schlecht. Man hat nur schon immer gemerkt, dass ihre Erlebnisse völlig losgelöst von denen der anderen Hauptfiguren stattfanden. Es war also ein Leichtes, Warren Keffer am Ende der Staffel aus der Geschichte herauszunehmen.

Das zweite Jahr ist eines der großen Veränderungen, nicht nur, weil Figuren kommen und gehen, sondern auch, was die Geschichte betrifft. In der zweiten Staffel wird klarer, dass JMS eine ganz große Geschichte erzählt. Was in der ersten Staffel mehrheitlich Andeutungen waren, manifestiert sich nun: der Aufbau eines totalitären Regimes auf der Erde, der Krieg der Centauri gegen die Narn, die Schatten, die sich offener denn je in Bewegung setzen. All das sind Elemente, mit denen JMS in der ersten Staffel schon spielte, die nun mit der zweiten jedoch an Bedeutung gewinnen.

Damit geht auch eine Entwicklung der Figuren einher. Londo Mollari steigt in der Centauri-Republik immer weiter auf, aber dieser Machtgewinn bedeutet nebenbei den Verlust von etwas anderem, nämlich der Möglichkeit, sich anders zu entscheiden. Londo hat erkannt, dass er sich auf einen Pfad begeben hat, der in die Düsternis führt. Aber er kann nicht mehr umkehren. G'Kar wiederum beschreitet den entgegengesetzten Weg. Er wird zu einer Führungsfigur seines Volks, und das umso mehr, da er als letzte Autoritätsperson nach der Besetzung von Narn noch in Freiheit ist. Londo und G'Kar waren immer Antipoden auf *Babylon 5.* In der zweiten Staffel wird das noch deutlicher.

In der Kenntnis, wie er seine Geschichte über fünf Jahre hinweg erzählen will, baut JMS auch in der zweiten Staffel wieder Ereignisse und Details ein, die erst später an Bedeutung gewinnen werden. Man denke nur an Koshs Warnung, dass Sheridan sterben werde, wenn er nach Z'ha'dum ginge.

JMS zeigt aber nicht nur mehr von der großen Geschichte in dieser Staffel, sondern auch mehr von Kosh, oder besser gesagt, von den Vorlonen. Seit der ersten Folge fragte man sich, wie diese wohl in ihren Eindämmungsanzügen aussehen mögen. Im Finale der zweiten Staffel gibt es die Antwort. Es ist ein erhebender Moment, wenn jede Spezies einen Engel der eigenen religiösen Kultur in Kosh erblickt, aber es ist auch ein alles andere als subtiler Hinweis darauf, wie die jüngeren Spezies über Jahrtausende hinweg von den Vorlonen manipuliert wurden. Hier deutet JMS schon an, dass die Vorlonen als Kontrapunkt zu den Schatten nicht sehr verschieden von diesen sind. Die beiden Völker stellen im Grunde die beiden Seiten derselben Medaille dar. Sie haben eine unterschiedliche Ideologie, aber die Mittel, die sie einsetzen, sind ähnlich.

Das zweite Jahr der Serie war das letzte, in dem andere Autoren eingeladen wurden, Geschichten zu schreiben (nur in der fünften Staffel wird es noch einmal eine Einladung geben – an Neil Gaiman, den JMS bewundert). Für Larry DiTillio hieß das, nach dieser Staffel Abschied zu nehmen; für JMS hieß es, etwas zu tun, was im Serienfernsehen zuvor noch niemand getan hatte: alle Folgen einer Staffel allein zu schreiben.

Aber es war der richtige Schritt. Das zeigte auch diese zweite Staffel. Dabei sind die Folgen, die nicht von JMS sind, nicht schlecht, sie bringen nur das große Ganze meist nicht voran. Sie sind passende Steine im größeren Mosaik, wahre Bedeutung entwickeln sie jedoch nicht.

Die zweite Staffel ist das Jahr, in dem *Babylon 5* völlig zu sich findet und in dem die Zuschauer erkennen, was für eine große Geschichte JMS wirklich erzählen will. Zugleich ist sie der Auftakt für den wilden Ritt, den die beiden kommenden Jahre darstellen. In der Zeitrechnung von *Babylon 5* endet die Staffel mit den letzten Tagen des Jahres 2259. Babylon 5 war die letzte große Hoffnung auf Frieden. Am Ende dieses Jahres wurde sie zu etwas anderem: zur letzten Hoffnung auf den Sieg.

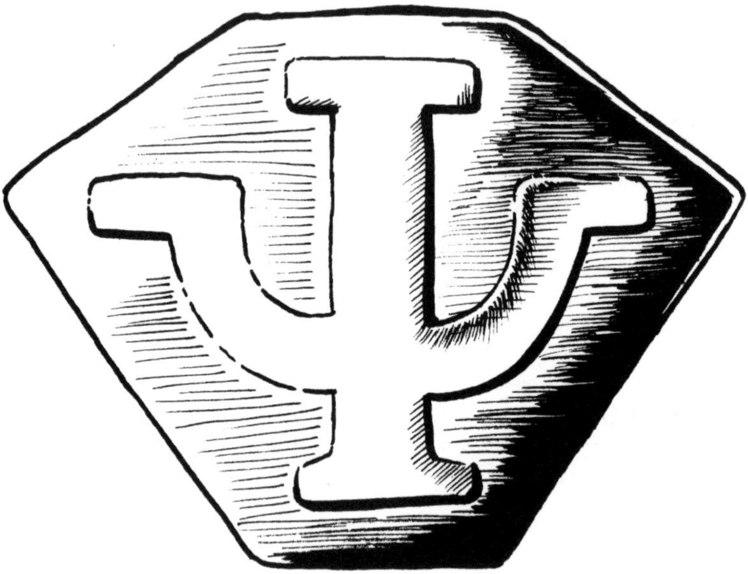

KAPITEL 5

Deep Space Nine vs *Babylon 5*
Teil 1: Die ersten beiden Jahre

Im ersten Band haben wir uns bereits mit der Frage befasst, inwiefern sich *Babylon 5* und *Deep Space Nine* beeinflussten und ob es eine direkte Verbindung zwischen dem Pitch von JMS bei Paramount und der Konzeption der Serie nahe des bajoranischen Wurmlochs gab. Darum soll es an dieser Stelle natürlich nicht erneut gehen. Vielmehr wollen wir uns anschauen, wie sich die ersten beiden Jahre der Serien im direkten Vergleich schlagen. Worin liegen die wichtigsten Unterschiede, worin die Gemeinsamkeiten? Und gab es vielleicht schon früh Entwicklungen zu bemerken, die auf Beeinflussung schließen lassen?

WETTLAUF ZUM START

Die Legende besagt bekanntermaßen, dass die Macher von *Star Trek* sich durch den Besuch von Straczynski Ende der Achtziger in ihren eigenen, heiligen Hallen zumindest inspirieren ließen und vielleicht (vielleicht!) später den Verantwortlichen hinter dem geplanten neuen Projekt (das zu *DS9* wurde) dezente Hinweise gaben, was man machen *könnte*. Da JMS selbst Michael Piller und Rick Berman ausdrücklich nie etwas vorwarf, wollen wir bei dieser Vermutung bleiben. Es ist wahrscheinlich, dass die beiden den Pitch von JMS nie gesehen haben. Elemente wie die Raumstation, ein düsteres Setting, komplizierte Figuren, politische Intrigen und einen großen Krieg könnten sie aber zumindest von ihren Bossen *gehört* haben.

Fakt ist aber: Paramount war schneller, was den Ausstoß der ersten Staffel der konkurrierenden Raumstationen anging. *Star Trek: Deep Space Nine* startete nämlich bereits am 3. Januar 1993 in eine aus zwanzig Episoden bestehende erste Staffel. Diese endete bereits am 20. Juni des gleichen Jahres.

Babylon 5 hatte zwar am 22. Februar 1993 mit dem Pilotfilm *The Gathering (Die Zusammenkunft)* nachgezogen, dann aber ein Jahr gebraucht, um die erste, aus zweiundzwanzig Episoden bestehende

Staffel an den Start zu bringen. Sie lief vom 26. Januar bis zum 26. Oktober 1994 im US-TV. Zu diesem Zeitpunkt war *DS9* bereits im zweiten Jahr angekommen. Zwischen dem 26. September 1993 und dem 12. Juni 1994 liefen die 26 Episoden. Das zweite *B5*-Jahr war vom 2. November 1994 bis 1. November 1995 auf Sendung.

Aufgrund dieser Verschiebung und des Vorsprungs der Niners ist es wahrscheinlich, dass Ähnlichkeiten zu Beginn nur auf Informationen aus dem Original-Pitch basieren konnten. Erst mit späteren Jahren können wir dann untersuchen, ob es immanente Eingriffe gab, die durch einen gekonnten Seitenblick auf die Konkurrenz entstanden sein könnten.

Vorweggenommen sei: So intensiv man auch sucht, funktioniert dieses Projekt nur in eine Richtung. Natürlich gibt es bei auch den Fivern Elemente, die *DS9* (oder *Star Trek*) zuvor schon einmal gemacht hat. JMS hier Absicht zu unterstellen, wäre aber albern, da es sich zumeist um Serien- oder Genretropen handelt. Wenn überhaupt, hat sich Trek ein wenig inspirieren lassen. Selbst das – und das wollen wir vorwegnehmen – wäre aber nicht verwerflich, da es seit Jahrzehnten immer wieder passiert und viele andere Formate besser gemacht hat. Etwas Gutes für sich zu adaptieren, sollte daher nie generell verurteilt werden.

MAL MICH IN DÜSTEREN FARBEN

Um einer Beeinflussung auf die Spur zu kommen, fragen wir uns zunächst, was man ganz zu Beginn von *Star Trek: Deep Space Nine* etablierte, das auf die ursprüngliche Vision (und den Pitch) von JMS für *Babylon 5* zurückgehen könnte.

Augenfällig ist dabei natürlich die Abkehr von der klinischen Reinheit aus *Star Trek: The Next Generation.* Doch ohne wie Jonathan Frakes bei seiner beliebten Reihe *X-Factor: Das Unfassbare* klingen zu wollen, sei die Frage gestattet: Brauchte man wirklich die Vorlage von JMS, um für eine neue Trek-Serie auf diesen Ansatz zu kommen? Die Antwort auf diese sehr rhetorische Frage lautet natürlich: nein. Schließlich wollte und musste man zur Abgrenzung zu der beliebten Serie um Captain Jean-Luc Picard etwas

Neues wagen. Dreht man *TNG* humorlos auf links, kommt man letztlich ziemlich genau bei *DS9* an. Station statt Schiff, dreckig statt sauber, durchlaufende Handlungen statt Mission der Woche (wobei *DS9* das insbesondere in den ersten beiden Jahren noch gar nicht so gut gelang). Man verkehrte sogar die Geschlechter verschiedener Figuren (Erster Offizier von Riker zu Kira, Arzt statt Ärztin).

Dennoch ist natürlich auffällig, dass die Station sich in der Nähe eines Planeten befindet (Erde/Bajor), es einen Highspeed-Tunnel in fremde Sektoren gibt (Hyperraumsprungtore/Wurmloch) und politische wie religiöse Probleme in beiden Formaten eine gewichtige Rolle spielen. Claudia Kern schrieb im ersten Band, dass sich aus einem Setting wie diesem der Rest fast von selbst schreibt. Dem kann man in vielen Details sicher zustimmen. Begeben wir uns dennoch auf die Suche nach konkreteren Beispielen.

Gene Roddenberry war als selbsterklärter Humanist nie ein Fan von Religion in *Star Trek* gewesen. Daher ist es schon interessant, was für einen großen Raum diese in *Deep Space Nine* vom Start weg erhielt und sich sogar untrennbar um die zentrale Figur wickelte. Im Mix mit der stetig vor sich hinbrodelnden (und schwer lösbaren) politischen Situation wurde diese neue Serie daher zu einer echten Abkehr dessen, was man in *TNG* und *TOS* zu sehen bekam. Zwar gab es dort ebenfalls viele Probleme, diese waren aber oft durch die Weisheit der Föderation und des Advanced Human lösbar. Oder man ließ sie per Raumschiff einfach hinter sich. Hier ging das plötzlich nicht mehr. Und richtig *advanced* waren auch längst nicht mehr alle Figuren. Dafür sorgten schon Odo (der primär seinen eigenen Regeln folgte), Quark und seine Ferengi-Betrügerbande oder Ex-Terroristin Kira.

Fantasiert man ein wenig, ist es schon denkbar, dass man diese Elemente in die Serie einbezog, weil einer der Bosse, der den JMS-Pitch kannte, sie forcierte oder zumindest subtil zur Diskussion stellte. Dass nach dem Tod von Roddenberry im Jahr 1991 vermutlich auch intern die letzten Schranken eingerissen wurden, half einer derartigen Agenda fraglos. Er soll der Serie zwar noch seinen Segen gegeben haben, das klingt aber ehrlicherweise eher wie Legendenbildung.

Ähnlichkeiten und Unterschiede

Betrachtet man den Commander der Station Deep Space 9, fällt natürlich sofort auf, dass schon zu Serienbeginn eine Verbindung zu den Wurmlochwesen und eine Verwurzelung zur Religion der Bajoraner angedeutet wird, die aber erst spät in der Serie deutlich in Erscheinung tritt. Gerade weil seine Position als Abgesandter der Propheten so lange in der Serie eher am Rande geköchelt wurde, könnte man vielleicht auf die Idee kommen, dass hier ein Grundzug des *B5*-Pitches Einzug in die Serienbibel fand. Wir wissen schließlich, dass JMS bei seiner Serie von Beginn an vorhatte, Sinclair als Valen zu enttarnen. Somit haben wir es bei beiden Kommandanten mit Figuren zu tun, deren Hintergrund zunächst unklar ist, letztlich aber tief in die Mythologie der Serie verwoben wurde. Es ist zumindest denkbar, dass man sich hier an etwas erinnerte, das JMS bei seinem Meeting erzählt oder in Schriftform überreicht hatte.

Auf der anderen Seite muss man den Machern von *Star Trek* jedoch zugutehalten, dass sie die mutige Entscheidung trafen, einen durch den Borg-Zwischenfall bei Wolf 359 gebrochenen Witwer und alleinerziehenden Vater als Commander für die Station zu schreiben. Zudem wählte man ganz im trekkigen Sinne mit Avery Brooks einen schwarzen Schauspieler aus, der besondere Energie aus der Rolle zog, eben weil es ihm so wichtig war, diesen Beitrag für die schwarze Community in den USA und letztlich weltweit zu leisten. Nichts von alledem findet sich bei *Babylon 5* oder in den Figuren des Sinclair oder Sheridan wieder.

Bei der Rolle des Arztes gibt es zunächst keine offensichtlichen Parallelen, außer dass beide Männer Singles und kompetent sind, wenngleich Franklin in Sachen innerer Ruhe und Erfahrung dem jungen, ungestümen Bashir zunächst den Rang abläuft. Blickt man etwas voraus, liegt aber im düsteren Geheimnis des *DS9*-Doktors (das erst später relevant und in einem der folgenden Bände thematisiert werden wird) eine Parallele zu den aufkommenden Suchtproblemen seines *B5*-Pendants.

Ivanova und Kira Nerys verbindet als Stellvertreter des Kommandanten genau genommen nur wenig. Die eine zeichnet sich durch einen unvergleichlich trockenen Humor aus, die andere erscheint aufgrund ihrer Vergangenheit als Terroristin die ersten Jahre oft zickig und spielt sich nicht gerade durch schmissige Oneliner in den Vordergrund. Im Rest des Casts nach Ähnlichkeiten zu suchen, wäre ebenfalls eher an den Haaren herbeigezogen.

Spannend sind aber natürlich die Auftritte religiöser Würdenträger (Vedeks vs. Grauer Rat) oder von Politikern (Cardassianer/Bajoraner vs. Botschafter der verschiedenen Welten). Hier sind Parallelen erkennbar, die sich jedoch einfach so ergeben haben könnten.

INHALT & QUALITÄT

Vergleicht man die ersten beiden Jahre der Serien direkt miteinander, erhält man ein sehr deutliches Bild über das, was hinter den Kulissen los war.

Die ersten 46 Abenteuer von *Deep Space Nine* sind vor allem eines: oft mutlos. So sehr das Setting sich auch vom Bekannten abgewandt hatte, so wenig machten die Autoren zunächst daraus. Im ersten Jahr musste ständig ein störendes Element auf die Station kommen, um für Ärger zu sorgen. Klar, vorher flog die Enterprise Probleme an, löste sie und verabschiedete sich. Hier nun musste man sie zu sich holen. Zumindest dachten die Schreiber das offenbar zu Beginn. Sie lernten erst später, viel besser mit ihren Möglichkeiten umzugehen.

Dennoch ist die Qualität durchaus hoch. Insbesondere Folgen, die mit den Besonderheiten des Settings spielen (Bajor, Religion, Politik), ragen heraus. Ansonsten werden viele Abenteuer von den Stärken des Casts dominiert. Keine Trek-Serie hatte zuvor so viele Figuren, die unser Interesse weckten. Man denke dabei an Schneider Garak oder Morn, die schnell zu Fanlieblingen wurden, oder Vedek Winn und Gul Dukat, die wir leidenschaftlich zu hassen begannen.

Auch wenn die Lernkurve der Macher durchaus in die richtige Richtung zeigte, ähneln sich die ersten beiden Jahre noch sehr. Erst mit der letzten Episode schlug man eine neue Richtung ein, wie sich noch zeigen wird.

Bei *Babylon 5* setzte JMS im ersten Jahr auf viele Einzelepisoden, um beim Studio durchzukommen und alles ohne zu große Wagnisse auf den Weg zu bringen. Im Subtext platzierte er aber schon früh seine Hinweise auf spätere Ereignisse. Das war bei *DS9* so noch nicht von Beginn an zu erkennen. Dadurch wirkt insbesondere die erste *B5*-Staffel ein wenig wie ein Trek-Klon, bei dem an vielen Stellen andere Entscheidungen getroffen wurden, um eine Abgrenzung zu erreichen. Mit dem zweiten Jahr legte er dann aber voll los und leitete die dramatischen Entwicklungen ein, die sich nun immer schneller ausbreiteten. Wenngleich auch das erste Jahr im Rückblick gefällt, ist hier die qualitative Steigerung deutlicher spürbar. JMS übernahm nun vollends das Kommando und zeigte, was er sich überlegt hatte, während man im Trek-Land immer noch die Handbremse angezogen hatte.

Mit der abschließenden Episode *The Adversary (Der Plan des Dominion)* aus Staffel 2 änderte sich das allerdings auch dort. Zwar war das mysteriöse Dominion (wie die Schatten bei *B5)* schon zuvor erwähnt worden, nun ging es damit aber richtig los. Die Gründer wurden offen zur Bedrohung gemacht und erhielten mit den Jem'Hadar finstere Soldaten an die Seite gestellt. Fakt ist jedoch: Als die Episode im Juni 1994 lief, war man bei *Babylon 5* erst in der Mitte der ersten Staffel. Realistisch betrachtet konnten die Trek-Macher noch kaum etwas gesehen haben, um hier Schlüsse für ihre Serie zu ziehen. Zu sagen »Ha! Jetzt kopieren sie, was bei *Babylon 5* passiert!« wäre also nicht haltbar, selbst wenn man bei Mr. Mordens erstem Auftritt (»Was wollen sie?«) ein wenig an die schmierigen Vorta denken könnte. Doch sogar das wäre konstruiert.

FRAGEN WIR KÖNIG SALOMON

Viele Stricke kann man den *DS9*-Machern aus den ersten beiden Staffeln also nicht drehen. Das will aber natürlich auch keiner. Wir befinden uns hier auf einer schlichten Spurensuche. Mal sehen, wohin sie uns wohl führt. Für den Moment kann man festhalten, dass *Babylon 5* und *Deep Space Nine* auf einem ähnlichen Level begannen, die JMS-Serie aber viel schneller das Gaspedal fand. Der Mann ahnte vielleicht, dass er keine Zeit zu verlieren hatte, während man drüben bei Paramount noch den Schlaf der Gerechten schief. Schließlich rechnete man fest damit, sieben Jahre Zeit zu haben. Damals war das ja auch noch so. Bleiben wir gespannt, wie wir die Lage nach den nächsten Staffeln einschätzen.

ZWISCHENSPIEL

Eine Minbari singt *Star Trek*-Weihnachtslieder, oder: Fremde Federn

Ein Gastbeitrag von Thorsten Walch

Es begab sich aber zu der Zeit… da in Bonn vom 9. bis zum 11. Mai 1997 die FedCon V stattfand.
Zu den angekündigten Gaststars gehörte neben unter anderem »Captain Kirk« William Shatner auch die 2021 leider viel zu früh verstorbene Delenn-Darstellerin Mira Furlan, übrigens erstmals ein Gaststar aus einer Serie außerhalb des *Star Trek*-Universums. Die Besucher hießen die Schauspielerin, die ebenso elegant und charmant war wie ihre Rollenfigur aus *Babylon 5* jedoch trotzdem herzlich willkommen. Überdies hatte die Serie damals bereits zahlreiche Anhänger aus Trekkie-Kreisen für sich gewonnen.

My humble self, damals bereits seit etlichen Jahren in der *Star Trek*- und benachbarten Fanszene zugange, war natürlich ebenfalls unter den Besuchern der FedCon V. Ich gab damals ein im heimatlichen Hessen und sogar darüber hinaus recht erfolgreiches Fanzine (Fanmagazin) mit dem Titel *Runabout* heraus. In diesem fanden sich schon seit geraumer Zeit neben Episodenbeschreibungen der neuesten *Deep Space Nine*- und auch *Voyager*-Episoden auch solche über *Babylon 5*, was alles über die Haltung der Redaktion gegenüber der neuen Serie sagt. Zu den Traditionen des *Runabout* gehörte es, dass alljährlich in der Dezember-Ausgabe ein populäres Weihnachtslied einen von mir und den anderen Redaktionsmitgliedern geschriebenen *Star Trek*-Text erhielt und dann auf diversen Trek-Dinnern und anderweitigen Stammtischen gemeinsam gesungen wurde. In der vorherigen Weihnachtszeit hatte es »Oh Tannenbaum« getroffen, woraus wir »Oh Enterprise« gemacht hatten. Als kleines Beispiel nachfolgend die erste Strophe des unterhaltsamen Quatschs:

Oh ENTERPRISE, oh ENTERPRISE,
wie hell sind Deine Lichter!

Der Kirk, der spielt den Nikolaus,
und holt die lange Rute raus!
Oh ENTERPRISE, oh ENTERPRISE,
wie hell sind Deine Lichter!

Was das mit Mira Furlan zu tun hat? Dazu kommen wir jetzt.

Der Star trat natürlich in Panels auf die Bühne, und als Neu-Fiver (wie man die Serienfans nannte und teils noch immer nennt) war ich natürlich auch dabei. Mira Furlan bewies dabei übrigens hervorragende Deutsch-Kenntnisse und erzählte auch, dass sie neben der Schauspielerei auch Sängerin war. Wie bei den Panels auf der FedCon bis heute üblich, gibt es auch die Möglichkeit, dem Star Fragen zu stellen. Und dabei trat ein junger (?) Mann ans Mikrofon, den ich von meinem Platz aus nicht erkennen konnte. Auch später gelang es mir nicht herauszufinden, wer er war, wo es mich doch brennend interessiert hätte.

»Mrs. Furlan«, sagte er höflich sinngemäß, »ich habe ein lustiges *Star Trek*-Weihnachtslied geschrieben und wollte Sie gern darum bitten, uns ein wenig daraus vorzusingen.« Ich wurde hellhörig. »Ach, schau an«, dachte ich, »der auch!« Mira Furlan stimmte lachend zu und der junge Mann reichte ihr einen Text. Und dann stockte mir der Atem, meine Hände begannen zu zittern und mein Blut gefror in den Adern, als Mira Furlan plötzlich »Oh Enterprise, oh Enterprise« anstimmte – natürlich zum höchsten Vergnügen der Zuschauer im Saal und auch dem einer herzlich lachenden Mira Furlan. Diese schien sich besonders über die lange Rute zu amüsieren, die Kirk in der ersten Strophe hervorholt (ein Strolch, wer Schlechtes dabei denkt). Natürlich sang sie nicht den kompletten Text, sondern beließ es bei ein paar Auszügen.

Wie bereits erwähnt versuchte ich, den jungen Mann ausfindig zu machen, aber es gelang mir nicht. Dieser war sich seiner Schuld hoffentlich hinreichend bewusst. Eigentlich war diese Aktion reichlich unverschämt. Doch mehr als 26 Jahre später muss ich sagen, dass sie mir uneigentlich einen der vergnüglichsten Momente in meiner gesamten Convention-Geschichte beschert hat, und allein dafür bin ich jenem unbekannten (heute sicher nicht mehr ganz so) jungen Mann dankbar.

KAPITEL 6

Die Comics
Teil 1: Die ersten elf Hefte

Es gibt kaum eine Science-Fiction-Serie, zu der nicht irgendwann auch einmal Comics erschienen sind. Manche waren erfolgreicher als andere; der besondere Platzhirsch ist hier sicherlich *Star Trek,* ein Franchise, zu dem seit 1967 fast durchgehend Comics publiziert wurden. Dagegen nimmt sich *Babylon 5* ausgesprochen mager aus. Denn die erste Serie brachte es nur auf elf Hefte, ein paar Jahre später folgte eine dreiteilige Miniserie, und anlässlich der DVD-Veröffentlichung von *Babylon 5: The Lost Tales* gab es noch einen beigelegten Mini-Comic.

Das sind insgesamt 15 Comics, die zu *Babylon 5* erschienen sind. Im Grunde also gar nichts, aber sie sind doch essenziell, denn ein guter Teil davon gilt als Kanon. Das war immer das Außergewöhnliche an *Babylon 5*: dass JMS stark in die Produktion der Comics und Romane involviert war und Geschichten vorgab, sodass sie offizieller Teil der *Babylon 5*-Chronologie wurden. Allerdings gilt das nicht für alle. JMS sieht nur die ersten acht Hefte als Teil des Kanons an. Sie basieren auf von ihm vorgegebenen Geschichten. Das elfte Heft ist praktisch Psi-Corps-Propaganda und ist zwar Kanon – allerdings darf man hier nicht alles für bare Münze nehmen.

Die Comics erschienen von Dezember 1994 bis Dezember 1995. DC Comics hatte die Lizenz erworben, weil man mit den Comics zu *Star Trek* und *Star Trek: The Next Generation* sehr erfolgreich war. Dieser Erfolg ließ sich mit *Babylon 5* jedoch nicht duplizieren.

In Deutschland sind fast alle Hefte erschienen. Von April 1996 bis Juni 1997 publizierte Feest Comics, ein Imprint des Ehapa Verlags, fünf Alben, die jeweils zwei Hefte enthielten. Somit fiel nur das elfte und letzte Heft durch das Raster. Kurioserweise hatte man für September 1997 noch einen sechsten Band angekündigt, dann aber wohl gemerkt, dass man nur noch ein 22 Seiten umfassendes Heft hatte und weiteres Material nicht in Sicht war. Man hätte dieses Heft noch im fünften Album integrieren sollen.

Die Serie besteht aus zwei Vierteilern, die auf Basis von JMS' Ideen entstanden, einem Zweiteiler und einem Einzelheft. Diese sehen wir uns nun etwas genauer an.

DIE GESCHICHTE VON JEFFREY SINCLAIR

Die ersten vier Hefte tragen die Titel *In Darkness Find Me, Treason, In Harm's Way* und *The Price of Peace.* Nur das erste Heft wurde von JMS selbst geschrieben. Der Vierteiler spielt zwischen *Chrysalis* und *Points of Departure.* Im Fokus steht Jeffrey Sinclair, der zur Erde gerufen wird und dort auf Präsident Clark trifft – und auf Ratheen, ein Mitglied des Grauen Rats. Er erfährt hier, dass er wie alle Menschen eine Minbari-Seele in sich trägt. Zudem erhält er einen neuen Job, denn die Minbari haben ihn als Botschafter der Menschen angefordert. Am Ende nutzt JMS die Gelegenheit, sein liebstes Gedicht zu zitieren: Tennysons *Ulysses,* das für Sinclair eine besondere Bedeutung hat.

Für die Zeichnungen war Michael Netzer verantwortlich. Es gelingt ihm ganz gut, Michael O'Hare zu zeichnen. Der Comic erlaubt einen kleinen Einblick darauf, wie die Erde des 23. Jahrhunderts aussieht. Etwas merkwürdig ist der schwerbewaffnete Trupp, der Sinclair zu seinem Treffen mit dem Präsidenten abholt.

Die weiteren drei Hefte wurden von Mark Moretti geschrieben. *Treason* und die beiden weiteren Teile spielen zwischen den Episoden *Revelations* und *The Geometry of Shadows.* Sinclair trifft auf Minbar auf die veränderte Delenn, während auf Babylon 5 ein überlebender Psi-Cop namens Dexter Hall Hilfe bei Talia sucht. Er hat eine Pro Earth-Gruppe infiltriert, die den Tod von Präsident Santiago Außerirdischen in die Schuhe schieben will. Ein Attentäter an Bord der Station versucht, ihn umzubringen. Derweil wird Sinclair auf Minbar verhaftet. Die Kriegerkaste hat Beweise, dass er einen Anschlag auf den neuen Führer der Minbari geplant hat, der nun erwählt werden soll. Die Ereignisse rund um Sinclairs Verhaftung werden übrigens auch im Roman *To Dream in the City of Sorrows* erwähnt. Der Blick auf Minbar ist schön geraten, der Look der Figuren ist nicht immer gelungen. Was aber schön ist:

Talia besucht den sich erholenden Garibaldi, um ihm bei seiner liebsten Beschäftigung Gesellschaft zu leisten.

Bei *In Harm's Way* hat Carlos Garzon als Zeichner übernommen. Sinclair wird vor ein Tribunal gestellt, während Dexter Hall auf Babylon 5 stirbt, aber Talia herausfindet, wie er zu seinen Verletzungen gekommen ist. Und: Einer der Pro-Earth-Leute, die im Umfeld von Hall tot aufgefunden wurden, wusste etwas über die Waffenlieferung, die nach Minbar gebracht wurde. Auf der Station taucht Colonel Rabock auf, der sich um die Hall-Situation kümmern will. Der ist nicht, wer er zu sein vorgibt – er heißt noch nicht einmal Rabock.

Das vierte Heft wurde wieder von Michael Netzer gezeichnet. Sinclair wird vom neuen Führer der Minbari begnadigt, als er bereit ist, sein Leben zu opfern, um einen neuen Krieg zu verhindern. Auf der Station wird der Attentäter überführt, der auch die Waffe nach Minbar schmuggelte. Aber der Mann stirbt ebenso wie sein Auftraggeber Rabock, der eigentlich der abtrünnige Psi-Cop Cypher ist. Nach dessen Tod sucht sein Vorgesetzter nach jemandem, der seinen Platz einnehmen und der neue Cypher werden kann.

Der gesamte Vierteiler ist gut, aber stark auf die Menschen und Minbari konzentriert. G'Kar und Londo tauchen kaum auf. Die Geschichte wird gut genutzt, um den abrupten Abgang von Michael O'Hare als Jeffrey Sinclair etwas runder zu gestalten.

DIE SCHATTEN DER VERGANGENHEIT UND GEGENWART

Der zweite Vierteiler trägt den Titel *Shadows Past and Present,* die einzelnen Kapitel heißen *With Friends Like These…, Against the Odds, Survival the Hard Way* und *Silent Enemies.* Die Geschichte spielt vor den Ereignissen von *The Coming of Shadows.* Das Skript verfasste Tim DeHaas, während die Zeichnungen von John Ridgeway gestaltet wurden. Er ist übrigens deutlich besser darin, das Aussehen der Figuren und das Flair der Serie einzufangen.

Alles beginnt damit, dass Garibaldi Londos Nachrichten überwacht. Ihm ist klar, dass der Botschafter etwas mit der

Vernichtung des Narn-Außenpostens bei Quadrant 37 zu tun hat. Morden ist aufgefallen, dass Garibaldis Nachforschungen für seine Partner problematisch werden könnten. Also wird eine Falle ausgelegt, in die Garibaldi und Keffer geraten. Keffer soll das Schiff steuern, das sie an den Ort bringen soll, von dem sie glauben, dass Londo sich dort mit Refa trifft. Sie werden von einem Schattenschiff angegriffen und müssen auf einem nahegelegenen Planeten notlanden.

In *Against the Odds* erzählt Garibaldi Keffer, wie er Sinclair auf dem Mars kennen gelernt hat. Damals war er ein ständig betrunkener Pilot, der von Sinclair für Flüge angeheuert wurde, bei denen man nach etwas suchte, das nicht dort sein sollte. Aber dann havarierte ihr Schiff, nicht unähnlich der Situation, in der Garibaldi und Keffer jetzt stecken. Garibaldi hat das Schatten-Schiff erkannt, das sie angegriffen hat. Er hat so eines schon einmal auf dem Mars gesehen.

In der gegenwärtigen Handlung beobachten Garibaldi und Keffer das Schatten-Schiff nach der Landung auf dem Planeten. Sie sehen auch humanoide Gestalten, die die Überreste des Crashs untersuchen und erkennen, dass die Insassen überlebt haben und losgezogen sind.

Der Rückblick auf das Kennenlernen von Sinclair und Garibaldi ist interessant. Der Comic führt weit elaborierter aus, wovon Garibaldi in der Episode *Infection* erzählt hat.

In *Survival the Hard Way* erzählt Garibaldi weiter, wie er Sinclairs Leben rettete, aber auch, wie sie ein Schatten-Schiff sahen. Im gegenwärtigen Teil der Handlung werden Garibaldi und Keffer von den Humanoiden verfolgt. An diesem Punkt in *Babylon 5* wollte man wohl keine Schatten zeigen. Darum sind es monsterhafte Gestalten mit Fängen und grünen Augen, die nicht nur schnell sind, sondern auch mit der Umgebung verschmelzen und Menschen geistig unter ihre Kontrolle bringen können oder es zumindest versuchen. Das mag man schon als Hinweis darauf verstehen, wie Telepathen später zu einem wichtigen Teil der Geschichte werden – im Hinblick auf die Steuerung von Schatten-Schiffen. Diese Kreaturen wirken hier aber dennoch deplatziert, sind eher Platzhalter für das, was man eigentlich hätte sehen sollen: Schatten.

Im vierten Teil sieht man, wie auf dem Mars ein Schatten-Schiff mit Hilfe eines weiteren dieser Schiffe geborgen wird. Außerdem gibt es eine Basis, in der Telepathen arbeiten und Experimente an Menschen durchführen. Eine Frau, die solchen Experimenten unterworfen wird, ist Talia Winters, was weder Sinclair noch Garibaldi erkannt haben. Nachdem sie beide aus der Anlage entkommen, gibt es eine Untersuchung, doch nichts wird gefunden. Garibaldi hat nur eines gefunden: ein Psi-Corps-Abzeichen.

In der gegenwärtigen Handlung werden Garibaldi und Keffer von Centauri aufgegriffen, die sie als Spione exekutieren wollen, aber Londo Mollari interveniert und rettet das Leben der beiden Männer.

Shadows Past and Present ist eine tolle Geschichte, weil sie den Background von Garibaldi und Sinclair erweitert, aber auch, weil Keffer hier mehr zu tun hat als in der Serie selbst. Darüber hinaus ist es ein netter Querverweis, dass auf dem Mars an Talia experimentiert wurde. Einzig unschön an der Geschichte sind im Grunde nur die humanoiden Kreaturen, die Garibaldi und Keffer verfolgen, weil sie im *Babylon 5*-Kanon später keine Rolle mehr spielten.

KEIN KANON

Der nachfolgende Zweiteiler *Laser-Mirror-Starweb!,* der aus den Kapiteln *Duet for Human and Narn in C Sharp* und *Coda for Human and Narn in B Flat* besteht, ist nicht Teil des Kanons. Geschrieben wurde die Geschichte von David Gerrold, der für die Fernsehserie *Believers* verfasst hat. Die Zeichnungen übernahm Rebecca Guay. Das Cover von Heft #9 ist übrigens ein computergeneriertes Bild von Foundation Imaging, das G'Kars Schiff zeigt.

Die Geschichte hatte Gerold eigentlich für die Fernsehserie gepitcht. Dort nahm JMS sie nicht an, aber als DC Comics begann, *Babylon 5*-Comics zu produzieren, empfahl der Showrunner den Redakteuren beim Verlag, diese Geschichte aufzugreifen und sie von Gerrold schreiben zu lassen.

Besonderen Spaß hatte Gerrold damit, Garibaldi einen Gang entlanglaufen und rufen zu lassen: „This looks like a job for Superman." Im nächsten Panel sagt er dann: „But he's not here, so I'll have to do it."

Die Geschichte spielt zwischen *The Geometry of Shadows* und *A Distant Star.* G'Kar versucht, die Station zu verlassen, muss aber auf die Erlaubnis warten. Darum will er einfach so starten, was Garibaldi zu verhindern versucht. Es kommt zum Kampf, und G'Kar entführt den Sicherheitschef. Kurz danach jagt Sheridan zusammen mit dem Narn Greegil hinter G'Kars Schiff her. Doch wie sich zeigt, sind G'Kar und Garibaldi noch auf Babylon 5 und Sheridan nun auf G'Kars Schiff, das sich jeden Moment selbst zerstören wird.

Im zweiten Teil kämpfen sich G'Kar und Garibaldi durch den Kern von Babylon 5, während ein Putzroboter ihnen den Garaus machen will, und Sheridan muss sich um „seinen" Narn kümmern. Irgendwann kommt dann heraus, dass Greegil hinter G'Kar her ist, weil dieser ihm eine tödliche Beleidung verpasst hat – er hat sich geweigert, mit seiner Frau zu schlafen –, weswegen er jetzt sterben soll.

Der Humor ist schon sehr bemüht, zumindest sind ein paar der Dialoge zwischen Garibaldi und G'Kar ganz amüsant. Die Idee, dass Laser-Mirror-Starweb die Zukunftsversion von Schere-Stein-Papier ist, ist ebenfalls vergnüglich. Aber mehr als das hat der Zweiteiler, der von JMS nicht als offizieller Kanon angesehen wird, nicht zu bieten.

Rebecca Guays Zeichnungen sind wieder schwächer als die von Ridgeway. Zudem hat Kolorist Robbie Busch nicht gerade sauber gearbeitet. Beim zweiten Teil ist auf der ersten Seite Sheridans Uniform grün, erst auf dem letzten Panel wird es das vertraute Blau.

DAS PSI CORPS UND DU

Das elfte Heft trägt den Titel *The Psi Corps and You* und basiert auf einer Idee von JMS, die Tim DeHaas ausgearbeitet hat. Die Zeichnungen lieferte John Ridgway. Bei dem Heft handelt es sich um ein Werbepamphlet des Psi-Corps, das irgendwann vor den Ereignissen in *Confessions and Lamentations* produziert wurde.

Schon das Cover ist toll. Da heißt es: „Special Issue! Brought to you by Psi Corps." Und etwas kleiner ist dann am Rand zu lesen: „For distribution on Babylon 5 only."

Der Comic ist Kanon, aber man muss natürlich abwägen, was hier wirklich wahr ist. Schließlich führt Diane Matthews durch die Geschichte. Sie ist die kommerzielle Telepathin auf der Station – und man hat nie von ihr gehört. Talia Winters wird gar nicht erwähnt. Man erfährt in diesem Heft aber auch, wie der Telepath William Karges die Präsidentin rettete und das ausschlaggebend dafür war, dass das Psi-Corps gegründet wurde. Seine historische Bedeutung wurde später in der Roman-Trilogie um das Psi-Corps noch einmal herausgestellt.

Außerdem offeriert das Heft einen Blick auf Alfred Besters Kindheit, als er erkannte, dass er ein Telepath ist.

Am Ende des Heftes gibt es einen Fragebogen, mit dem man herausfinden kann, ob man ein Telepath ist.

Die Einstellung der Comic-Serie wurde kurz vor dieser elften Ausgabe bekannt gegeben. Im letzten Heft gibt es noch ein paar Leserbriefe, in denen die Fans den Verlag beschwören, weiterzumachen. Aber an dem Punkt war es bereits zu spät. Am Ende sprach man zwar noch davon, dass sich die Lage schon in ein paar Monaten ändern und der Comic in anderer Form weitergehen könnte, das sind aber in der Regel nur Beschwichtigungen. Es dauerte bis zum Februar 1998, bis es weiterging, aber das auch nur mit einer Miniserie.

Elf Hefte sind bei einer Serie wirklich nicht viel, aber dafür ist der Großteil der Serie für den *Babylon 5*-Kanon essenziell. Das wiederum können die wenigsten Comics zu Film- und Fernsehserien für sich in Anspruch nehmen.

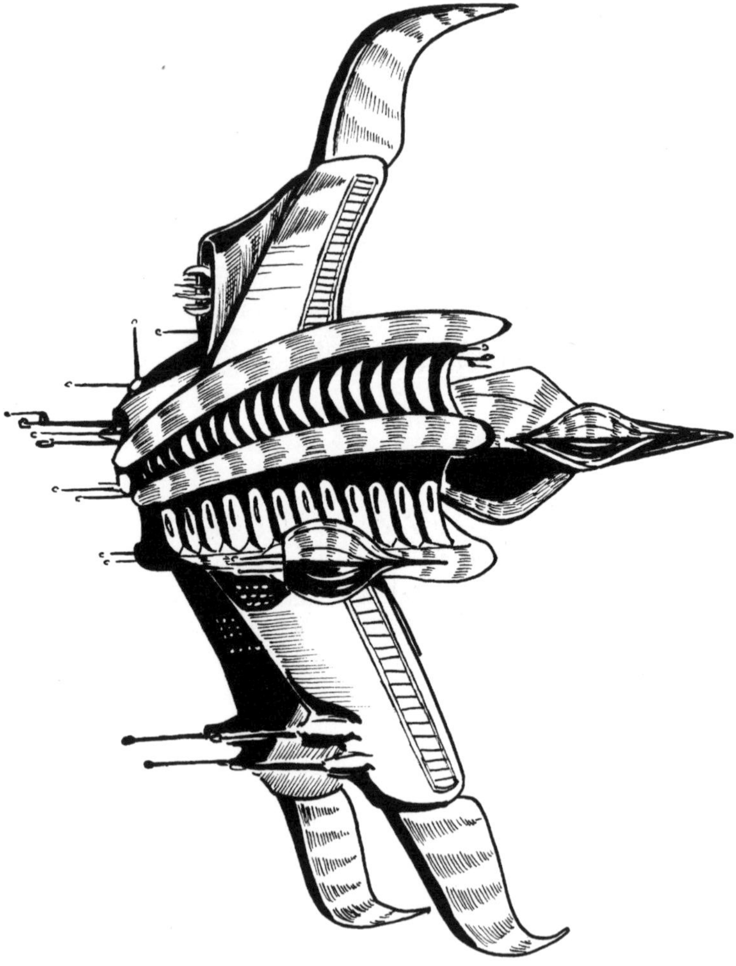

ABSPANN

Claudia Kern erinnert sich ... an Jerry Doyle

Während der Laufzeit von *Babylon 5* war Jerry Doyle an einem Wochenende der Hauptgast auf einer kleinen Kölner Con. Er war relativ spät im Hotel angekommen, wollte aber noch etwas essen und trinken. Ich gehörte zu den ortskundigen Helfern, die ihn dabei durch Köln führen sollten.

Jerry Doyle behandelte uns auf Augenhöhe. Keinen Moment lang hatten wir den Eindruck, dass wir für ihn Personal waren. Er merkte sich alle Namen, fragte uns, was wir machten, woher wir kamen, und zeigte sich ehrlich interessiert. Dementsprechend schnell verloren wir unsere Scheu und redeten ganz normal mit ihm. Wir zeigten ihm Köln, eine Stadt, die ihm auf Anhieb gefiel, aßen Currywurst mit Pommes und tranken Kölsch. Irgendwann landeten wir in einer dieser typischen Absackerkneipen, so eine Art Anti-Cheers, wo eben nicht jeder deinen Namen kennt, sondern wo du nur hingehst, wenn du kurz davor bist, deinen zu vergessen.

Es roch nach kaltem Rauch und altem Holz. Die Lampenschirme waren so verstaubt, dass die 40-Watt-Birnen hinter ihnen keine Chance hatten, den Raum zu erhellen. Riesige Topfpflanzen verwandelten das Fensterbrett in einen undurchdringlichen Urwald.

An der Theke saßen zwei Betrunkene. Dahinter stand eine Mitt-Vierzigerin, die wie eine Realität gewordene, rothaarige Version von Marge Simpson aussah. Sogar die Stimme passte.

Als wir hereinkamen, blickte sie zunächst nicht auf, sondern erst, als sie hörte, dass wir Englisch sprachen. Ich ging zu ihr und fragte, ob wir noch etwas bestellen könnten. Sie würdigte mich keines Blickes, sondern sah nur Jerry an. »Dat is'n Schauspieler, ne?«, fragte sie.

»Ja.«

Dann lächelte sie und sagte ganz leise, damit die Betrunkenen das nicht hörten: »Dann weiß ich, wer dat is'.«

Wir durften etwas bestellen. Die Kellnerin sprach kein Englisch, strahlte Jerry aber jedes Mal an, wenn sie eine neue Runde brachte.

Er bemerkte natürlich schnell, dass sie ihn erkannt hatte.

»Ich hätte nicht gedacht, dass *Babylon 5* in Deutschland so bekannt ist«, sagte er.

Wir auch nicht.

Aber es beschwerte sich niemand darüber, höchstens die Betrunkenen, deren Bedürfnisse auf der Prioritätenliste der Kellnerin ganz nach unten gerutscht waren. Stattdessen kam sie alle paar Minuten vorbei, fragte, ob noch alles okay wäre, lächelte Jerry an und ließ sich von ihm anlächeln. Sie brachte uns Chips, Salzstangen und Erdnüsse und spendierte die eine oder andere Runde.

Irgendwann verschwanden die Betrunkenen, und wir waren die einzigen Gäste. Doch das war ihr egal. Sie stand zufrieden hinter ihrer Theke und beobachtete Jerry, während sie Kölsch-Gläser spülte.

Es war fast drei Uhr morgens, als wir unsere Rechnung bezahlten. Jerry umarmte die Kellnerin und küsste sie auf die Wange. Sie sah aus, als würde sie jeden Moment in Ohnmacht fallen.

Draußen regnete es in Strömen. Wir hatten eigentlich zum Hotel laufen wollen, entschieden uns dann aber doch für ein Taxi. Ich ging zurück in die Kneipe, um die Kellnerin zu bitten, eins zu bestellen.

Jetzt musste sie sich nicht länger zusammenreißen, und die Worte sprudelten nur so aus ihr hervor. Dass sie es nicht fassen könne, dass wir ausgerechnet in ihrer Kneipe gelandet wären. Es gäbe doch hunderte in Köln. Dass sie all ihren Freunden davon erzählen würde, und wie nett er wäre. Aber das hätte sie schon geahnt. So würde er ja auch in seinen Filmen wirken.

»Filmen?«, fragte ich.

Sie nickte. »Ja, ich find' den seit *Stirb langsam* einfach toll.«

Ich habe darauf nichts gesagt. Sie bestellte das Taxi, und wir fuhren ins Hotel. Es war ein fantastischer Abend, den wir alle genossen hatten. Niemand sollte an seinem Ende als Pointe dastehen.

AUSBLICK

Punkt ohne Wiederkehr

Somit sind wir schon wieder am Ende dieses Bandes angekommen. Wer glaubt, wir hätten damit bereits einen Höllenritt erlebt, hat die dritte Staffel der Serie vermutlich noch nie gesehen. Allein der Versuch, die zentralen Handlungspunkte der folgenden 22 Episoden aufzulisten, scheitert zwangsläufig ebenso wie die Hoffnung auf Frieden.

Die dritte Staffel stellt das Filetstück der Serie dar und ist (leider) die letzte, in der JMS noch in der Lage war, seiner eigenen Taktung zu folgen und alles im perfekt ausgeklügelten Tempo zu präsentieren. Nach Sheridans Trip nach Z'ha'dum am Ende des Jahres sollte innerhalb der Serie und hinter den Kulissen nichts mehr wie zuvor sein.

Von all diesen Dingen werden wir im nächsten Band (und den darauffolgenden) berichten. Dann bricht nicht nur das *Kriegsrecht* aus, wie die Staffel früher im Deutschen betitelt wurde, sondern man bringt uns zudem an den *Punkt ohne Wiederkehr*.

Ein Vorgeschmack gefällig?

Das Babylon-Projekt war unsere letzte und einzige Hoffnung auf Frieden.

Diese Hoffnung scheiterte.

In dem Jahr, in dem der Krieg gegen die Schatten begann, wurde das Projekt zu etwas größerem: zu unserer einzigen und letzten Hoffnung auf den Sieg.

Es ist das Jahr 2260.

Ort der Handlung: Die Raumstation Babylon 5.

DER VERLAG

Lesen ist wie Fernsehen im Kopf!

So lautet ein Slogan, den wir für uns aufgegriffen haben.

Seit fünf Jahren ist es unser Anliegen, Ihnen ein spannendes Programm in diesem "Kopf-Fernsehen" zu bieten, das im Gegensatz zu den schwarzen Zeichen auf weißem Grund in Ihrem Kopf gerne in Farbe und so bunt wie möglich ablaufen darf.

Richtig bunt sollen die Welten also sein, in die wir Sie mit unseren Büchern entführen wollen. Nicht beliebig, nicht von der Stange. Unsere Geschichten sind nicht durch die Marktforschung gegangen, aber kommen von Herzen.

Entdecken Sie unsere Visionen.
Folgen Sie uns in fantastische Welten. In Farbe und Bunt.

Der **Verlag in Farbe und Bunt** bietet Romane, Biografien, Sachbücher, Comics, E-Books, Kinder-, Jugend- und Hörbücher aus allen Bereichen und für jedes Alter.

in Farbe und Bunt

www.ifub-verlag.de
www.ifubshop.com

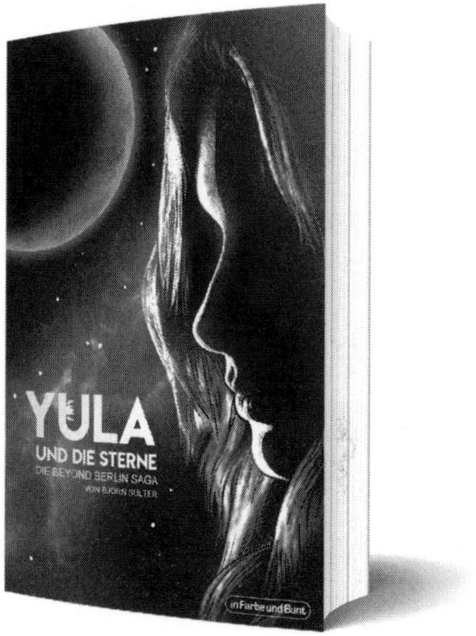

Björn Sülter

Yula und die Sterne

Berlin, in einer nicht so fernen Zukunft.
Die Menschheit hat die Sterne erreicht, doch ihre Erde stirbt. Und mit ihr auch die Errungenschaften der Zivilisation. Die meisten Überlebenden fristen ein erbärmliches, von Angst und Armut geprägtes Leben in den Dunklen Zonen.
Das System hat sie vergessen und ermöglicht nur wenigen Auserwählten die Zuflucht in abgeschotteten Oasen.

Aus den Ruinen West-Berlins macht sich Yula in den blühenden Osten der Stadt auf, um ihre Familie zu vereinen, beginnt damit aber eine Reise, die ihr eigenes Schicksal und das der gesamten Menschheit beeinflussen könnte ...